© LABORDE EDITOR - NOVIEMBRE 2012 - 2000 ROSARIO
3 DE FEBRERO 1065 - TEL/FAX: (0341) 4498802
ROSARIO (C.P. 2000) - ARGENTINA

PÁGINA WEB: labordeeditoronline.com.ar

E-MAIL: leopoldolaborde@hotmail.com
labordeeditor@yahoo.com.ar

FOTOGRAFÍA Y DISEÑO DE TAPA: ROXANA COSTA MASTRANDREA
DIAGRAMACIÓN: LILIANA AGUILAR

IMPRESO EN ARGENTINA

MUSEO TECNICA

MANUAL DE CONSERVACION PREVENTIVA

ERNESTO B. MARCHIONE

AUGUSTO M. TISSERA

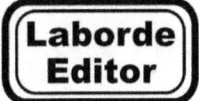

INDICE:

PROLOGO 13

CAPITULO I: CONSIDERACIONES GENERALES 15

Definición de Museo. Bienes del Patrimonio Cultural. Los bienes intangibles. Los bienes tangibles. Definición de Conservación. Conservación preventiva. Conservación curativa. Restauración. Introducción. Incumbencias, criterios y definiciones generales. La incumbencia del conservador. Diferentes criterios. Medio ambiente. Elementos que componen el medio ambiente. El aire limpio. Polución. El viento. Vapor de agua y humedad relativa ambiente (HRA). Calor y temperatura. Iluminación. La luz natural. La luz artificial. Agentes biológicos. El hombre. El ámbito del objeto.

CAPITULO II: MANEJO DE LOS OBJETOS 33

Manipulación. Recepción. Transporte. Exhibición. El depósito. Caso particular. Materiales nitrocelulósicos. Materiales sintéticos o plásticos. Rutinas de mantenimiento. Normas de seguridad. El edificio, su ubicación y entorno. Edificio. Aberturas. Capas aisladoras (Hidráulicas). Revestimientos. Pinturas. Sanitarios. Electricidad. Inspección edilicia. Grietas en paredes. Humedades. Ingreso de líquidos. Ubicación. Entorno. Clima local. Equipamiento e instrumentos de medición. Equipamiento. Limpieza habitual. Aparatos electromecánicos de acondicionamiento. Instrumentos de medición. Aparatos medidores de temperatura. Aparatos medidores de humedad relativa ambiente. Tabla psicrométrica. Aparatos de medición de luz. Monitor de UV. Medidor de infrarrojos. Radiómetro. Accesorios y complementos. Lámpara de Wood. Cápsula de Petri. Lupa.

CAPITULO III: CERAMICOS - ROCAS Y MINERALES – VIDRIOS 65

Normas fundamentales. Cerámicos. Generalidades. Condiciones ambientales óptimas. Recepción. Eliminación de agentes bióticos. Limpieza por vía seca. Limpieza por vía húmeda. Protección. Depósito. Conservación curativa. Sales solubles. Eliminación de manchas de metal. Restauraciones menores y normas. Reparación de grietas y fisuras.

Reparación de cachaduras. Pegado de piezas separadas o desprendidas. Relleno de lagunas. Extracción de grapas de reparación. Reposición de faltantes. Acabado de las reparaciones. Refuerzos interiores. Minerales y rocas. Cales, cementos y yesos. Vidrios. Exudación y craqueladura. Algunos síntomas visibles de deterioro. Algunos tipos de presentación. Vitraux o vidriera. Armado. Cuarzo y cristal de roca. Fibra de vidrio. Lana de vidrio.

CAPITULO IV: METALES Y ALEACIONES 91

Definiciones. Generalidades. Pátina. Corrosión. Condiciones ambientales óptimas. Recepción. Manipulación. Inspección periódica. Eliminación de agentes bióticos. Limpieza por vía seca. Conservación curativa y restauraciones menores. Picado. Raspado. Desgaste con muelas abrasivas. Cepillado. Chorro de arena-Arenado. Pulimento y bruñido. Limpieza por vía húmeda. Aguas para lavados. Destilada. Desmineralizada. Desionizada. De lluvia. Aguas corrientes. Detergentes y jabones. Jabones neutros. Detergentes neutros. Disolventes. Tratamiento con sal de Rochelle. Estabilización de sales de cobre. Eliminación de sales de plata. Eliminación del óxido de hierro. Disolvente limpiador para damasquinados. Método de la reducción electroquímica. Variante del método electroquímico. Método de la reducción electrolítica. Neutralización de los objetos tratados. Lavado de los objetos. Control de cloruros residuales. Secado de los objetos. Secado de superficies lisas. Secado de superficies rugosas o porosas. Desecado. Desecación por gel de sílice o "Silica Gel". Protección. Impregnación con ceras o parafinas. Impregnación con resinas acrílicas diluidas en tolueno o xileno. Recubrimiento con lacas o barnices. Recubrimiento con ceras microcristalinas, aceites, grasas o vaselinas. Degradantes físicos más comunes. La abrasión. Las tensiones internas alternativas. Las presiones o golpes. Las temperaturas. Degradantes químicos.

CAPITULO V: ORGANICOS VARIOS 115

Nociones sobre pieles, pelos, lanas y plumas. Materiales orgánicos. Condiciones ambientales óptimas. Plumas. Limpieza por vía seca. Limpieza por vía húmeda. Desinfecciones y esterilizaciones. Depósito.

Consideraciones especiales. Crin. Limpieza en seco. Desinfección y esterilización. Consideraciones generales para instrumentos de cuerdas. Perla, madreperla y nácar. Marfil. Hueso. Manipulación. Iluminación. Cestería. Desecación. Limpieza en seco. Consolidación. Exhibición. Manipulación. Ámbar. Carey. Coral. Cuerno y asta. Espuma de mar. Miga de pan. Papel mache. Ceras.

CAPITULO VI: CUEROS Y PIELES 127

Introducción. Curado o Crudo. Curtido. Conformación en objeto. Moldeado. Tratamientos Varios. Tratamientos Superficiales. Pintado. Dorado a la hoja. Casos Particulares. Pergamino y Vitela. Generalidades. Características Básicas. Pergamino. Tratamientos. Ejemplo práctico. Curtido de Cueros con Alumbre. Alumbre, sus usos. Condiciones Ambientales Óptimas. Recepción. Análisis de la pieza. Desplegado. Eliminación de Agentes Bióticos. Desinsectación. Esterilización. Limpieza por Vía Seca. Cueros. Pieles. Limpieza por Vía Húmeda. Cueros. Pieles. Secado. Acondicionadores y jabones para cueros. Restauraciones Menores. Raspón o rayado. Teñidos. Desgarro. Corte. Pequeños orificios. Laguna. Refuerzo suplementario para cueros. Cueros que han perdido su resistencia. En seco. En inmersión.

CAPITULO VII: TEXTILES 145

Introducción. Hilados y formas de fabricación. Conformación en objeto. Tela. Fieltro. Cuerda. Encaje. Gobelinos. Tapices. Moquetas. Identificación de las fibras. Hilado de las fibras. Tratamientos varios. Zurcido. Plisado. Teñido. Pintado. Estampado. Batik. Almidonado. Aprestado. Impermeabilizado. Condiciones Ambientales Óptimas. Recepción. Análisis de la pieza. Desplegado. Eliminación de Agentes Bióticos. Microorganismos. Insectos. Desinfección. Esterilización. Limpieza por Vía Seca. Eliminación de sólidos y manchas de bulto. Limpieza por Vía Húmeda. Enjuague. Limpieza en seco o a seco. Blanqueo. Manchas de grasa. Secado. Soportes y montaje para exhibición y deposito. Restauraciones Menores y Normas de Refuerzo. Fijación sobre tela. Por impregnación. Descosidos. Reparación de daños. Desgarros y cortes. Zurcido. Refuerzo por pegado. Refuerzo por cosido. Lagunas. Afinamiento de textiles. Perdida en alfombras de pelos o equivalentes y de hilos de urdimbre.

CAPITULO VIII: MADERA 167

Definición. Clasificación. Maciza. Terciada y/o contrachapada. Aglomerada. Conformación en objeto. Tratamientos superficiales. Lijado. Arenado. Pulido. Enduído. Pintado y policromado. Barnizado. Grabado. Pirograbado. Teñido. Encerado. Lustrado. Estofado. Roble decape. Laqueado. Enchapado. Taraceado. Marqueteado. Dorado a la hoja. Plateado a la hoja. Incrustación. Nociones sobre Mimbres, Juncos Y Cañas. Condiciones Ambientales Óptimas. Recepción. Análisis de la pieza. Eliminación de Agentes Bióticos. Insectos. Otros sistemas. Limpieza por Vía Seca. Técnicas de limpieza. Cepillo suave y una aspiradora. Cepillo de cerdas duras. Goma de borrar en polvo. Goma moldeable. Goma de caucho. Eliminación de sólidos y manchas de bulto. Limpieza por Vía Húmeda. Hisopo húmedo. Secado. Protección. Impermeabilización de maderas. Soportes para exhibición y deposito. Varios. Nudos. Colas. Elementos abrasivos. Goma laca. Ceras para lustrar y/o retocar. Removedores. Forma de conservar aserrín. Aplicación de color. Restauraciones Menores y Normas. Extracción de clavos y tornillos. Manchas blancas (de agua). Manchas de tinta. Manchas oscuras. Manchas de grasa. Manchas de aceite. Abollones. Raspones. Agujeros y rayones. Grietas. Quemaduras superficiales. Enderezado de maderas alabeadas o torcidas. Teñido de maderas. Retoques mínimos de teñidos. Tratamiento de maderas sumergidas. Reposición de faltantes. Consolidación de superficies pintadas, policromadas o estofadas. Limpieza de tratamientos superficiales. Dorados y plateados. Enchapados. Reemplazo.

CAPITULO IX: PAPEL 199

Introducción. Papeles a mano. Papeles a máquina. Clasificación. Algunos tipos de presentación. Marca de agua. Gofrado. Texturado. Teñido. Tratamientos Superficiales. Enduídos Varios. Plastificado. Aluminizado. Químicos sensibilizantes. Obra gráfica. Impresiones mecánicas. En relieve. Xilografia (a la fibra). Xilografía (a contra fibra). Tipografía. Linotipia. Clise en hueco. Grabado a buril. Punta seca. Puntillado. Aguafuerte. Mezzatinta. Grabado al barniz blando. Aguatinta. Hueco grabado y Roto grabado en el mismo plano. Litografía. Offset. Calcografía. Serigrafía.

Mimeógrafo. Fotocopia. Heliografía. Fotografía. Impresiones manuales. Manuscrito. Lápiz. Lápiz de tinta. Lápiz graso. Tiza. Pastel. Carbón o carbonilla. Sanguina acuarela. Aguada, Guache o Gouache. Lavado. Tempera. Temple. Encáustica. Oleo. Acrílico. Tintas. Tinta china. Tinta de agallas. Tintas de palo de Campeche. Tinta de anilinas. Tinta de sellos. Tinta de imprenta. Bolígrafos. Fibras. Aerógrafo. Generalidades. Fibras. Colas. Cargas. Higroscopia. Fabricación. Sentido de las fibras. Condiciones Ambientales Optimas. Recepción. Eliminación de Agentes Bióticos. Hongos. Mohos y líquenes. Insectos. Por congelamiento. Por atmósfera modificada por gas carbónico. Por tóxicos. Piretrinas. Timol. Limpieza por Vía Seca. Desplegado. Desempolvado y cepillado. Desincrustado. Limpieza por Vía Húmeda. Cámara húmeda. Protección de las tintas. Lavado. Operación sobre libros y folletos. Enjuague. Productos para limpieza. Secado y planchado. Protección. Operación sobre libros y folletos. Depósito. Manipulación. Mantenimiento. Restauraciones Menores y Normas. Adhesivos. Materiales de refuerzo o parche. Materiales para encapsulado y laminado. Roturas. Corte. Desgarro. Estallido. Perforación. Laguna. Doblado o enchapado. Reenmarginado. Desacidificación del papel. Blanqueo. Desbarnizado. Despegado, desencolado. Reencolado total. Reencolado superficial. Teñido. Montaje de obras gráficas. Encapsulado. Consolidado. Laminados. Refuerzo por reempastado o reenfibrado. Enmarcado. Formas de montaje. Catástrofe por agua.

CAPITULO X: FOTOGRAFIA 237

Introducción. Materiales que conforman las fotografías. Los soportes. El metal. El papel. El vidrio. El plástico. Los aglutinantes. El colodión. La albumina. La gelatina. Los constituyentes de la imagen. Cuidado del material fotográfico. Imágenes Estuchadas. Introducción. Reconocimiento. Daguerrotipo. Ambrotipo. Ferrotipo. Condiciones ambientales Optimas. Limpieza por Vía Seca. Limpieza por Vía Húmeda. Restauraciones menores. Negativos fotográficos en blanco y negro sobre placas de vidrio. Introducción. Reconocimiento. Problemas habituales. Almacenamiento. Condiciones Ambientales Optimas. Limpieza por Vía Seca. Limpieza por Vía Húmeda. Copias fotográficas en blanco y negro. Introducción. Copias de papel salado. Copias con base de fibras. Copias contemporáneas revestidas con resinas (papel RC). Condiciones Ambientales Optimas. Limpieza por Vía Seca. Limpieza por Vía Húmeda. Material fotográfico en colores. Introducción. Condiciones ambientales Optimas. Limpieza por vía seca. Limpieza por vía húmeda. Restauraciones menores.

CAPITULO XI: PINTURA.. 251

Pintura de caballete. Análisis del objeto soportes sobre tela. Bastidores. Soportes de madera. Marcos. Condiciones Ambientales Optimas. Hongos. Insectos. Limpieza. Pintura sobre tela. Componentes. Bastidor. Soporte de tela. Encolado o sisado. Preparación o base de preparación. Capa pictórica. Deterioros en la capa pictórica. Los craquelados. Craquelados prematuros. Craquelados ocasionados por envejecimiento. Desprendimientos. Cazoletas. Bolsas o ampollas. Desprendimiento plano. Defectos de Técnica. Pulverulencia. Arrugas. Accidentes. Restauraciones anteriores. Barniz o tegumento protector. Causas de alteración de pinturas de caballete. Soportes de tela. Soportes de madera. Contaminantes atmosféricos. Intervenciones en pinturas de caballete. Limpieza superficial. Desbarnizado. Parche-injerto. Re entelado. Fijado. Consolidación. Corrección de deformaciones. Entablillado. Bandas perimetrales. Cambio de bastidor. Refuerzo de bastidor. Plasteado. Reintegración cromática. Tratamiento fungicida. Estabilizado. Barnizado. Lagunas o merma de la capa pictórica. Medidas Preventivas. Controles periódicos. Pintura sobre madera. Pintura sobre papel. Pintura sobre metal. Pintura sobre marfil. Pintura mural. Fresco y falso fresco. Madera policromada. Soporte. Tapa poros o encolado. Telado.

BIBLIOGRAFIA... 269

Agradecimientos

A Gabriela Tradotti por la corrección del texto y aportes basados en sus conocimientos y experiencia como trabajadora en el área de conservación del museo MACRO-Castagnino de la ciudad de Rosario.

A la Biblioteca de la Escuela Superior de Museología de la ciudad de Rosario que nos facilitó material bibliográfico específico.

A Roxana Costa Mastrandrea por su colaboración en la imagen artística.

A Vanina Landra por su colaboración técnica y afectiva.

A Daiana Paron por su aporte creativo.

A Silvina Andrés por su apoyo y afecto.

A Negrita Marchione por su hospitalidad y amor.

museotécnica.com

PROLOGO

> "La pieza tradicional del museo, un objeto, un hecho tridimensional, es solamente un dato de la compleja información museística, de un mensaje. No tenemos museos por los objetos que ellos contienen, sino por los conceptos e ideas que esos objetos pueden transmitir..."
> (Sola, 1986.Trad. en Alonso Fernandez, 1999)

Un objeto, entendido como bien cultural, no existe independientemente del ser humano, es convertido en "Cultura" ya que tiene un significado para la sociedad. Nuestro compromiso es entonces, garantizar la plena preservación y conservación de estos objetos como parte del testimonio heredado de nuestros antepasados, con el fin de transmitir esa cultura a generaciones presentes y futuras. Es la conservación del patrimonio el principal impulso de nuestras acciones, debemos velar porque esta finalidad sea llevada a cabo por profesionales capacitados, interesados en la custodia de los bienes culturales, abocados a la difusión de los mismos, como elemento y reflejo propio de lo que somos.

La presente obra nace de la necesidad de contar con un manual didáctico, de fácil acceso y comprensión que dé respuestas concretas a las acciones de preservación y conservación que pueden ser aplicadas a todo tipo de objetos museales, que transmita los conocimientos existentes en el campo de la conservación de los bienes culturales, invitando al lector a ampliar su visión sobre las prácticas profesionales que pueden desarrollarse en cada museo, institución afín o incluso, servir de referencia a cualquier idóneo interesado en el rescate de los bienes culturales, que por diferentes motivos no ha podido acceder a la especialización en el área de la conservación patrimonial. Se abre entonces una puerta, una fuerza de estímulo hacia la reflexión sobre cada acción, a continuar investigando en el amplio panorama que ofrece la conservación, así como también los distintos elementos, e intervenciones relacionadas con la misma.

Esta tarea de recopilar e interpretar material, de verificar y confrontar las fuentes, en la búsqueda de una terminología de fácil aplicación y la reunión de conceptos para permitir un aporte verdadero y original, ha sido un trabajo de largos e intensos años, en los que no fue fácil encontrar el límite y equilibrio entre la teoría y la praxis. Sin duda, el fruto de la aplicación de este trabajo al campo de la preservación y conservación del patrimonio dará el impulso para una próxima ampliación, referida a casos testimoniales.

Los autores, mediante la investigación exhaustiva de diversas fuentes y consulta directa con profesionales especializados en distintas áreas del patrimonio, han podido reunir los conceptos y directrices prácticas, claras y concisas en referencia a cada una de las materialidades y elementos tratados, sus principales características, los factores que los degradan, su conformación como objetos de índole patrimonial, los deterioros generales y específicos a los que todos y cada uno de los objetos se encuentran expuestos y por supuesto, han logrado recabar la información necesaria para recomendar tratamientos que resulten factibles de ser aplicados sobre el acervo patrimonial.

Cuenta también con el aporte original de los autores, quienes interesados en reconocer las realidades cotidianas de las instituciones afines, carencias y necesidades con las que se enfrentan, han sabido desarrollar en el presente trabajo una guía de acción con la que demuestran no solo su interés por la conservación, sino también su experiencia y conocimiento en los procesos de índole técnica en los cuales se basan.

Sin duda, esta obra se convertirá en un manual de referencia y práctica interesante, siendo una contribución elemental para aquellas personas e instituciones responsables de la preservación y conservación del patrimonio que custodian, permitiendo así su trascendencia en el tiempo, más allá de las personas y las instituciones mismas a las cuales pertenecen.

Gabriela Tradotti

Conservadora De Museos (Depto. de Conservación
Museo Castagnino + Macro Rosario, Argentina.

Julio de 2012

CAPITULO I

CONSIDERACIONES GENERALES

DEFINICION DE MUSEO

La definición de museo ha evolucionado a lo largo del tiempo en función de los cambios de la sociedad. Desde su creación en 1946, el ICOM (Consejo Internacional de Museos), organización no gubernamental que tiene como objetivo principal la conservación y la difusión del patrimonio cultural de la humanidad, actualiza esta definición para que corresponda con la realidad de la comunidad museística mundial.

"Un Museo es una institución sin fines de lucro, un mecanismo cultural dinámico, evolutivo y permanentemente al servicio de la sociedad y abierto al público, que coordina, adquiere, conserva, investiga, da a conocer y presenta, con fines de estudio, educación, reconciliación de las comunidades y esparcimiento, el patrimonio material e inmaterial, mueble e inmueble de diversos grupos (hombre) y su entorno".

Sin fines de lucro: tiene prohibida la obtención de ganancias pero puede generar recursos para autofinanciar sus necesidades.

Al servicio de la sociedad: se debe brindar sin reticencias ni condicionamientos previos a la sociedad de la región, asumiendo su papel de articulador cultural.

Abierta al público: motivo de su existencia, al que debe atraer, conservar e integrar.

Que adquiere: lo atinente a su temática, siguiendo la política de colecciones pertinente, que lo define como tal.

Conserva: el material que tiene bajo su custodia, en las mejores condiciones posibles, garantizando la perdurabilidad, respeto hacia el original e integridad de los mismos.

Investiga: con seriedad y honestidad todo lo relativo a su acervo, considerando que son documentos o testimonios de generaciones pasadas y que el museo sirve a la memoria colectiva de la humanidad.

Da a conocer: los resultados de sus investigaciones a los diferentes niveles existentes.

Presenta: en forma segura, didáctica y amena su acervo.

Con fines de estudio, educación, reconciliación de las comunidades y esparcimiento: en la intención de promover y contribuir al armónico crecimiento intelectual de la sociedad a la que pertenece y en la cual se encuentra inmerso.

Patrimonios materiales e inmateriales del hombre y su entorno: los objetos tangibles e intangibles del patrimonio cultural que conforman sus fondos museales.

BIENES DEL PATRIMONIO CULTURAL

Objetos que la sociedad juzga de particular importancia histórica, artística o científica. Se puede clasificar en dos grandes categorías:

LOS BIENES INTANGIBLES

Aquí se inscriben todas las formas de vida de una determinada cultura en relación con las ideas y costumbres que no se han plasmado en objetos concretos (folclore, tradición oral, creencias populares).

LOS BIENES TANGIBLES que a su vez se dividen en dos grupos:

A) Los Bienes Inmuebles: normalmente no transportables (edificios civiles o de carácter religioso, sitios arqueológicos, monumentos).

B) Los Bienes Muebles: objetos de trascendencia e importancia para la sociedad, posibles por su volumen, de ser trasladados sin dificultad (objetos de arte, uso y trabajo, material de archivo, documentos, material arqueológico, fósiles).

DEFINICION DE CONSERVACION

Traducción al español de la resolución adoptada por los miembros de ICOMCC durante la 15ª Conferencia Trienal, New Delhi, 22-26 de septiembre de 2008

Terminología para definir la conservación del patrimonio cultural tangible

Considerando que:

(a) nuestro objetivo es transmitir el patrimonio cultural tangible a futuras generaciones, asegurando su uso actual y respetando su significado social y espiritual,

(b) cualquier medida o acción realizada debe ser el resultado de un proceso de toma de decisiones inclusivas e interdisciplinarias,

(c) el proceso de toma de decisiones incluye siempre la documentación e investigación (histórica, histórico-artística, científica o técnica), y reconoce el contexto pasado, presente y futuro del bien cultural, y que desde la creación en 1967 del Comité Internacional del ICOM (ICOM-CC), nuestra comunidad profesional ha crecido de manera significativa en tamaño y en diversidad de profesiones y culturas representadas,

(d) el público se ha convertido cada vez más en un protagonista esencial para la salvaguarda de nuestro patrimonio cultural común,

(e) en ocasiones ha habido una multiplicación desordenada de la terminología, lo cual ha llevado a confusión y malentendidos.

El ICOM-CC, que representa a través del ICOM a una amplia red profesional internacional, ve la necesidad de implementar una terminología clara y coherente, que facilite la comunicación entre sus miembros, entre los miembros del ICOM, entre la comunidad de profesionales del patrimonio a nivel mundial, y con el público en general.

El ICOM-CC adopta los siguientes términos: 'conservación preventiva', 'conservación curativa' y 'restauración', que conjuntamente constituyen la 'conservación' del patrimonio cultural tangible. Estos términos se distinguen entre sí por los diferentes *objetivos* que presentan las 'medidas y acciones' que comprenden.

Las definiciones de los términos son los siguientes:

Conservación - Todas aquellas medidas o acciones que tengan como objetivo la salvaguarda del patrimonio cultural tangible, asegurando su accesibilidad a generaciones presentes y futuras. La conservación comprende la conservación preventiva, la conservación curativa y la restauración. Todas estas medidas y acciones deberán respetar el significado y las propiedades físicas del bien cultural en cuestión.

Conservación preventiva - Todas aquellas medidas y acciones que tengan como objeto evitar o minimizar futuros deterioros o pérdidas. Se realizan sobre el contexto o el área circundante al bien, o más frecuentemente un grupo de bienes, sin tener en cuenta su edad o condición. Estas medidas y acciones son indirectas dado que no interfieren con los materiales y las estructuras de los bienes. No modifican su apariencia.

Algunos ejemplos de conservación preventiva incluyen las medidas y acciones necesarias para el registro, almacenamiento, manipulación, embalaje y transporte, control de las condiciones ambientales (luz, humedad, contaminación atmosférica e insectos), planificación de acciones ante emergencias, rutinas de mantenimiento, protocolos de seguridad, educación del personal, sensibilización del público, aprobación legal.

Conservación curativa - Todas aquellas acciones aplicadas de manera directa sobre un bien o un grupo de bienes culturales que tengan como objetivo detener, minimizar o paliar los procesos de degradación presentes en los bienes, con la finalidad de estabilizarlos, permitiendo su tratamiento seguro, y evitando su pérdida. Estas acciones sólo se realizan cuando los bienes se encuentran en un estado de fragilidad notable o se encuentran ante agentes de deterioro que podrían provocar la pérdida de los mismos en un tiempo relativamente breve. Estas acciones a veces modifican el aspecto de los bienes.

Algunos ejemplos de conservación curativa incluyen la desinfestación de textiles, la desalinización de cerámicas, la desacidificación del papel, la deshidratación de materiales arqueológicos húmedos, la estabilización de metales corroídos, la consolidación de pinturas murales, la remoción de hierbas en mosaicos.

Restauración - Todas aquellas acciones aplicadas de manera directa a un bien, de forma individual y estable, que tengan como objetivo facilitar su apreciación, comprensión y uso. Estas acciones sólo se realizan cuando el bien ha perdido una parte de su significado o función a través de una alteración o un deterioro pasado. Se basan en el respeto del material original. En la mayoría de los casos, estas acciones modifican el aspecto del bien

Algunos ejemplos de restauración incluyen la reintegración cromática en una pintura, el ensamblaje de una escultura rota, la modificación de la forma de una canasta, la reintegración de pérdidas en un vaso de vidrio.

Las medidas y acciones de conservación a veces pueden tener más de una finalidad. Por ejemplo, la remoción de barniz puede ser tanto restauración como conservación curativa. La aplicación de capas de protección pueden ser tanto restauración como conservación preventiva.

La conservación es compleja y muchas veces demanda el trabajo interdisciplinario y colaboración de profesionales expertos y cualificados. En particular, cualquier proyecto que implique acciones directas sobre un bien, requiere de un profesional formado en la conservación y restauración del patrimonio (ref. a la definición de la profesión del ICOM-CC, Copenhague, 1984, y al código de ética del ICOM).

INTRODUCCION

INCUMBENCIAS, CRITERIOS Y DEFINICIONES GENERALES

Restaurar un objeto nunca es una tarea breve, por la propia naturaleza y modalidad del trabajo, además requiere de un experto que se aboque a la misma, experto que necesitó años de estudio, práctica y trabajo para capacitarse. En resumen, mucho tiempo, dedicación y dinero para salvar una obra. Mientras tanto, cantidad de objetos se degradan, por falta de un simple mantenimiento preventivo o lo que es peor, por falta de conocimientos para brindárselos.

Las tareas propias de la conservación deben ser ejecutadas por personal idóneo que tenga todos los conocimientos básicos y se halle debidamente entrenado, pero debe además, ser imprescindible que este personal cuente con:

1.- responsabilidad y sentido común,

2.- el reconocimiento de sus propias limitaciones y

3.- conocer lugares y personas donde recurrir por información, consulta y/o ayuda, para los casos en que no se sientan seguros o se vean superados.

Las tareas de restauración, por el contrario, exigen la presencia de expertos o especialistas quienes, además de sus conocimientos y habilidades deben contar con una infraestructura adecuada a las necesidades presentes. El personal ajustará su accionar a un Código de Ética profesional reconocido.

- Es obligación del personal el saber reconocer los deterioros y degradaciones de los objetos a su cuidado y las causas de los mismos.

- Salvo excepciones, el conservador sólo está capacitado para realizar tareas de restauración menor, pero debe tener idea concreta y acabada de las técnicas de restauración mayor, para saber cuándo debe recurrir a los especialistas y poder dialogar con ellos en caso de necesidad.

LA INCUMBENCIA DEL CONSERVADOR

Independientemente del nombre, del cargo que desempeña, o del título que ostenta, quien asume la función de conservador se convierte en el máximo responsable de mantener y garantizar la perdurabilidad de los bienes a su cargo con la menor pérdida de originalidad posible en los mismos.

No se puede ignorar que dentro de los objetos museológicos, también hay escalas o niveles tanto de escasez como de importancia y ellas también tienen su influencia en las resoluciones del conservador quien deberá, en cada caso, poner en uno de los platillos de la balanza la conservación del bien y en el otro el resto de las funciones que definen al Museo y de esa búsqueda de equilibrio obtener las mejores soluciones.

DIFERENTES CRITERIOS

El conservador enfrenta un amplio campo laboral, tan amplio que en algunos casos puede resultar contradictorio. Tal lo que sucede cuando actúa en un museo y en una excavación arqueológica.

En el museo es quién da las órdenes e instrucciones respecto de la conservación y casi lo primero que debe hacer al recibir un objeto por primera vez es realizar un registro fotográfico del mismo, limpiarlo y desinfectarlo o esterilizarlo, mientras que en la excavación acata las ordenes que da el arqueólogo o encargado del sitio, en cuanto al tratamiento que se dará a los objetos y en muchos casos deberá conservarlos, tal como se los encontró, sin que pierdan nada de lo que tienen adherido y sin que incorporen ningún elemento nuevo por pequeño o insignificante que parezca.

En este caso en particular, es importante y necesario extraer el objeto con las adherencias que presenta e incluso con restos del terreno que lo rodea y sin que se contamine con elementos orgánicos ajenos, sean antiguos o modernos, deben ser colocados en un contenedor estéril y hermético, rotularlo y posteriormente ubicarlo en un recipiente mayor, acondicionado a prueba de golpes y vibraciones, que lo mantenga a salvo de las variaciones de temperaturas y humedad relativa ambiente (en adelante HRA), este proceder es exigido para poder realizar con confianza y certeza de resultados, todos los estudios y ensayos a que pueden ser sometidos los objetos o muestras. Hasta se puede lograr su datación por Carbono 14 o análisis del polen contemporáneo. De los residuos adheridos en los filos y superficies de los artefactos líticos se puede determinar sobre que vegetales, animales u hombres se usaban, de los restos conservados en el interior de vasijas y recipientes se pueden determinar las sustancias comestibles, decorativas o medicinales usadas, los tipos de comidas y los hábitos alimentarios, del hollín externo se podrán determinar los materiales combustibles utilizados y las temperaturas alcanzadas. Lo mismo sucede con los estudios de termoluminiscencia aplicados en cerámicas, estratos edafológicos.

Siempre prevalece el sentido de conservar, lo que ocurre es que en el caso de la excavación arqueológica se demora un poco su aplicación para tener la oportunidad de investigar el pasado remoto en su propia época. Cumplidos esos estudios todos los objetos pasan a los museos sometiéndose a la rutina habitual de conservación y mantenimiento de los mismos.

MEDIO AMBIENTE

Se define así a todo lo contenido en el gran volumen que engloba al objeto en consideración y que tiene, en mayor o menor grado, influencia sobre él.

Una primera división sería: "aire libre" o "bajo techo" pero, en esta última hay subdivisiones que dependerán del sitio exacto en consideración: edificio, ala, cuerpo, piso, sala, depósito, laboratorio, vitrina general, domo exclusivo, etc. con lo cual se restringen determinadas influencias o acciones, motivo por el cual esos volúmenes menores serán designados como "ámbito físico".

Aire libre y bajo techo resultan totalmente desiguales, tanto por los diferentes componentes que presentan (ej. Lluvia, erosión eólica, excrementos de aves) como por las distintas condiciones en que actúan aquellas que le son comunes.

ELEMENTOS QUE COMPONEN EL MEDIO AMBIENTE

EL AIRE LIMPIO

Elemento vital, solo puede ser excluido o eliminado - como excepción y en casos muy particulares- del contacto con los objetos. El aire naturalmente considerado contiene:

Nitrógeno (78%) y Oxígeno (21%), completándose con Hidrógeno, Anhídrido Carbónico, Amoníaco, Ozono y los gases denominados "raros" o "inertes" Helio, Argón, Neón, Xenón y Kriptón, éstos en cantidades ínfimas. Normalmente, junto al aire pero sin formar parte de él se encuentra el vapor de agua, responsable de la "humedad ambiente", elemento de máxima importancia para la vida y para la conservación.

Componentes del aire que afectan los objetos: El Oxígeno "oxida". El Ozono, variedad alotrópica del Oxígeno, constituido por tres átomos de aquel, muy inestable y con gran poder de oxidación, es usado por tal motivo como desodorizador de ambientes. Hidrógeno y Nitrógeno resultan de mediana incidencia en reacciones químicas, no así el Anhídrido Carbónico y el Amoníaco muy activos degradantes a través de sus acciones químicas.

POLUCION

El aire lleva en suspensión o mezclado, una gran variedad de sustancias orgánicas e inorgánicas de todo tipo, tanto naturales como artificiales, en estado sólido, líquido o gaseoso, todo ese conjunto de elementos ajenos son englobados aquí con el nombre genérico de polución (aún cuando se está ampliando, conscientemente su definición técnica).

Los elementos transportados por el aire o polución generan diferentes procesos degradantes que se inscriben en tres grandes grupos: degradaciones físicas, químicas y biológicas.

Algunos de los más notorios componentes de la polución y típicos agentes de degradación son los gases y vapores varios. Los principales son compuestos de Carbono y Azufre, en su mayoría originados por todo tipo de combustión, que combinados con el vapor de agua generan ácidos, el resto se completa con otros de muy diversos orígenes: evaporación de líquidos, pérdidas gaseosas, la fotosíntesis -actividad vegetal - e incluso la respiración humana, en especial en lugares cerrados, porque produce Anhídrido Carbónico y vapor de agua.

Humos y Hollines: Otros productos emanados de la combustión, con el agravante de resultar adhesivos y fijarse por sí mismos sobre los objetos sin importar la posición de la superficie (se adhieren aún de abajo hacia arriba), suelen tener cuerpo y ser grasos, motivo por el cual no hay que frotarlos (extienden el área afectada) sino extraerlos. Degradan de igual forma que los gases y vapores, pero con el agravante que brindan una mejor adherencia y fijación extra a todo otro elemento que se deposite sobre sus superficies.

Sólidos inorgánicos: En general son distintos tipos de suelos (arcillas, limos, arenas, margas, loess), polvos de origen industrial (cementos, cales, pigmentos, polvos limpiadores, sustancias químicas).

Sólidos orgánicos: Pueden ser restos muertos: pelos, lanas, aserrín, grupos de células, partes vegetales o animales, detritos u organismos vivos: hongos, algas, bacterias, líquenes, esporas, soros, microorganismos varios, insectos, aves, animales.

EL VIENTO

Una correcta ventilación o aireación es fundamental para la buena conservación y para ello exige: el control de la renovación (ingreso de aire nuevo y limpio, preferentemente filtrado) y la regulación de su circulación (velocidad de paso y recorridos que realiza). Lo ideal sería preparar el aire destinado a llenar el museo, sus vitrinas, sus laboratorios y sus depósitos, filtrándolo perfectamente y regulando su temperatura, humedad y velocidad de circulación para inyectarlo luego en esos lugares, preferentemente a presión superior a la detentada por la atmósfera exterior (presurización) para evitar el ingreso de aire contaminado por las distintas aberturas que presenta el edificio al exterior. Como esto no es fácil de lograr ni barato, se recurre a distintos recursos simples que se basan en el tipo, la ubicación y el manejo de las aberturas para poder controlar el ingreso, el egreso y la baja velocidad de circulación del aire, a ello se agrega la utilización de cortinas simples o dobles para lograr la sedimentación de las partículas pesadas y un filtrado aceptable.

Para diagramar un sistema apto se deben tener en cuenta varios datos

- En el período anual, mes por mes
- Dirección y velocidad de los vientos.
- Dirección de donde puede provenir la contaminación por aire y su tipo.
- Planos de planta y alzadas del museo, con sus aberturas bien relevadas.
- Temperaturas mínimas, medias y máximas a diferentes horas.
- Días de sol, nublado y de lluvia.
- Humedad relativa del ambiente mínima, media y máxima a diferentes horas.

VAPOR DE AGUA Y HUMEDAD RELATIVA AMBIENTE (HRA)

El vapor de agua es el más perjudicial de los elementos agresores ambientales, pues facilita, cuando no da origen, toda clase de ataques y degradaciones sobre el objeto, cualquiera sea su elemento constitutivo, tanto sólo como en colaboración con otras sustancias o agentes.

La "humedad relativa del ambiente" (H.R.A. = HRA) es el porcentual (%) entre la cantidad de vapor de agua existente en la atmósfera y la necesaria para saturarla en ese momento y lugar.

0 % = atmósfera absolutamente seca.

100 % = atmósfera saturada (no admite más vapor, el nuevo que aparezca condensará formando gotas de agua).

En cada instante y sin que medien modificaciones externas (es decir manteniendo constante la cantidad de vapor) el valor de la HRA está en relación inversa con la temperatura ambiente.

a MAYOR TEMPERATURA menor HRA

a menor temperatura MAYOR HRA

H.R.A. y Temperatura tienen el comportamiento de los platillos de una balanza: cuando una sube la otra baja y viceversa.

Cada material tiene sus límites de máxima y mínima temperatura y HRA y dentro de esos entornos, un valor considerado ideal para ese material, pero es necesario tener en cuenta que normalmente un museo posee objetos de diversos materiales.

CALOR Y TEMPERATURA

El calor es una de las tantas formas que adopta la energía. La energía calórica o térmica recibida por un cuerpo se va acumulando en su interior y a medida que varía, genera modificaciones en sus características físicas.

En Argentina se usa como unidad de medida el "grado Celsius o grado Centígrado" pero hay otras escalas, entre ellas el "grado Kelvin" y el "grado Fahrenheit", la conversión de una a otra se hace por tablas o fórmula matemática.

	Kelvin	Grado Celsius	Grado Fahrenheit
Kelvin	$°K = °K$	$°K = °C + 273,1$	$°K = (°F + 459,67) / 1,8$
Grado Celsius	$°C = °K - 273,15$	$°C = °C$	$°C = (F - 32)\frac{5}{9}$
Grado Fahrenheit	$°F = °K\frac{9}{5} - 459,67$	$°F = °C\frac{9}{5} + 32$	$°F = °F$

El calor tiene tres formas de trasmitirse: por conducción, por radiación y por convección.

Conducción: trasmitido por las moléculas en contacto, de una a otra adyacente (paredes y techos -del asoleado exterior al interior - o su inversa nocturna - pantallas y soportes de luces).

Radiación: es direccional y se transmite a través del espacio, aun en el vacío (sol, estufas infrarrojo, superficies calientes).

Convección: La convección tiene lugar cuando áreas de fluido caliente (de menor densidad) ascienden hacia las regiones de fluido frío. Cuando ocurre esto, el fluido frío (de mayor densidad) desciende y ocupa el lugar del fluido caliente que ascendió. Este ciclo da lugar a una continua circulación (corrientes convectivas) del calor hacia las regiones frías.

En los líquidos y en los gases la convección es la forma más eficiente de transferir calor.

ILUMINACION

La luz es otra forma de energía. Es una radiación electromagnética. El sistema visual humano solo es capaz de percibir una pequeña parte del espectro electromagnético, llamado luz visible. El espectro de la luz visible viene flanqueado por la radiación infrarroja (IR) de un lado y por la radiación ultravioleta (UV) por el otro.

Una buena parte de las longitudes de onda producen una acción actínica sobre los materiales. La así llamada energía actínica es de acción profunda (gran penetración) e incrementa los movimientos atómicos y moleculares facilitando su degradación y produciendo cambios físicos y químicos en la materia.

La acción degradante de la luz es acumulativa a través del tiempo.

La luz, por su origen se divide en: natural, la que proviene del sol y aún de las estrellas (incluye la rebotada por la luna) y artificial, originada en lámparas incandescentes o de tungsteno, fluorescentes y especiales (halógenas, de descarga, de bajo consumo).

Un factor luminotécnico de gran importancia en la conservación preventiva es la iluminancia, que se refiere a la cantidad de luz que incide sobre un objeto y se mide en lux.

LA LUZ NATURAL

La que proviene del sol, es la más completa y la que más fielmente permite ver los colores. Contiene todo el espectro visible (su descomposición da el arco iris), es la de mayor intensidad y la más degradante de las existentes, pero además viene acompañada por una gran cantidad de radiación infrarroja (IR) energía térmica de baja penetración pero de acción acumulativa a la que se le adiciona otra carga de energía de alta penetración como es la ultravioleta (UV) pasible de ser dividida en UV-A y UV-B según sus longitudes de onda y responsable de cambios físicos y químicos en los materiales por agitación molecular.

La parte de luz visible puede ser controlada o regulada en su ingreso por medio de cortinas permanentes o alternativas, cortinas black out, o planchas de polipropileno, de distintos espesores, adheridas a los vidrios de las aberturas, tratando a esos vidrios con pinturas opacantes o por aplicación de láminas, planchas o pinturas del tipo fotosensibles o foto cromáticas (las que se oscurecen con el sol y se aclaran con la oscuridad).

Radiación ultravioleta: se impide su ingreso con filtros especiales que se encuentran en el mercado en forma de láminas rígidas o flexibles para adherir a los vidrios y mangas cilíndricas para tubos fluorescentes, también existen pinturas y aún polvos para mezclar con barnices que se pueden aplicar sobre vidrios y, según algunos autores, sobre cuadros al óleo. Esto último si bien es posible, jamás debiera ser recomendado; todos estos filtros son incoloros o levemente amarillentos y tienen una vida útil de cinco años como máximo.

Cualquier vidrio común impide el paso de la radiación UV por debajo de los 300 Nanómetros.

Si no se dispone de filtro se puede evitar mayor degradación colocando la superficie del objeto (en especial papel, tela) paralela al sentido de la radiación para disminuir su incidencia.

La radiación infrarroja proveniente del sol se bloquea con cortinas exteriores a las aberturas las que dejarán un espacio libre de 10 a 20 cm frente a los vidrios, con planchas de polipropileno u otro material, adosadas al exterior de las aberturas, también con pintura reflectora de aluminio aplicada del lado exterior, pero su resultado es mínimo.

LA LUZ ARTIFICIAL

Lámparas incandescentes: poseen un filamento simple de tungsteno y bulbo al vacío. Generan buen espectro lumínico (posee casi todas las longitudes de onda), mucho calor, poco infrarrojo y muy poco ultravioleta, reproducen los colores con bastante exactitud. Cabe aclarar que este tipo de lámpara desde el año 2011 ya no se fabrica más en Argentina excepto la de 25 Watts.

Los rayos luminosos parten del filamento en todas direcciones dando una emisión casi puntual.

Al igual que el sol, producen sombras netas, de bordes bien definidos e intensos.

Lámparas fluorescentes: funcionan por ionización de gases y requieren de arrancador y balasto exteriores. Los tradicionales tubos también han adoptado la forma de lámparas, las que llevan incorporado su arrancador y balasto en su culote-base roscado.

Producen diferentes espectros lumínicos, según el tipo considerado y su fabricante (cada uno de ellos sólo generan unas pocas y diferentes bandas de longitudes de onda): luz de día, blanca, tonalizados. El tubo produce un mínimo de calor (luz fría) en tanto sus accesorios dan algo más. Genera muy poco infrarrojo pero mucho ultravioleta. En general alteran la percepción de los colores.

Los rayos luminosos parten de cada uno de los puntos de la superficie interior del tubo en todas las direcciones y produce sombras tenues y difusas.

Existen tubos especiales que no generan ultravioleta, pero son de fabricación especial y onerosa.

Lámparas especiales: halógenas, que trabajan por filamento en atmósfera a gas presurizado, y de descarga, que trabajan por descarga de la energía eléctrica a través de un elemento gasificado por el calor generado.

En general, todas requieren de elementos auxiliares exteriores para funcionar. De mucho poder luminoso y espectros lumínicos muy diferentes según el tipo y modelo considerado, tienen una gran producción de calor. Variable producción de ultravioleta pero siempre de nivel alto a muy alto.

Usualmente alteran la percepción de los colores. En todos los casos, se deben ver las especificaciones técnicas propias se cada lámpara que suministra su fabricante.

Las lámparas incandescentes no se deben utilizar dentro de las vitrinas por el calor que generan. Son ideales para iluminar salas, pero siempre colocadas cerca del techo.

Los tubos fluorescentes pueden ir dentro de las vitrinas (teniendo cuidado con su radiación UV) pero conviene que el balasto y el arrancador queden fuera de la misma por razones de practicidad.

Para las salas es conveniente usarlas como iluminación indirecta por rebote.

Las halógenas y especiales son ideales para iluminar grandes áreas en los exteriores. Para interiores averiguar las características técnicas de la seleccionada antes de usarla.

Lámparas LED

Los diodos emisores de luz (Light-emitting diodes, o LEDs), fueron descubiertos a mediados del siglo 20, pero recién en los años 60 su tecnología comenzó a ser aplicada en forma industrial.

- Ahorran entre un 75 % y un 90 % en consumo energético, sin sacrificar intensidad lumínica.

- Disminuyen considerablemente costos de mantenimiento asociados a recambios.

- No generan rayos UV.
- No generan rayos IR.
- Libres de mantención debido a su larga vida útil.

Cabe aclarar que algunos tipos emiten UV e IR, pero son de usos específicos.

AGENTES BIOLOGICOS

Bacterias, hongos, mohos, musgos, líquenes, vegetales mayores, ácaros, piojos del polvo y libro, polillas, pez de plata (lepismas), taladros, hormigas, termitas, escarabajos, avispas, avispones, cucarachas, grillos, xilófagos, arácnidos, ratones, murciélagos, pájaros, palomas, conforman una breve e incompleta lista de la variada gama de especímenes de todo tipo, tamaño y formas de actuar en la degradación de los materiales. Cada tipo de material posee sus plagas específicas y otras que repercuten sobre ellos en forma secundaria. Hay especies que degradan por sí mismas mientras que algunas necesitan, estar en combinación o en presencia de otras.

Los organismos vivientes pueden atacar de diferentes formas:

a) disgregando o fracturando el material, extrayendo parte o todo del mismo para alimentarse.

b) por la contaminación química de sus detritos sólidos, líquidos y gaseosos de origen metabólico que se convierten en muy agresivos al combinarse químicamente con el agua de la humedad ambiente.

c) destruyendo o alterando el material para instalar su nido.

d) por la acumulación y el peso de sus detritos en cielorrasos y doble techos, tal el caso de palomas y murciélagos.

Si combatirlas es muy importante, el prevenir su aparición y desarrollo es fundamental y para ello se debe recurrir a cuatro normas básicas:

- procurando impedir su ingreso (filtros, barreras, limpieza, desinfección).
- eliminando los hábitat requeridos por las mismas (zonas oscuras, carentes de circulación de aire, húmedas y templadas, grietas, aberturas y huecos ciegos, superficies muy rugosas o anfractuosas, suciedad y falta de desinfección).
- utilizando ahuyentadores para insectos. Sustancias cuyos olores desagraden a esas especies pero no al hombre (pimienta, ají molido, tabaco, solos o macerados en alcohol según los casos, naftalina, alcanfor,

paradiclorobenceno, piretrinas y hasta tiras de papel de aluminio para murciélagos).

- revisando periódicamente y en forma sistemática los objetos, contenedores y aún los recintos para detectar cualquier invasión o ataque en sus comienzos.

Para combatir cualquiera de estas plagas resulta imprescindible ajustarse al siguiente programa:

- identificar al agente agresor
- conocer su ciclo de vida, forma y período de ataque
- determinar y aplicar los medios y elementos para eliminarlo
- verificar su desaparición
- evitar su reaparición

Detectar una invasión en principio revela que las condiciones ambientales existentes no son las que exige un museo, motivo por el cual se instaló la plaga.

EL HOMBRE

Por acción u omisión resulta ser el agente más peligroso y destructivo para los bienes museológicos. Por falta de capacitación o conocimientos, por ausencia de visión futura, por desidia o negligencia, es quien mayor destrucción y/o degradación produce en los objetos, tanto dentro como fuera de los museos.

Dentro del museo:

Como directivo: porque debe asumir plenamente su responsabilidad de lograr que el personal se capacite cada vez más, el equipamiento del museo mejore, las tareas específicas se cumplan lo mejor posible y aumenten los fondos museales de la entidad en la medida de lo posible y garantizando siempre su correcta conservación.

Como parte integrante del personal: porque tiene intervención directa en los tratamientos específicos, la limpieza, rutinas de mantenimiento, el manejo, el transporte, el control de las condiciones ambientales, el montaje, la exhibición, las rutinas de control y de seguridad, todas acciones que inciden directamente en la preservación y conservación del objeto.

Como público: porque no adecúa su comportamiento a las exigencias normales que impone una correcta conservación.

Ajeno al museo:

Por la ceguera en admitir que es también obligación suya el conservar o hacer conservar para el futuro aquellos elementos, objetos o bienes representativos de un momento en la vida de su pueblo y no permitiendo la pérdida irreversible de los mismos.

EL AMBITO DEL OBJETO

Se llama así a todo lo contenido en el volumen delimitado por el contenedor del objeto. El ámbito físico no es uno solo, suelen ser varios, unos dentro de otros, se debe partir del que contiene al objeto u objetos en consideración y seguir en orden hacia el más amplio (1 el domo exclusivo, 2 la vitrina, 3 la sala, 4 el cuerpo o el ala del edificio, 5 el edificio, 6 su entorno).

Sin embargo, la adecuación a los requerimientos que exige el museo en general y los objetos en particular debe efectuarse en sentido inverso por una cuestión de orden práctico.

Determinadas las condiciones ambientales exigidas por los materiales que contendrá el museo (ventilación, H.R.A, temperatura, iluminación, control de asoleamiento, de polución, de contaminantes vegetales y animales) a los que se agregan las características que exigen otros rubros, como ser: almacenaje, exhibición, mantenimiento, seguridad; con esta información reunida se deberán establecer las pautas a cumplir por aquel orden citado anteriormente pero recorrido en forma inversa. Si se logra cumplir con todos los requisitos a partir del edificio, ello brinda junto a una mayor confiabilidad y menores costos generales de mantenimiento, una enorme flexibilidad al uso de las salas.

De no ser posible esto, se puede lograr que en cada etapa disminuyan las agresiones que le llegan de la anterior, de forma que al objeto lo rodeen las condiciones que él exige.

CAPITULO II

MANEJO DE LOS OBJETOS

El término manejo incluye la manipulación del objeto, su recepción, transporte, almacenaje, montaje, exhibición y limpieza de mantenimiento; esta última tarea incluye a su contenedor y su soporte.

Es uno de los rubros de mayor importancia en la conservación porque del mal manejo o manipulación de los objetos, proviene la mayoría de las degradaciones y alteraciones tanto físicas como químicas. No hay una norma única pues para cada caso existe un proceso, y determinados procedimientos que difieren en más o en menos de los otros.

MANIPULACION

El objeto a mover o transportar debe poder ser controlado perfectamente por el operador, si uno solo no puede se agregaran operadores y/o accesorios hasta que el dominio sobre el objeto sea total.

El operador debe estar libre de anillos y pulseras, relojes y todo tipo de accesorios que pudieran engancharse, raspar, rayar y hasta golpear; estar cubierto por un delantal lo más liso posible en su parte delantera, con mangas cómodas pero ajustadas y con sus puños elastizados para cerrarse sobre el brazo; usar calzado antideslizante y el cabello recogido. Mientras manipula los objetos museológicos cubrirá sus manos con guantes de algodón blanco que renovará apenas se ensucien o diariamente.

Como norma general, los objetos flexibles (por ej. documentos sensibles, textiles, etc.) se deben levantar y trasladar apoyados horizontalmente sobre una bandeja de superficie lisa y bien pulida, dotada de barandas sin nariz adonde llegarán por deslizamiento. Los objetos rígidos se deben levantar apoyados en sus propias bases naturales, para ello se recurrirá a otra bandeja sólida y lisa, pero de barandas con nariz que soportada o apoyada sobre la mano servirá para recibir por deslizamiento desde la mesa o el estante al objeto ya apoyado en su base amortiguadora; la otra mano servirá primero para atraerlo y luego para mantenerlo en posición vertical. Si el objeto posee una base muy reducida se podrá recibir directamente sobre la palma de la mano para asegurar mejor su sujeción.

En el caso de piezas pesadas de bases planas y grandes, p.ej. estatuas chicas o medianas, jarrones grandes, etc. no se deben inclinar sobre un borde para poder poner la mano por debajo, la presión resultante sobre el mismo puede romper o cachar la base; de ser necesario se levantará la pieza verticalmente tomándola de su volumen por lugares sólidos y resistentes. Los cuadros pequeños se llevarán delante de uno, tomando su marco con las dos manos, una del travesaño inferior y la otra de uno de los laterales. Jamás se deben levantar objetos museológicos de sus asas o protuberancias similares, de sus bordes o de sus alas, tampoco de sus brazos (caso de los sillones).

RECEPCION

El proceso ideal de ingreso de un objeto al museo es el siguiente:

Recepción del mismo en una habitación totalmente aislada del resto del museo. Allí se procede al desembalado del mismo (puede ser necesaria la presencia de escribano, peritos, representantes del seguro, de la empresa transportista, del propietario).

Extraído el objeto y verificada la existencia o no de partes flojas o sueltas se procede a una limpieza superficial del mismo utilizando cepillos de cerda animal blanda o semiblanda debiendo ayudarse -de ser posible- con una aspiradora cuyo tubo de absorción tenga la boca acolchada en su borde y esté cubierta por una gasa doble, para evitar la succión accidental de cualquier partícula que se desprenda del objeto. La boca del tubo no debe tocar jamás al objeto, siendo su misión el eliminar definitivamente el polvo que se encuentra sobre la superficie de la pieza.

Se procede luego al estudio del objeto en forma profunda y detenida (el uso de lupas es imprescindible) al tiempo que se va confeccionando su legajo individual conforme a la documentación que use el museo. En lo atinente a la misma, deberá quedar perfectamente registrado: su nombre y número de registro e inventario, sus características físicas: medidas (alto-ancho-profundidad o bien alto-diámetro de la base o cuerpo), peso, partes componentes, los materiales que intervienen en el objeto, las técnicas utilizadas para darle forma y conformación de los mismos, los tratamientos superficiales recibidos, el estado de conservación por su uso, los defectos y deterioros que presenta, las reparaciones o restauraciones que exhibe, todo ello refrendado por fotografías generales y en detalle que constituyen la mejor descripción del mismo y la mayor prueba de propiedad en el futuro.

Cumplida esta etapa se procede a elaborar un plan de limpieza profunda y desinfección - o viceversa si fuera necesario - , que podrá o no llevar incluido -según convenga- otros tratamientos. De todo esto se dejará completa y perfecta constancia escrita en el legajo del objeto, constancia que incluirá las fórmulas de las sustancias utilizadas, su proporción y sus solventes o removedores para caso de necesidad.

Es obligación del conservador el saber reconocer los deterioros y degradaciones de los objetos a su cuidado y las causas de los mismos.

Se reitera algo ya expresado: salvo excepciones, el conservador sólo está capacitado para realizar tareas de restauración menor, pero debe tener una completa y acabada idea de las técnicas de restauración mayor para poder manejar un lenguaje común con los especialistas.

La sala de recepción o aislamiento debe contar con acceso directo del exterior y una sola puerta de conexión con el resto del museo. Ser bien ventilada e iluminada, contar con suministro de agua corriente, gas y electricidad. Poseer un par de mesas sólidas, amplias y con tableros lisos. Es necesario recordar que los objetos se apoyarán por su base natural sobre placas flexibles o deformables para contribuir a la distribución de presiones, evitar las vibraciones y facilitar los traslados de las piezas. Por lo demás, para que la sala se encuentre en condiciones de ser utilizada como lugar de trabajo, debe contener el mínimo equipamiento indispensable, ya que estará casi siempre contaminada.

TRANSPORTE

Se debe distinguir entre transporte interno y externo.

Transporte interno: antes de efectuar el transporte de un objeto dentro del museo, se debe prever el recorrido a realizar y siguiendo su trayectoria ir verificando en cada lugar, la existencia o no de inconvenientes: falta de ancho o alto, tipos de pisos, diferencias en sus niveles, posibilidades de giro, comodidad de paso.

Antes de mover el objeto de su sitio de origen, se debe estar seguro que el lugar de destino y su soporte están ya en óptimas condiciones para recibirlo.

Siempre que se pueda, se utilizará un carro o plataforma sólida, preferentemente dotada de cuatro ruedas neumáticas de gran diámetro (las ruedas rígidas y de poco diámetro trasmiten vibraciones y pueden provocar ligeros golpes), además es conveniente que posean barandas rebatibles, para mayor practicidad. El fondo o piso y el interior de las barandas estarán recubiertos de un elemento amortiguador. En ocasiones, para transportar objetos voluminosos y/o pesados pueden resultar prácticas dos o más barras rígidas y acolchadas (caños galvanizados envueltos en frazadas bien lavadas y desinfectadas, o forradas en espuma de polietileno, según resulte más conveniente).

Mobiliario de gran volumen y peso puede ser transportado interponiendo entre sus patas y el suelo una alfombra vieja, una frazada resistente o una lona gruesa y doble para luego, tirando de su extremo y con mucha precaución, arrastrarlo, en general sin problemas, mientras que uno o varios operarios sostienen y acompañan la pieza para que la misma no resulte dañada.

En el caso de muebles grandes con patas sólidas y en buen estado, para colocar la tela en su lugar, se eleva el mueble para dejar en el aire a dos de sus patas más juntas y por ese espacio se introduce la mayor parte de la tela debajo del mismo, se repite el procedimiento con las otras dos patas y por allí se estira la tela. En caso contrario, se hará necesario levantar todas las patas simultáneamente y poner la tela debajo. Este sistema de arrastre no funciona en pisos rugosos o alfombrados, ya que entre las superficies debe existir poca o nula fricción, para permitir el correcto y seguro desplazamiento del objeto.

Transporte externo: la remisión de un objeto fuera del museo implica tomar una serie de conocimientos previos imprescindibles: verificación del estado de conservación del objeto y control del legajo, lugar de destino, ámbito físico donde será colocado, tiempo que permanecerá en él, idoneidad del personal encargado de la recepción, manejo y control, normas de seguridad, medio de transporte y ruta a utilizar, exigencias de la compañía de seguros y todo otro dato que se considere necesario y oportuno.

Con toda esa información se definirá primero, si el objeto está en condiciones de ser transportado y exhibido en aquel lugar y segundo el embalaje a utilizar. Si dicho embalaje no existe en plaza se tendrá que diseñar y construir.

Los embalajes deben proporcionar adecuada protección contra presiones estáticas (pesos apoyados encima) e impactos dinámicos (golpes), no deben transmitir vibraciones exteriores al objeto, deben conservar la temperatura y la HRA interior dentro de los parámetros previstos, no debe liberar sustancias que afecten al objeto ni permitir que ingresen del exterior y además deben ser ignífugos.

En caso de estar construidos en madera, las mismas serán ensambladas o encoladas y atornilladas. Nunca serán clavadas.

Los embalajes deben poseer elementos que faciliten su manejo y transporte por los operarios (agarraderas, listones en resalto, tacos debajo de los mismos) y llevar pintado por fuera los signos convencionales sobre los cuidados que se deben tener con ellos (flecha= posición, copa= fragilidad, paraguas= proteger del agua, cadenas= donde ubicarlas para elevarlo, gancho cruzado por una cruz= no usar ganchos).

Si se utilizan materiales de relleno, los mismos deben ser física y químicamente inertes. Una vez en posesión del embalaje, el cual será de mayores dimensiones al objeto a transportar, para permitir su cómoda y segura manipulación, se elaboran dos informes: uno perfectamente certificado, documentando el estado de conservación del objeto, donde consten los requerimientos necesarios para su conservación durante el traslado y durante el período en que sea expuesto, la manipulación de los mismos y sus especificidades para realizar el montaje de la pieza y otro informe sobre la forma y los pasos a seguir para colocar el objeto en el embalaje, de qué manera debe ser manipulado, que tipo de papel o tela debe cubrir al objeto, donde es necesario colocar tacos de refuerzo para distribuir el peso de la obra e instrucciones varias hasta el cerrado final.

Estos dos informes son de capital importancia, pues son los que dan la base legal para accionar en caso de un eventual deterioro en la pieza. Las copias de estos dos informes acompañarán al objeto hasta su destino, lo que permitirá desembalarlo con absoluta corrección, con el simple recurso de invertir el orden seguido en el embalaje del objeto, mientras que el otro permite verificar el estado en que arribó y es recibido por su destinatario.

No importa lo que se pueda opinar, son las compañías de seguros las que tienen la última palabra para redactar la póliza. Si a entender del conservador, los requisitos exigidos por dichas compañías coinciden con los propios, perfecto, pero si algún requisito exigido por ellos con carácter inamovible puede crear riesgo al objeto, se debe desistir de esa compañía y si no se encuentra ninguna otra aceptable, se deberá renunciar al envío.

Lo ideal es que el objeto viaje acompañado por el personal del museo, el que tendrá a su cargo el exigir y supervisar en cada una de las instancias, las condiciones en que el mismo será expuesto, además del desembalado inicial, su manejo, su limpieza y embalaje de retorno. El correo del museo en este caso, deberá velar en todo momento por preservar la integridad de las piezas cedidas en préstamo, dará recomendaciones específicas sobre el cuidado de las mismas y en caso de que no se cumplan los requerimientos necesarios para su exhibición, es el único responsable y con autoridad para decidir si se expone o no una pieza, dado que su carácter en este caso es el de representar los intereses de la institución a la cual pertenece y por sobre todas las cosas, garantizar la completa seguridad para las piezas exhibidas.

Retornada la pieza al museo de origen se desembala en presencia de representantes legales del museo, de la compañía de seguros y de la empresa de transporte, se procede a efectuar la verificación de su estado de conservación e integridad, el que debe coincidir con el indicado en el informe previo.

Esta revisación debe ser muy concienzuda y profunda ya que hay deterioros que demoran un tiempo en aparecer y hacerse notorios.

Hay que tener mucho cuidado y ser prudente a la hora de controlar los objetos durante su exposición, traslado o chequeo, porque el incumplimiento de alguna cláusula de la póliza, por insignificante que sea, puede significar la nulidad de la misma.

EXHIBICION

El hecho de exhibir el objeto implica mayores exigencias para su conservación. Se tendrá que buscar un punto de equilibrio entre las condiciones ideales para la conservación del mismo y las condiciones requeridas para la correcta exhibición al público.

Para ello nos valemos de contenedores, nombre genérico que comprende a lo que engloba o envuelve o aísla totalmente al objeto u objetos del medio donde se encuentran exhibidos. La función de éstos no es solamente proteger al objeto o a la pieza, sino también delimitar al máximo su espacio físico, con la finalidad de mantener en correctas condiciones los estándares de HRA, temperatura, iluminación. Pueden ser: vitrinas colectivas, domos exclusivos, marcos con vidrio, muebles y estuches especiales o bien las salas donde se hallan los soportes (estantes, repisas, mesas) ellos nos permitirán regular el microclima que rodea el objeto al tiempo que le brindará seguridad.

Tanto contenedores como soportes deben ser muy estables al vuelco, sólidos, absorbentes de vibraciones, brindar una barrera al robo o agresión humana, ser física y químicamente inertes (no generar corrosión ni producir o liberar sustancias que afecten a los objetos), deben ser ignífugos, con superficies lisas, fáciles de limpiar y desinfectar, estar dotados de vidrios y cristales en lugar de acrílicos, plásticos, perspex, plexiglás, todos materiales electrostáticos que aparte de rayarse con suma facilidad atraen y adhieren la suciedad ambiente.

A todo lo indicado y dada la función de exhibir, se le tendrán que agregar condiciones de practicidad y estética, para evitar que la lectura del objeto como tal se vea afectada o disminuida.

Dos recomendaciones muy importantes:

1) Siendo la luz visible y la radiación UV degradantes de acción acumulativa en el tiempo, resulta válido exhibir objetos sensibles a la luz cubiertos por cortinas o postigos que solo se abren cuando un observador acciona el mecanismo, así, mientras carece de observador, está en sombra y bien conservado, resguardado del efecto nocivo de la luz y las radiaciones.

2) Si se ponen dos metales o aleaciones diferentes en contacto, se debe interponer entre ellos un elemento aislante porque el más "noble" permanecerá inalterado a costa de la degradación del otro (es un fenómeno físico de potencial eléctrico y corrosión).

EL DEPOSITO

Desde el punto de vista de la preservación y de la conservación tiene la obligación de ser el lugar más logrado y perfecto del museo, ya que, al no recibir público, no debe hacer ninguna concesión, la temperatura y la HRA serán lo más estable posible a lo largo del año y sus valores ideales serían de 20°C a 25°C y de 45% a 50% HRA.

El recinto a utilizar debe carecer de humedades edilicias, tener buena ventilación, pocas ventanas (con buen cierre y rejas fijas, vidrios resistentes -armados- y medios de oscurecimiento), un mínimo de puertas sólidas y seguras dotadas de ventana visor hacia el interior del museo y en lo posible ninguna al exterior.

Debe tener superficies lisas y resistentes en paredes y techo. Piso duro, liso y sin desnivel y adaptado al tránsito. Iluminación eléctrica adecuada por medio de lámparas incandescentes, sólo encendidas cuando alguien ingresa para limpiar, dejar, retirar o controlar los objetos allí depositados.

Es importante también contar con luces de emergencia en caso de que se genere algún desperfecto técnico en la instalación eléctrica del museo, los que deberán activarse inmediatamente al corte de luz para evitar cualquier tipo de incidentes en caso de que el personal encargado de la conservación de las piezas se encuentre trabajando con los objetos en ese momento.

De ser posible se evitará que por sus paredes, techo y piso pasen cañerías de agua, lluvia, cloacas, calefacción, vapor, aire acondicionado, etc. Pero si no se puede evitar, el recorrido de las mismas debe quedar indicado sobre las superficies con líneas de colores, si las cañerías pasan por el aire se tomarán medidas para evitar que produzcan variaciones en la temperatura ambiente y posibles goteos producidos por pérdida y/o condensación.

Debe tener una mesa amplia, sólida y de tablero bien liso, un carro de ruedas neumáticas (ya mencionado) y algunas bandejas para transporte, conexión para aspiradora y varios pares de guantes de algodón y nylon para utilizar en la manipulación de los objetos. Fuera del recinto y frente a la puerta habrá un felpudo para limpiarse los zapatos antes de ingresar y evitar entrar con demasiado polvillo al lugar.

Los objetos se deben depositar en estanterías abiertas, soportes y/o muebles especiales, ignífugos, aislantes, inocuos, para tal fin, todos ellos deben dejar un vacío de 30 cm por encima del piso del recinto (para limpieza o inundación menor), estarán separados de las paredes y entre ellos por pasillos suficientemente anchos para que se pueda circular (75 cm mínimo) y accionar aún con el carro sin riesgo para los objetos. Todo este mobiliario será de construcción simple y sólida, estable, deben presentar sus superficies bien lisas, fáciles de limpiar, sin recovecos ni ranuras. No deben transmitir vibraciones a los objetos, por lo que deben estar montados sobre bases o soportes anti vibratorias.

Las estanterías deben ser metálicas cubiertas por pintura horneable, ya que por sus emanaciones gaseosas a lo largo del tiempo, los aglomerados modernos, ciertos terciados elaborados con adhesivos especiales, algunas maderas resinosas y varios tratamientos superficiales para madera y metal (pinturas, lustres, barnices) son contraindicados para utilizar en este tipo de recinto.

El depósito se debe mantener permanentemente limpio y libre de contaminación; los objetos que ingresen allí lo harán en esas mismas condiciones.

Salvo casos especiales, se podrán utilizar ahuyentadores de insectos, insecticidas, fungicidas y desinsectantes, en forma localizada en general siempre que sean inofensivos para los materiales allí guardados. Estas sustancias sólo estarán en contacto directo con el material especificado cuando así lo indique expresamente su uso.

Los materiales muy sensibles a vapores químicos se guardarán en forma especial y con los debidos cuidados.

Jamás se guardaran en el depósito general -así sean objetos museológicos- materiales auto combustibles (por ej. negativos y películas de nitrocelulosa), explosivos (por ej. balas, cartuchos), líquidos o gases combustibles o tóxicos (por ej.: botella de vodka de 94°, plancha a nafta con combustible, garrafa para encendedores de gas, toxico fumígeno contra plagas, tarros de pintura sintética), agresivos químicos (ej. botellas conteniendo ácidos o álcalis de alto poder), todos estos materiales y objetos se guardarán en uno o varios depósitos secundarios, construidos especialmente para ellos.

Como norma general: los objetos se guardan en la misma posición o forma en que se los utiliza normalmente: apoyado en su propia base natural, colocada en un maniquí o soporte similar (ropas), suspendido de una superficie vertical (cuadros).

Los objetos voluminosos y/o pesados se acomodan en los estantes más bajos, los más livianos y chicos en los altos, si son muy pequeños se los puede guardar dentro de frascos de vidrio de buen cierre perfectamente limpios y secos donde - en caso necesario - pueden estar acompañados, pero no en contacto directo, por una bolsita de sílica gel, desinfectante o fungicida, para mayor seguridad.

Los objetos enmarcados se colgaran en bastidores rígidos y verticales de tejido metálico. El sistema de colgado de los mismos, consiste en colocar ganchos en los listones laterales del bastidor en las pinturas o en los laterales de los marcos, en caso de enmarcados y sujetarlos al tejido mediante ganchos "S" realizados preferentemente en acero galvanizado, dado que no tienden a deformarse con el peso de las piezas. También pueden colocarse precintos, y sujetarlos al tejido.

Láminas y documentos serán guardados en forma horizontal dentro de bandejas o carpetas intercalados con papel neutro (de filtro) o montados en soportes individuales.

Telas planas, encajes, tapices, gobelinos y alfombras se guardarán enrolladas en tubos forrados con tela de algodón previamente lavado y envueltos en lo mismo; el resto será guardado en forma horizontal en bandejas o estantes procurando que los dobleces resulten flojos y de buen diámetro. Los sombreros, gorros y cascos estarán colocados sobre cabezas soporte de telgopor, recubiertas con tela de algodón o realizadas en espuma de polietileno, recubiertas con tela anticongelante o Tyvek. Trajes y vestidos se guardarán en forma vertical colocados en maniquíes, soportados por perchas con hombreras moldeadas o en forma horizontal en bandejas o estantes.

La forma de guardar un objeto depende básicamente de: los materiales en que está hecho, de las técnicas usadas para su elaboración, de su forma, volumen y estado de conservación.

En tanto les resulte inocuo, los objetos se podrán cubrir, envolver o enfundar con papeles preferentemente neutros, polipropilenos o polietilenos. En ambos casos se utilizarán solo de alta densidad y nunca en forma hermética -dotados de orificios o respiraderos- y también, con tela usada y limpia de algodón. Debe ser usada porque las telas nuevas vienen de fabrica con un apresto que puede resultar contaminante. Otra variante a utilizar es la tela o papel "Tyvek", nombre comercial que se le da a este tipo de tela, que es un no tejido a base de fibras de polietileno de alta densidad, siendo un papel irrompible, impermeable y resistente a cualquier maltrato que pueda ocasionar su manipulación, es el material perfecto para la elaboración de sobres y fundas de alta calidad. En todos los casos podrán ser acompañados con ahuyentadores, insecticidas y/o fungicidas colocados en bolsitas de tela de algodón o recipientes adecuados cerca pero sin tocar los objetos. Los objetos guardados de estas formas serán extraídos y revisados perfectamente por lo menos una vez al año.

CASO PARTICULAR

MATERIALES NITROCELULOSICOS: originados en la acción del ácido nítrico sobre la celulosa, su producto más conocido es el celuloide. Las sustancias así generadas son materiales explosivos de gran potencia y peligrosidad.

De hecho, se reitera lo ya dicho, para el museo o cualquier otro sitio, los materiales peligrosos por riesgo de incendio o explosión se almacenan en depósitos separados del resto, bien resistentes y con adecuada seguridad. En general son recintos de paredes muy sólidas y techos muy endebles, preparados para evitar la generación de chispas por electricidad estática y un adecuado suministro de agua o elementos químicos para combatir el fuego.

Esta explicación es necesaria porque el celuloide es un material que se degrada irreversiblemente al paso de los años y en ese proceso se vuelve auto inflamable, es decir que se prende fuego sólo y no hay forma de apagarlo porque él genera su propio oxígeno para quemarse.

Todo material de negativo fotográfico (radiografías incluidas) fabricado antes de 1950 (para mayor seguridad) está hecho con Celuloide y en algún momento terminará con un incendio.

MATERIALES SINTETICOS o PLASTICOS: sustancias artificiales logradas a partir de la creación de moléculas muy largas, integradas por una exagerada cantidad de átomos que satisfacen determinadas características pedidas de antemano. Todas estas sustancias indefectiblemente se van a ir degradando por la rotura natural de sus cadenas atómicas ante el simple paso del tiempo. Empezados a conocer en 1878, ya en 1890 se comenzó a utilizar la primera fibra comercial sintética mezclada con otras naturales, para hilar textiles.

Los plásticos -como habitualmente los llamamos- se agrupan por familia según su origen, pero su reconocimiento específico depende indefectiblemente de su nombre comercial, por los ligeros cambios que en sus fórmulas introduce cada fabricante para justificar su propia marca registrada y asegurar sus derechos y utilidades.

RUTINAS DE MANTENIMIENTO

Es la ejecución periódica de una sucesión de acciones orientadas a lograr un fin predeterminado, sin que pueda haber olvidos o errores por parte de quien la realiza, porque debe tildar en la hoja guía, cada una de las acciones allí indicadas inmediatamente a la realización de las mismas.

Este listado es el resultado de una planificación previa y posterior comprobación, realizada por personas conocedoras del tema en consideración, procurando a partir de sucesivas acciones simples lograr el fin propuesto a través del camino más lógico, libre de fallas y con el menor costo y esfuerzo. El título de la rutina siempre indicará su finalidad.

El operador encargado de ejecutarla habrá sido capacitado previamente en todas y cada una de las acciones a cumplir. Al momento de actuar el operador se proveerá de los elementos necesarios para la tarea indicados en la hoja guía y dirigido por ella iniciará su labor siguiendo paso a paso las indicaciones escritas.

Cada vez que completa una indicación, la tilda en el papel y recién pasa a la siguiente.

En caso de encontrar anomalías o problemas toma nota del mismo en la hoja guía, no tilda esa acción y pasa a la siguiente.

Así hasta terminar con todo el listado, lo fecha, lo firma y lo entrega a su supervisor o jefe, junto con las aclaraciones o ampliaciones que puedan ser necesarias.

Las rutinas de mantenimiento engloban las tareas típicas de las recorridas periódicas de inspección, mantenimiento o limpieza, aplicadas al edificio, sus instalaciones, elementos de seguridad, su equipamiento y sus fondos museales u objetos museológicos. Resulta práctico tener en un indicador mural el total de rutinas con indicación de su frecuencia, fecha y autor de la última recorrida y fecha de la siguiente, para poder proveer con tiempo a sus necesidades.

Sus frecuencias se ajustarán a las exigencias de la realidad contando con un margen de seguridad. Las referencias podrán ser las distintas épocas del año: la de lluvia, el comienzo del calor, vientos, humedades, etc., por las estaciones, por los períodos pico de público, por periodos determinados de tiempo, por fechas de receso de la actividad, etc.

Lo ideal es poder ordenar sin "apurones" ni "baches", la actividad del personal del museo a lo largo de todo el año y poder cumplir con los requerimientos establecidos para que nada quede rezagado u olvidado.

Es responsabilidad del conservador el verificar que el personal esté capacitado para ejecutar las tareas; también es su responsabilidad determinar el tipo y frecuencia de los recorridos de control de los objetos museológicos y como se efectúa su limpieza de mantenimiento.

	EDIFICIO	INSTALACIONES	EQUIPAMIENTO	OBJETOS
INSPECCION	humedades edilicias	artefactos de gas	sistemas de alarmas	control de plagas
MANTENIMIENTO	techados	aparatos del laboratorio	iluminación de emergencia	ahuyenta-dores y silica gel
LIMPIEZA	puertas y ventanas	mobiliario Salón de Actos	ventiladores y acondicionadores	vitrinas y domos

En todos los demás ítems, empezando por la limpieza del edificio del museo, el conservador debe supervisar las técnicas utilizadas y si nota que alguna de ellas puede afectar a los objetos, coordinará con quien este encargado de ese ítem para hallar otra forma de ejecución efectiva pero que resulte inocua a los fondos museales.

NORMAS DE SEGURIDAD

En su conjunto deben constituir el manual que ordena el accionar de todo el personal del museo, desde el director hasta el último personal incorporado, frente a diferentes situaciones de emergencia. Las mismas pueden ser de distinta magnitud o gravedad, pero casi siempre aparecen sorpresivamente y frente a ellas hay que reaccionar en forma lúcida, eficiente y rápida para eliminar riesgos. Una breve nómina de calamidades usuales computa: incendio, robo, accidente personal, corte de energía eléctrica, conmoción social, inundación, terremoto, situación bélica.

Para elaborar las normas de seguridad se plantea cada una de las posibles situaciones de emergencia y, contando con la colaboración de entendidos en el tema, se va confeccionando por escrito la lista de tareas o acciones que se deben realizar, su secuencia y la forma más segura de concretarla, para evitar o disminuir al máximo las consecuencias del problema.

Elaborada la misma se asignan los roles al personal, es decir, se le fijan a cada uno sus obligaciones para ese caso particular. Cada miembro del personal recibirá una copia de la acción general donde figuran resaltadas sus propias obligaciones en particular para que las estudie y aprenda. En caso necesario se lo capacitará adecuadamente.

Completada esta etapa, se efectuaran ejercitaciones periódicas supervisadas por el máximo responsable de seguridad o el director. Las primeras prácticas generales serán preanunciadas, pero las siguientes serán imprevistas.

De ser posible, las normas de seguridad debieran ser planificadas conjuntamente con el diseño del museo. Este comportamiento facilitaría la reacción frente a los imprevistos, al mejorarse detalles de diseño y arquitectónicos del edificio, adecuaciones en equipamiento e instalaciones y ajustes en la organización y funcionamiento del museo.

EL EDIFICIO, SU UBICACION Y ENTORNO

Es necesario considerar estos tres elementos de fundamental importancia, porque son los directos condicionantes del micro clima interno del museo, que influirán en forma permanente a todos y cada uno de los materiales y objetos instalados en el.

EDIFICIO

Resulta muy conveniente contar con varios planos ajustados a la realidad del mismo:

A) un plano de arquitectura: donde figuren sus plantas y cortes, con indicación de todas las medidas y donde aparezcan indicadas las distintas reformas y agregados que pudo haber sufrido.

B) un plano de las obras sanitarias: mostrando debidamente posicionados y dimensionados los desagües cloacales, pluviales y la red de agua potable y de incendio si la hubiera.

C) un plano de la instalación eléctrica: con precisa indicación de su cableado, bocas, llaves, tableros y la carga máxima que admite cada punto de la red.

D) un plano de las instalaciones de gas: con igual precisión que los anteriores.

E) un plano auxiliar: donde aparezcan registrados los sistemas, instalaciones y elementos auxiliares.

El análisis de estos planos permitirá conocer la verdadera capacidad de respuesta del edificio ante las distintas solicitudes y necesidades al que lo someterán las personas y la naturaleza. Dicho análisis, facilitará la realización de las tareas de mantenimiento edilicio y habilitará para realizar mejoras o evitar inconvenientes futuros.

Lo ideal sería tenerlo ubicado en un terreno alto y firme, con ligero desnivel respecto del terreno circundante (mínimo 10/15 cm), acceso por escalones y rampa, suaves y con pasamanos. Paredes exteriores de 30 centímetros. Techado preferentemente monolítico, con aislación térmica e hidráulica, buena pendiente y óptimo desagüe a prueba de fallas.

Pisos interiores sin desnivel de ninguna especie, sobre elevado (10/15 cm) respecto del terreno circundante y de los eventuales patios interiores.

ABERTURAS

Ventanas: seguras, de buena estanqueidad y provistas de vidrios armados, pueden estar dotadas de rejas al exterior y cerramiento sólido y resistente (persiana, cortina de enrollar, postigos).

Puertas exteriores: mínima cantidad pero que aseguren la posibilidad de evacuación total ante una emergencia, provistas de barras para-avalancha, de fácil apertura. Sólo una, a lo sumo dos, operables desde el exterior. Seguras, de buena estanqueidad, ciegas o con vidrios armados y rejas. La zona de la cerradura (tipo doble paleta/doble pasador) estará reforzada por una plancha de metal resistente que la exceda.

Puertas interiores: ciegas o con ventana visor según los casos y todas tendrán cerraduras operables. En el caso de depósitos, se recomienda contar con alarmas conectadas directamente a una central de emergencia. No todo el personal del museo debe conocer el código de armado y desarmado de las mismas, sino que se asignará un número propio a cada una de las personas implicadas en el manejo de los fondos del museo, encargados de la conservación de las piezas y con acceso a las instalaciones del depósito.

Claraboyas, lucernarios: sólidamente amurados a la estructura resistente del techado, enrejados, provistos de vidrios armados y defensa exterior antigranizo.

CAPAS AISLADORAS (Hidráulicas)

Horizontales: en todas la paredes, sean interiores, exteriores y aún de sótano.

Verticales: en paredes periféricas de sótano, total y por ambas caras. En paredes perimetrales al aire, total por su cara externa. En paredes interiores, solo en lugares comprometidos por el agua (baño, cocina, depósito).

Bajo pisos en planta baja: alisado impermeable bajo esos pisos, salvo en aquellos con cámara de aire.

REVESTIMIENTOS

Cielorrasos: en yeso, pegados a la losa o armados/colgados.

Paredes interiores: revocadas en grueso y sino con cal y arena (muy útil usar arena de fundición, que es muy fina). El yeso en paredes queda muy suave y liso pero resulta muy débil a los golpes y rayones. Determinadas zonas en contacto con agua, líquidos o eventual suciedad conviene recubrirlas con azulejos (óptimo) o eventualmente cerámicas (aceptable).

Paredes exteriores (sobre el impermeable): grueso en cal/arena y fino en material de frente.

Pisos de madera: los comunes son alfajía de pinotea sobre cámara de aire ventilada o parquet pegado con asfalto caliente o adhesivo sobre alisado impermeable de 2 cm de espesor (en cemento/arena/hidrófugo). En ambos casos se mantendrán encerados, nunca plastificados y no se los mojará bajo ningún concepto.

Pisos de mosaico granítico: (20x20 cm o 30x30 cm) pulido en obra, son lo mejor en rendimiento y duración.

Pisos cerámicos: para interiores, se desaconseja el uso de cualquiera de los tipos existentes, su uso queda reservado para patios y azoteas, en las clásicas piezas de 20x20 cm. con juntas abiertas tomadas con cemento.

PINTURAS

Sobre revoques de cal y arena nuevos, y en toda oportunidad posible: pintura a la cal, con o sin pigmento. Caso contrario continuar con el tipo de pintura existente.

Se aconseja eliminar las pinturas al aceite: de las paredes por medio de un perfecto lijado y de las aberturas por medio del raspado en frío, a la llama o aire sobrecalentado y eventualmente por medio de disolventes líquidos.

SANITARIOS

Redes de agua fría y caliente en hidrobronz. Cañerías de evacuación en cemento y/o hierro fundido. Ventilaciones por caños de chapa, "Cave" o similares. Evitar los plásticos todo lo posible para la conducción de líquidos, eventualmente pueden ser utilizados en ventilaciones.

ELECTRICIDAD

Instalación embutida. Cañerías y cajas de metal. Si se utilizan caños plásticos, verificar al recibir la obra y en cada punto del circuito el real y correcto funcionamiento. Es obligatoria la conexión a tierra. Repetir ese control cada tanto.

Dividir la instalación en varias redes independientes dotada cada una de ellas de un disyuntor, (las llaves térmicas no previenen accidentes de electrocución). Estipular la carga admisible en cada punto conforme el cableado existente y no sobrepasarla conectando artefactos de más.

Tableros generales y seccionales de fácil acceso para el personal, donde cada una de las llaves deberá contar con su rótulo correspondiente a fin de evitar inconvenientes con las mismas. Reemplazar los viejos cables de goma y tela por los modernos en plástico.

INSPECCION EDILICIA

Dicha inspección debe ser realizada por una persona capaz, honesta y con buena experiencia en obras de construcción, que observe en profundidad los diferentes detalles teniendo en mente los problemas de funcionamiento y mantenimiento que pueden presentar ante la actividad a desarrollar por sus propietarios y sus usuarios.

De gran ayuda le serán el mapa de ubicación general y los planos del edificio. De su informe saldrán las correcciones a implementar para optimizar lo disponible.

Estos son algunos de los casos más comunes que se suelen presentar:

GRIETAS EN PAREDES

Por asentamiento en la unión de una pared nueva con una pared vieja: pasado un tiempo el movimiento se estabiliza y se detiene, a partir de allí se puede revocar sin problema.

Por asentamiento del cimiento. Hay que ver por qué pasa, encontrar la causa del mismo y arreglar el problema del cimiento primero. Solucionado eso se revoca sin más.

Por movimientos térmicos: en general, no se eliminan nunca. Se sellan con elementos elásticos, ej.: cauchos auto vulcanizables (tipo Silastic) y se alisan sus bordes o se cubren con elementos deformables. Usar solo en paredes exteriores.

HUMEDADES

Humedades ascensionales o de cimientos: por falla de la capa aisladora horizontal. Únicas soluciones por ahora: cortar la pared en dos tiempos y rehacer la capa impermeable en cemento/arena/hidrófugo o recurrir a inyectar un producto sellador masivo (tipo poliuretanico). El tan común revoque impermeable parcial de una cara no sirve, el agua elevada necesita 120/140 centímetros de altura por metro lineal de pared para evaporarse (60 o 70 centímetros a cada lado) y en general, puede ascender hasta los 170/200 centímetros de altura como máximo.

Humedades en altura: en el caso de paredes al exterior, pueden provenir de una falla en el sellado de una unión abertura-mampostería (cemento/arena/hidrófugo o caucho auto vulcanizable), por los desagües propios de las aberturas tapados (limpieza) o bien por fallas en la capa aisladora vertical del muro (picado y vuelta a hacer o pintura externa a base de siliconas renovable cada 3/5 años). Las producidas por canalizaciones o cañerías defectuosas se pueden dar en cualquier tipo de pared (reparación de la cañería y la mampostería).

Humedades descendentes e incluso filtraciones o "goteras": originadas en fallas, fisuras y grietas del techado y/o su membrana aislante. Hay que distinguir entre las habituales y aquellas que se producen al obturarse los desagües por acumulación de suciedad, dando por resultado el embalsado de las aguas o su derrame por sitios no previstos.

Aquí se reitera lo dicho para las paredes. Las grietas que una vez producidas no manifiesten movimiento se sellaran con materiales rígidos de albañilería (morteros con cemento), en cambio aquellas que continúen moviéndose, usualmente por dilatación térmica, se deberán sellar con elementos que mantengan su flexibilidad y adherencia al aire libre por un buen tiempo (neoprenos, cauchos auto vulcanizables, bituminosos o asfálticos varios), estas reparaciones deben ser controladas cada seis meses o un año.

Cuando la cantidad de grietas es elevada puede convenir cubrir toda la superficie con una membrana de esas características y lo ideal es que quede cubierta, por lo menos, con un doblado de ladrillos con barrido en cemento. Si se la deja al aire libre, sin cubrir, conviene aquella que presenta una hoja de aluminio como cubierta final.

INGRESO DE LIQUIDOS

Para el caso de sufrir reflujos o retornos de líquidos cloacales o pluviales en momentos de grandes lluvias, se recomiendan dos cosas: primero, organizar la evacuación del agua de lluvia por tubería independiente hacia el exterior y segundo, colocar una válvula que pueda cortar la conexión de la red interior con la red urbana de Obras Sanitarias. En estos casos y mientras dure el cierre de la válvula se deberá reducir al mínimo o clausurar el uso del sistema sanitario interior.

UBICACION

Se comienza analizando la ubicación geográfica del edificio dentro de la región. Para ello y disponiendo de un mapa del lugar se marca su posición exacta.

Hecho esto se señalan también las zonas o puntos productores de contaminación ambiental con indicación del tipo de degradantes que producen:

A) contaminantes del tipo físico-químico: partículas sólidas orgánicas e inorgánicas, vapores y gases en general, humos y hollines de la combustión industrial, gases producidos por los motores de combustión interna (vehículos) y todo aquello que pueda ser englobado en esta tipificación.

B) humedad ambiental extra: generada a partir de espejos o cursos de agua, zonas verdes, liberación de grandes masas de vapor industrial, etc.

C) áreas productoras de contaminantes bióticos: tanto de origen vegetal como animal, microorganismos (hongos, mohos, musgos, líquenes), insectos (ácaros, polillas, pescaditos de plata, cucarachas, grillos, moscas, mosquitos), animales (ratas, murciélagos, palomas) todos ellos degradantes por diferentes causas y variadas maneras.

D) zonas productoras de ruidos y/o vibraciones: transmisibles por el aire o el suelo.

La influencia real de cada una de estas localizaciones contaminantes sobre la construcción y su contenido, estará en relación directa con su potencia generadora de contaminación ambiental y en relación inversa a la distancia que las separa de ellos.

Sobre este plano se estudiara luego la influencia de los vientos dominantes en el lugar, el que indudablemente modificara, para mejor o peor según los casos, la situación previa.

ENTORNO

Por ello se entiende lo muy cercano y hasta lindero al edificio en consideración, el que puede variar desde una construcción aislada en el medio de un parque hasta un edificio entre medianeras, sin olvidar el caso donde el recinto considerado ocupa algunas habitaciones en el interior de un edificio.

Una edificación aislada en el terreno recibe toda la influencia del medio ambiente, tal cual se menciono con anterioridad. Pero también puede tener que soportar otro tipo de agresiones.

Si está rodeada de árboles o arbustos de hojas caducas, lo primero que se debe prever es que las hojas caídas pueden bloquear los sistemas de desagüe pluvial con el consiguiente riesgo de inundación, pero la situación puede empeorar e ir más allá. Las raíces de los árboles de copa grande, arbustos y plantas trepadoras al igual que los vegetales que aparecen en las viejas paredes y techos descuidados, se incrustan entre los ladrillos y las baldosas. Dichas raíces penetran cada vez más, al tiempo que van engrosando su diámetro y terminan por fracturar o desplazar la mampostería con los consiguientes problemas de pérdida de resistencia, estabilidad y aislación hidráulica.

Por el contrario, la eliminación de arboles puede dar comienzo a problemas con la aparición de humedades de cimientos por causa de la elevación del nivel de la napa freática. La tala significa el cese de evaporación del agua de la napa freática y por ende el ascenso de su nivel en el subsuelo.

Según sea el tratamiento que se dé al terreno circundante por medio de masas vegetales (parquización, apantallados, cercos) las condiciones de asoleamiento y la acción del viento se verán modificadas, para bien o para mal, en un porcentual más o menos elevado.

La acción directa del sol, el viento y la lluvia, sumada a la gran superficie de paredes y techos, ambos con buena capacidad de captación y acumulación o pérdida de energía bajo la forma de calor, en contacto con el exterior, tiene su directa repercusión en las condiciones del microclima interior, evidenciado por el ejemplo típico: el interior de las paredes con frente al norte resultan mucho más cálidas (y secas) que las paredes al sur, mientras que las enfrentadas al este y oeste varían, alternativamente entre la mañana y la tarde, las paredes y/o techos sometidos a la acción del viento se enfrían (raramente se calientan) y secan con mucha más rapidez que las no alcanzadas por el aire en movimiento.

Particular consideración merecen los ángulos entrantes y salientes en el perfil de un edificio al paso de una corriente de aire o viento, ya que da origen a turbulencias y zonas de alta y baja presión reconocibles por el revoloteo de elementos sólidos (papeles, hojas, polvo), en el primer caso siguen su curso, en el segundo se depositan en el suelo.

CLIMA LOCAL

Cada zona o lugar tiene sus particularidades dentro de la generalidad regional. El clima local incidirá sobre la gran cáscara que es el edificio, sobre su exterior por acción directa y sobre su interior parte por acción directa y parte por el comportamiento o reacción de esa "cascara edilicia" frente a la acción externa.

Ese comportamiento, muchas veces previsible del clima, es el que se debe adecuar a las necesidades internas en función de los objetos allí atesorados, hecho que parece complicado pero no lo es.

El Servicio Meteorológico Nacional y el INTA, por citar sólo a dos entidades, brindan toda la información respecto del clima local a partir de sus registros estadísticos respecto de los distintos parámetros de temperatura, humedad relativa ambiente, viento, lluvia, asoleamiento.

La información obtenida por este medio, sumada a la que brinda el mapa zonal y los planos del edificio ya vistos, facilitarán la tarea de planificar el control del clima interior.

Control del clima interior que básicamente pasa por mantener lo más estable posible, a lo largo del año, la temperatura en 20°C a 25° C y la HRA entre 45 y 50% con renovación periódica del aire.

EQUIPAMIENTO E INSTRUMENTOS DE MEDICION

Rubro que depende de las disponibilidades económicas pero que tiene un piso o nivel mínimo.

EQUIPAMIENTO

- Alarma de incendio (por humo y/o calor), extinguidores clase "A" (madera, papel y clase "E" (electricidad) o bien, Universales de nieve carbónica.

- Teléfono con memorias de discado automático.

- Ventiladores para mover el aire y eventualmente secar. Estufas eléctricas o de gas por sistema de tiro balanceado. Las estufas de fuego abierto están prohibidas tanto por el riesgo de incendio como por la contaminación ambiental que producen.

- Dos medidores electrónicos con display: un termómetro para medir la temperatura ambiente y un higrómetro para determinar la humedad relativa ambiente (HRA), aparatos del tamaño de un teléfono celular, nada onerosos, tienen la ventaja de ser muy precisos y rápidos, motivo por el cual permite relevar grandes áreas en poco tiempo y con mínimo equipo.

En cada área o sala específica debiera contarse con un buen sistema de ventilación regulable por convección del aire.

Iluminación de emergencia por batería húmeda, baterías secas o pilas, prohibidos los faroles de kerosene o de gas y las velas.

En el edificio se deberá contar con un recinto suficientemente aislado y bien ventilado, provisto de agua y desagüe, gas y electricidad, destinado al laboratorio-taller de conservación y restauración del material atesorado.

LIMPIEZA HABITUAL

No pudiendo evitar totalmente el ingreso de la suciedad, solo queda el recurso de eliminar el mayor porcentaje posible. Para ello se deben emplear medios de limpieza que atrapen y retengan a los componentes de esa suciedad.

Siempre que sea posible las tareas de limpieza se harán en seco, el uso de agua y otros líquidos será restringido al máximo pues su evaporación genera humedad ambiente cuando no gases de los productos contenidos.

Aspiradoras de gran capacidad de absorción (incluso líquidos), tipo industrial más que familiar, por la magnitud del trabajo a realizar son el elemento fundamental en esta lucha por la limpieza. Ayudados por sus propios accesorios se podrá atender todo tipo de superficies, rincones y objetos, confinando a su bolsa todo elemento menor no deseado en el local.

Se recomienda utilizar aspiradoras con tanque de agua, donde la suciedad aspirada queda retenida en el líquido, posible de ser desechado y repuesto nuevamente, evitando que las partículas más pequeñas vuelvan a depositarse sobre las superficies de los objetos. Otra variante son las aspiradoras portátiles, tipo mochila, que permiten una mayor facilidad en cuanto a su manipulación y vienen provistas en algunos casos de filtros HEPA. Estos filtros están compuestos por una malla de fibras dispuestas al azar. Las fibras típicamente están compuestas por fibra de vidrio y con diámetros entre 0.5 y 2 µm. Los factores más importantes a tener en cuenta en un filtro son el diámetro de las fibras, el espesor del mismo y la velocidad de las partículas. El espacio entre las fibras es mucho mayor de 0.3 µm, pero eso no significa que las partículas con un diámetro menor puedan pasar. A diferencia de los filtros de membrana, los filtros HEPA están preparados para retener contaminantes y partículas mucho más pequeñas.

Cuando la acción de la aspiradora no sirva o no alcance a solucionar el problema, recién entonces se recurrirá al método más idóneo disponible de aplicación puntual. Se sugiere muy especialmente no utilizar acondicionadores ambientales (desodorizante de ambientes, aromatizadores) cualquiera sea su forma de aplicación.

APARATOS ELECTROMECANICOS DE ACONDICIONAMIENTO

- Unidad climatizadora central completa con presurización: toma aire exterior, lo filtra según la necesidad y pedido, lo lleva a la temperatura y humedad relativa solicitadas y lo inyecta en el edificio a la velocidad de circulación y presión que se requiere.

- Equipo de aire acondicionado: sólo regula la temperatura del aire que suministra.

- Equipo de refrigeración: sólo enfría el aire exterior que suministra.

- Calo ventor: ventiladores que llevan adicionada una resistencia eléctrica para suministrar aire calentado.

- Ventilador: sólo remueve el aire a la temperatura ambiente.

- Humidificador: añaden humedad al ambiente. Hay dos tipos, unos realizan el procedimiento arrojando agua en estado líquido y otros, vapor de agua al aire del espacio. Los equipos de esta índole necesitan un suministro regular de agua y electricidad por consiguiente deben operarse en forma manual. Los mismos pueden ser equipados con humidistatos, los cuales hacen operar al equipo automáticamente según sus mediciones.

- Deshumidificador: funcionan por desecación o por refrigeración, a raíz de esto reciben el nombre de deshumidicadores desecantes o refrigerantes, los primeros absorben humedad del aire por medio de materiales secantes como gel de sílice o cloruro de litio (corrosivo para metales), debe existir un conducto de salida del aire húmedo y así permitir la renovación del mismo. Los materiales secantes tienen un límite de absorción, por lo tanto deben ser renovados periódicamente.

Los deshumidicadores refrigerantes trabajan por condensación del aire, haciéndolo pasar por conductos de gases refrigerantes hidrocarburos fluorados químicamente inactivos. El aire de salida es seco pero posee más temperatura que al ingreso, el deshumidicador lo enfría hasta la temperatura adecuada para su salida definitiva. El agua producida por la condensación es evacuada por ductos de drenaje.

Estos aparatos también pueden ser operados junto con humidistatos.

INSTRUMENTOS DE MEDICION

APARATOS MEDIDORES DE TEMPERATURA

Termómetros: electrónicos digitales, de mercurio, de alcohol, de máxima y mínima.

En caso de registrar la información en cinta o memoria toma el nombre de Termógrafo registrador.

APARATOS MEDIDORES DE HUMEDAD RELATIVA AMBIENTE

Higrómetro: El higrómetro es un aparato para medir la HRA. Hay varios modelos, que utilizan la dilatación del cabello como elemento medidor, uno da la lectura directa por medio de una aguja sobre un cuadrante graduado, otro modelo posee además un mecanismo de relojería con ocho días de cuerda y registra continuamente las mediciones sobre una banda de papel. A este último se los denomina higrógrafo y si además viene equipado con un termómetro registrador continuo se los denomina termohigrógrafo o higrotermógrafo.

Psicrómetro: aparato que tiene dos termómetros gemelos, uno con bulbo seco y el otro mojado con agua destilada. Se hace circular entre ellos el aire del lugar a medir (por revoleo, ventilador, pantalla) y con las lecturas de ambos termómetros se entra en la tabla psicrométrica que da la HRA. Fue el sistema más exacto hasta la aparición de los modelos electrónicos que brindan lecturas directas casi sin error y a un costo muy accesible.

TABLA PSICROMÉTRICA
A) Para temperaturas de 0 a +25°C en el termómetro húmedo

Termómetro Húmedo	α DIFERENCIA ENTRE EL TERMÓMETRO HÚMEDO Y EL SECO																			
	0	1/2	1	1 1/2	2	2 1/2	3	3 1/2	4	4 1/2	5	5 1/2	6	6 1/2	7	7 1/2	8	8 1/2	9	9 1/2	10
0	100	90	81	73	64	57	50	43	36	31	26	20	16	11	7	3					
1	100	90	82	74	66	59	52	45	39	33	29	23	19	15	11	7					
2	100	90	83	75	67	61	54	47	42	36	31	26	23	18	14	10					
3	100	90	83	76	69	63	56	49	44	39	34	29	26	21	17	13	10				
4	100	91	84	77	70	64	57	51	46	41	36	32	28	24	20	16	14	11			
5	100	91	85	78	71	65	59	54	48	43	39	34	30	27	23	19	17	13	10		
6	100	92	85	78	72	66	61	56	50	45	41	35	33	29	26	22	19	16	13	10	
7	100	92	86	79	73	67	62	57	52	47	43	39	35	31	28	25	22	18	15	12	11
8	100	92	86	80	74	68	63	58	54	49	45	41	37	33	30	27	25	21	18	15	14
9	100	93	86	81	75	70	65	60	55	51	47	43	39	35	32	29	27	24	21	18	17
10	100	94	87	82	76	71	66	61	57	53	48	45	41	38	34	31	28	26	23	21	19
11	100	94	88	82	77	72	67	62	58	55	50	47	43	40	36	33	30	28	25	23	20
12	100	94	88	82	78	73	68	63	59	56	52	48	44	42	38	35	32	30	27	25	22
13	100	94	89	83	78	73	69	64	61	57	53	50	46	43	40	37	34	32	29	27	24
14	100	94	89	83	79	74	70	66	62	58	54	51	47	45	41	39	36	34	31	29	26

(continúa en pág 56)

(viene de pág 55)

TABLA PSICROMETRICA
A) Para temperaturas de 0 a +25°C en el termómetro húmedo

DIFERENCIA ENTRE EL TERMOMETRO HUMEDO Y EL SECO

Termómetro Húmedo	0	1/2	1	11/2	2	21/2	3	31/2	4	41/2	5	51/2	6	61/2	7	71/2	8	81/2	9	91/2	10
15	100	94	89	84	80	75	71	67	63	59	55	52	49	46	43	41	37	35	33	31	28
16	100	95	90	84	80	75	72	67	64	60	57	53	50	48	44	42	39	37	34	32	30
17	100	95	90	84	81	76	73	68	65	61	58	54	52	49	46	44	40	39	36	34	31
18	100	95	90	85	81	76	74	69	66	62	59	56	53	50	47	45	42	40	37	35	33
19	100	95	91	85	82	77	74	70	66	63	60	57	54	51	48	46	43	41	39	37	34
20	100	95	91	86	82	78	75	71	67	64	61	58	55	53	49	47	44	43	40	38	36
21	100	95	91	86	83	79	75	71	68	65	62	59	56	54	51	49	46	44	41	39	37
22	100	95	91	87	83	79	76	72	69	65	63	60	57	55	52	50	47	45	42	40	38
23	100	96	91	87	83	80	76	72	69	66	63	61	58	56	53	51	48	46	43	41	39
24	100	96	92	88	84	80	77	73	70	67	64	62	59	56	53	52	49	47	44	42	40
25	100	96	92	88	84	81	77	74	70	68	65	63	59	57	54	52	50	47	45	44	42
Grados centígrados								Porcentaje de Saturación de Aire con Vapor												

TABLA PSICROMÉTRICA
A) Para temperaturas de +20°C a +99°C en el termómetro húmedo

Termómetro Húmedo	α DIFERENCIA ENTRE EL TERMÓMETRO HÚMEDO Y EL SECO																				
	0	1	2	3	4	5	6	7	8	9	10	11	12	13	14	15	16	17	18	19	20
20	100	91	82	74	67	61	55	49	44	40	36	32	28	25	22	19	17	14	12	11	10
25	100	92	84	77	70	65	59	54	50	45	42	38	35	31	29	26	24	22	20	18	16
30	100	92	85	79	73	68	63	59	55	50	46	42	38	36	34	32	29	27	25	23	21
35	100	92	86	81	76	71	66	62	58	54	50	46	42	40	38	36	33	31	29	27	25
40	100	93	87	82	77	73	68	64	60	56	53	49	46	43	41	39	36	34	32	30	29
45	100	93	87	82	78	74	70	66	62	59	56	52	49	46	44	42	39	36	34	32	31
50	100	93	88	83	79	76	72	68	64	61	58	54	51	48	46	44	41	39	37	35	34
55	100	94	88	84	80	77	73	69	65	62	59	55	53	50	48	46	43	41	39	37	36
60	100	94	89	85	81	78	74	70	66	63	61	58	55	52	50	48	45	43	41	39	38
65	100	94	90	86	82	79	75	71	68	65	63	60	57	54	52	50	47	45	43	41	40
70	100	95	90	86	83	80	76	73	69	66	64	61	58	56	54	52	49	47	45	43	42

(continúa en pág 58)

(viene de pág 57)

TABLA PSICROMETRICA
A) Para temperaturas de +20°C a +99°C en el termómetro húmedo

Termómetro Húmedo	DIFERENCIA ENTRE EL TERMOMETRO HUMEDO Y EL SECO																				
	0	1	2	3	4	5	6	7	8	9	10	11	12	13	14	15	16	17	18	19	20
75	100	95	91	87	84	81	77	73	69	66	64	61	58	56	55	53	50	48	46	45	44
80	100	95	91	87	84	81	77	73	70	67	65	62	59	57	56	54	51	49	47	46	45
85	100	96	92	88	85	82	78	74	70	68	66	63	60	58	57	56					
90	100	96	92	88	85	82	78	74	71	69	67	64	62	59							
95	100	96	93	89	86	83	79	75	72	70	68										
99	100	97																			
Grados centígrados	Porcentaje de Saturación de Aire con Vapor																				

Ejemplo: si el termómetro húmedo indica 15 °C y si la diferencia de temperatura entre este y el termómetro seco de 3 °C se obtiene según la tabla A una saturación del aire con vapores de agua de 71 %. La saturación completa del aire con vapor de agua se indica con 100%

Importante: Las mediciones de este tipo se realizan siempre en la misma forma, en los mismos puntos y en los mismos horarios.

Data loggers (o compilador de datos): es un equipo electrónico que ofrece información digital. Funcionan recogiendo y procesando las señales procedentes de sensores a los que se encuentran conectados. Las señales son digitalizadas y almacenadas en la memoria para luego decodificarse a través de un software.

Tarjeta indicadora de HRA: actúan por medio de la utilización de cloruro de cobalto.

APARATOS DE MEDICION DE LUZ

Luxómetro: mide la intensidad lumínica de la luz visible, manejando un campo visual similar al del ojo humano. Está compuesto por una célula fotoeléctrica de selenio conectada a un medidor. Para medir solo se coloca el detector sobre la superficie. La unidad de medida es el lux.

En caso de no tener acceso a este aparato se puede utilizar una cámara fotográfica para realizar una estimación del nivel de luz. Se requiere una lámina de cartón blanco de 30 cm x 40 cm y una cámara fotográfica réflex de 35 mm con lente normal (50 mm) y fotómetro incorporado.

- Colocar la lamina en la posición en que debe medirse el nivel de luz y en el mismo ángulo del objeto.
- Regular la cámara en ASA/ISO 800.
- Ajustar la velocidad de obturación en 1/60 segundos.
- Enfocar la cámara hacia el cartón acercándola lo suficiente para que el campo visual quede cubierto por el cartón. Asegurarse de no proyectar sombra sobre este último.
- Ajustar la abertura del diafragma hasta que el medidor de luz indique que la exposición es correcta y registre dicha abertura.
- Esta relación va a indicar el nivel de luz aproximado

f 4	representa	50 lux
f 5.6	representa	100 lux
f 8	representa	200 lux
f 11	representa	400 lux
f 16	representa	800 lux

MONITOR DE UV

Mide la proporción de la radiación de UV de la luz en micro wattios de radiación por lumen. Capta la luz por dos ventanillas las cuales están conectadas a dos dispositivos fotosensibles y estos a su vez a un medidor. Generalmente se establecen rangos de radiación debido a que la escala de medición es bastante grande.

MEDIDOR DE INFRARROJOS

La emisión de infrarrojos es fácil de detectar pues generalmente elevan la temperatura del ambiente y de las superficies de los objetos afectados. Utiliza termómetros portátiles capaces de detectar este tipo de radiación.

RADIOMETRO

Estos equipos pueden hacer mediciones en todo tipo de unidades ya que poseen múltiples escalas, dependiendo de las necesidades y utilizando para ello distintos tipos de detectores, filtros y difusores que se pueden acoplar a un solo instrumento.

ACCESORIOS Y COMPLEMENTOS

LAMPARA DE WOOD

Se presentan en dos variantes:

La primera es una lámpara que genera mayoritariamente radiación ultravioleta, en especial de una longitud de onda definida como radiación de Wood, que va acompañada con un poco de radiación lumínica de tonalidad violeta subido. Estas lámparas son más precisas pero más caras y se llaman Wood en homenaje al descubridor de la radiación Ultravioleta.

La segunda es una lámpara de iluminación de gas a presión que genera bastante radiación ultravioleta en los alrededores de la radiación de Wood, a la que se adosa un filtro especial que sólo deja pasar esa longitud de onda. Tiene un valor comercial inferior a la primera. Como contrapartida tiene menos seguridad de detección por menor potencia radiante.

CAPSULAS DE PETRI

Son de vidrio, de unos 8 cm de diámetro y 2 cm de altura. Es un recipiente redondo, de cristal o plástico, con una cubierta de la misma forma que la placa, pero algo más grande de diámetro, para que se pueda colocar encima y cerrar el recipiente, aunque no de forma hermética. Se utiliza en los laboratorios principalmente para el cultivo de bacterias, mohos y otros microorganismos, soliéndose cubrir el fondo con distintos medios de cultivo (por ejemplo agar) según el microorganismo que se quiera cultivar.

LUPA

Puede interpretarse su funcionamiento a través de la imagen virtual y aumentada que produce, pero su correcto uso ha de estar justo delante del ojo, y el objeto ha de estar en el foco de la lente.

Las lupas pueden ser de distintas curvaturas, y proporcionalmente, la lente puede tener cierto grado de magnificación. Generalmente, las lupas de mayor diámetro son más potentes (menor distancia focal), ya que permiten una mayor curvatura de sus superficies, al ser necesariamente el cristal estrecho en la periferia y grueso en el centro.

CAPITULO III

CERAMICOS – ROCAS Y MINERALES - VIDRIOS

NORMAS FUNDAMENTALES

Antes de comenzar con el tema específico es importante dejar en claro algunas normas de fundamental importancia para la seguridad, tanto del operador como del objeto museológico.

- Al planificar la ejecución de un tratamiento, aún estando seguro del procedimiento y de las fórmulas, se deberá verificar con la bibliografía pertinente, su conveniencia, repasando método, fórmulas y contraindicaciones del mismo, no confíe en su memoria por buena que ésta sea.
- Todos los tratamientos requieren de práctica previa, ésta será más intensa cuanto más complejo sea el trabajo a realizar.
- Se deberá ensayar sobre elementos de naturaleza y estados de degradación similares a los reales, pero sin valores museológicos.
- Antes de aplicar el tratamiento al objeto real se deberán probar sobre partes poco destacadas o importantes del mismo, las acciones físicas y los componentes químicos a utilizar, para comprobar que su resultado sea el esperado.
- Si no está absolutamente seguro o convencido de algo, consulte a un especialista o un experto en ese punto. Lo mismo si le falta información pertinente.
- Trabaje en lugar cómodo, bien iluminado y ventilado. Use accesorios prácticos y disponga de mesas y planos de trabajo libre de objetos y piletas acordes a las necesidades.

- No coloque drogas ni sus emanaciones en contacto con la piel, los ojos o las mucosas. Tampoco aspire o inhale vapores y gases.
- Si tiene que mezclar ácido y agua, vierta el ácido muy lentamente en el agua mientras agita con una varilla de vidrio. Nunca proceda a la inversa pues corre riesgo ya que produce efervescencia y salpicaduras.
- No se deben usar productos comerciales ya elaborados, salvo los específicos para restauración. En todo caso, se los fabricará uno mismo a partir de los componentes y se guardarán perfectamente documentados, su fórmula y método de fabricación.
- Al seleccionar el método a usar, se deberá tener en cuenta el volumen de material a tratar, la cantidad a tratar puede obligar a dejar de lado los medios artesanales para utilizar los industriales.
- Siempre que sea posible, se procurará unir o superponer tratamientos en una sola operatoria para evitar mortificación adicional al material.
- Se recuerda que todas las actuaciones deben ser reversibles, es decir, que se puede volver al estado inicial sin dejar rastros en la pieza. Aunque estudios han demostrado que un tratamiento no es 100% reversible, este apartado se refiere a permitir la correcta y segura remoción de los elementos necesarios, facilitando la aplicación de tratamientos superadores.

CERAMICOS

Este nombre designa en forma genérica y amplia a todo tipo de arcilla, sola o mezclada con otras, que habiendo sido empastada con agua y dotada de una forma particular por la mano del hombre o por una máquina conformando un objeto sólido, estable y salvo casos muy puntuales, ha sido cocido. La arcilla proviene de la desintegración del granito, de los feldespatos y de las pegmatitas, quienes suministran los minerales básicos de su composición: alúmina y sílice que junto al agua de constitución forman la arcilla pura o ideal que en la realidad nunca se la encuentra así, porque siempre tiene agregados varios en mayor o menor grado, que le dan características especiales tanto físicas como químicas: plasticidad, grano, color, temperatura de fusión, porosidad, translucidez.

Las arcillas tienen una forma lenticular, de 0,0007 mm. de diámetro y 0,00005 mm. de espesor por término medio. Algunas se encuentran en el lugar donde se descompuso la roca madre y son llamadas residuales; otras en cambio fueron transportadas a un nuevo lugar por el viento, el agua y se las denomina sedimentarias.

Las arcillas se clasifican según sus características específicas en:

Arcilla de ladrillos comunes: llena de impurezas, grano muy grueso, rojizas o amarillentas, muy absorbentes, cocción de 850/1000° C.

Arcilla de alfarero= tierra roja= terracota: arcilla transportada, grano muy fino, rojiza o marrón por su alto contenido de hierro, bastante absorbente, cocción de 950/1050° C.

Arcilla de bola: contiene materia orgánica, grano muy fino, absorbente, color azulado, gris o negro. Se usa en forma prioritaria mezclada con otras, en lozas y porcelanas.

Caolín: arcilla muy blanca y de grano muy fino. Se usa siempre mezclada y es la base para la porcelana. Cocción a 1250° C para pasta tierna y a 1400° C para pasta dura.

Arcilla refractaria: grano muy grueso, resiste y disipa muy bien el calor. Cocción a más de 1500° C.

Gres o figulina: colores claros, grises o cremas. Muy rica en feldespato, vitrifica a 1300°C.

Las arcillas deben ser mezcladas con agua para formar la pasta que se moldea, masa que debe conservar la forma recibida sin mayor alteración durante el proceso de secado al aire donde se produce una marcada contracción natural por pérdida de agua.

Actualmente se utilizan mezclas de arcillas que se empastan con líquidos especiales y que al secar adquieren una resistencia mayor a lo habitual y natural, que no requieren de cocción y por ello son denominadas cerámicas en frío. En general la resistencia que presentan es inferior a las horneadas y sus cualidades no son demasiado buenas.

El procedimiento normal es: una vez perfectamente seca la cerámica es horneada.

Con ello se logra la transformación química de los minerales componentes y la modificación de sus condiciones físicas. El proceso sería: hasta 125°C se pierde el agua de absorción o de empaste pero si se la repone, el material readquiere su plasticidad. Sólo es un simple secado en profundidad.

De 125°C a 350°C va perdiendo el poder de recuperar la plasticidad al ser rehumedecida, comienzan los cambios químicos.

De 500°C a 900°C pierde el agua de composición, gran cambio químico, se vuelve frágil y puede ser atacada por ácidos y bases, es muy porosa y recibe en este estado el nombre de bizcocho (salvo en la porcelana de huesos).

El término bizcocho o biscuit se ha popularizado para designar a la pieza de porcelana cocida carente de vidriado y decoración. El término bizcocho es utilizado para designar a toda cerámica tras la primera cocción.

A 1000°C se endurece, se contrae, se consolida y adquiere resistencia pero sigue siendo porosa.

1100°C a 1500°C o más, las arcillas se vitrifican, es decir se derriten o funden y se vuelven una masa continua, carente de poros y por lo tanto impermeable, resulta más dura aún que antes y ya no son atacables por ácidos o álcalis.

Las temperaturas usadas dentro de cada tipo varían de unas a otras en algunos grados según las mezclas usadas por los fabricantes.

Al observar una pieza se debe, entre otras cosas, tener especial cuidado al distinguir entre:

A) pintado y/o esmaltado: elementos colorantes usados en general para la elaboración de motivos decorativos.

B) vidriado: película de buen brillo, transparente e incolora o apenas tonalizada que impermeabiliza y otorga resistencia contra ácido y álcalis, en casos muy particulares da reflejos iridiscentes.

C) engobe: película uniforme de barbotina (arcilla muy diluida en agua) con color propio, opaco y mate, que recubre masivamente la superficie de la pieza y que puede tener o no un muy ligero brillo pero nunca de alto valor.

Su reconocimiento se realiza mediante un cuidadoso examen visual de toda la superficie, especialmente en las cachaduras, roturas y bordes de apoyo en el horno, contando siempre con la ayuda de una lupa.

La decoración por colores, sean óxidos o carbonatos, puede ser aplicada:

A) sobre la pieza sin cocer, es decir "cruda" o "verde".

B) encima del bizcocho, cubriéndose o no luego con vidriado.

C) sobre el vidriado.

Reconocimiento: sólo las porcelanas resultan translúcidas, el resto da masas opacas aún en espesores pequeños. Una forma de reconocimiento puede venir en función del grano de la pasta, visible en roturas o zonas sin cubrir por vidriado y/o engobe, ej. en la zona de apoyo al hornear; otra es en función del color original: blanca sólo la porcelana, aún cuando hay porcelana roja pero es la excepción; otra es por la porosidad: absorción de una gota de agua en rotura limpia o en zona no cubierta por engobe o vidriado. También se puede apelar a la craqueladura natural que se produce en el vidriado de la loza, cosa que no ocurre en la porcelana; hay que tener cuidado que la craqueladura no haya sido originada ex profeso al vidriar la pieza.

Resulta muy importante el acostumbrarse a observar cómo se modifican los reflejos de brillo al ser desplazados por las superficies.

Se puede presuponer el tipo de material por el destino que tuvo como objeto: ej. placas de mayólica, ladrillos refractarios, tejas, vajilla, debiéndose en este caso verificar la primera opinión por otro método.

Existe en el mercado comercial vajilla de loza de buena calidad llamada porcelana de huesos y más conocida por semi porcelana inglesa que consiste en una pasta formada por: arcilla de bola 4%, caolín 22%, feldespato 2% y huesos calcinados 48% aproximadamente. Es de color blanco puro y resulta óptima para la manufactura industrial. Presenta la particularidad de bizcocharse a mayor temperatura que la cocción final (1220/1240ºC) único caso conocido.

GENERALIDADES

El término cerámica es utilizado aquí en forma muy genérica, englobando a todo material constituido por mezclas mayoritariamente arcillosas empastadas con agua y luego cocidas a buen fuego o calor.

Dentro de la cerámica se pueden distinguir: el barro (ladrillos comunes), la arcilla de alfarero (maceta y ladrillos huecos), la mayólica, la faiance, la loza, la seudo porcelana de huesos o semi porcelana inglesa, la porcelana de pasta tierna y la de pasta dura, el gres, los refractarios.

Al margen de sus composiciones diferentes, se las puede distinguir con un correcto examen visual y por sus diferentes grados de porosidad, relacionados con la temperatura de cocción.

Lo mismo ocurre con los tratamientos superficiales que puede presentar: el engobe, película envolvente mate, de color diferente al material base, el vidriado, película envolvente incolora y brillante, decoraciones varias.

La cerámica resulta uno de los productos menos delicados a nivel de la conservación. Adecuadamente limpia, soporta perfectamente variaciones normales de humedad y temperatura, admite una amplia gama de tipos y niveles de iluminación (excepto por algún tratamiento superficial), no sufre del ataque de microorganismos y es bastante inmune al ataque de insectos o animales.

Requiere cuidados especiales, para evitar golpes, vibraciones y teñidos o impregnaciones, más si es porosa; además exige atención preferente en el manejo y/o transporte, en especial dentro del museo; para ello se deberán recordar las normas descriptas en el capítulo I sobre el uso de guantes de algodón limpios, no tomar las piezas de las asas.

Las cerámicas resultan ser el material de más frecuente hallazgo en las excavaciones arqueológicas y como tal es portador de valiosísima información de primera mano de su época y lugar.

Es por ello que se reitera lo ya dicho anteriormente pues debe quedar bien en claro: los materiales arqueológicos, encontrados y extraídos de yacimientos requieren de tratamientos diferentes a los aplicados habitualmente en el museo.

Es común que al material arqueológico se los deba preservar de toda contaminación moderna para permitir su análisis en los laboratorios específicos, usualmente se los extrae e inmediatamente, libres de contaminación de cualquier tipo se los coloca en recipientes limpios, esterilizados si hace falta y herméticos.

En otros casos se los envuelve, lo más herméticamente posible, en lámina de aluminio, nylon de cocina, o bien, bolsas relativamente gruesas de triple capa plástico-aluminio-plástico, polietileno de alta densidad (el lechoso que cruje al ser abollado).

Los tratamientos de limpieza, consolidación y/o conservación que puedan ser requeridos por la pieza en el momento de la extracción, serán indicados por el arqueólogo.

CONDICIONES AMBIENTALES OPTIMAS

Ver capítulo I para recordar éstas exigencias

Aire: Preferentemente limpio y libre de polución, tomado este término en su más amplia acepción.

Velocidad del aire: de 0.1 a 0,3 metros por segundos (0,36 a 1,08 Km/h).

HRA: mínima 35%, máxima 55%, ideal 45% (promedio valores oficiales varios).

Temperatura: mínima 15°C, máxima 30°C, ideal 20°C (promedio valores oficiales varios).

Iluminación (UV e IR): máximo 300 Lux (salvo requerimiento menor por alguna decoración) preferentemente durante la menor cantidad de tiempo posible.

UV-A y UV-B: máximo 10 micro watts/lumen y durante la menor cantidad de tiempo posible. (Este valor fue recientemente disminuido por los organismos oficiales específicos, antes era de 75 micro watts/lumen que es lo emitido por una lámpara incandescente).

IR: nada o el mínimo posible y durante la menor cantidad de tiempo posible.

Microorganismos: se debe evitar su proliferación ya que pueden degradarla al convertirla en hábitat.

Insectos: se debe evitar su acceso al museo y su instalación dentro del mismo, pues también ellos degradan a las cerámicas tomándolas como hábitat.

Animales: se debe evitar su acceso al museo y su instalación dentro del mismo, pues degradan por sus detritos y por su utilización como hábitat.

Vegetales: deben ser inexistentes en locales bajo techo.

El hombre: todo aquel personal que deba manipular o tratar con este material estará debidamente capacitado y/o entrenado para con el público que accede al mismo, se deberán desarrollar tareas de información y educación respaldadas por un control eficiente.

RECEPCION

Ver en capítulo I para recordar estas exigencias.

Como primera medida se tendrá particular cuidado en comprobar la existencia de grietas o fisuras en la pieza, su resistencia general y la adherencia de las superficies y de las técnicas allí aplicadas. Lo mismo para detectar posibles tratamientos de restauración efectuados con anterioridad.

Además, se deberán determinar, con absoluta precisión, el grado de porosidad del material y tipos de tratamientos superficiales aplicados, ya que de ellos dependerán, en gran medida, los posibles tratamientos posteriores.

Se tomarán fotografías en blanco y negro y en color. En todos los casos de tomas fotográficas, junto a la pieza se colocará su cartela identificadora, la escala de control de grises y de colores y dos reglas graduadas al medio milímetro o al milímetro (una horizontal y otra vertical).

Al decidir la limpieza de alguna de estas piezas se deberá tener en cuenta y resolver, en cada caso particular, sobre la suciedad adherida de origen por el uso normal, por ej. el hollín adherido a un cacharro de cocina.

Como resultado de esta etapa debe quedar elaborado el legajo individual de la obra donde aparte de la puntualización de sus características específicas, figurarán los diagnósticos, los ensayos específicos y los tratamientos que se adoptarán, junto a sus respectivos componentes, método de aplicación y solventes.

Siempre que sea posible, se procurará unir o superponer tratamientos en una sola operatoria para evitar mortificación adicional al material.

ELIMINACION DE AGENTES BIOTICOS

Normalmente los agentes bióticos no afectan al material cerámico salvo como resultado de haberlo convertido en hábitat o estar cerca del mismo.

La limpieza inicial de la pieza y las sucesivas de mantenimiento, más la higiene general del recinto lo mantendrán a salvo de ese perjuicio.

No obstante, las manchas producidas por los detritos metabólicos de los bióticos serán tratadas como manchas orgánicas.

LIMPIEZA POR VIA SECA

Se considera limpieza por vía seca a todas aquellas acciones realizadas sobre la pieza sin aporte de humedad, con la finalidad de extraer la suciedad acumulada en la superficie o elementos que no son propios del objeto.

Se efectúa con cepillos y pinceles de diferente dureza, teniendo una boca de aspiración cercana con filtro frontal. En algunos casos resultan muy útiles los hisopos de algodón, nunca un paño ya que podría engancharse y desprender superficies frágiles.

Para eliminar adherencias se prueba ejerciendo suave presión con palitos de maderas blandas, de puntas aguzadas o planas (a manera de lezna o destornillador).

En casos muy particulares, donde no corran riesgo de ser borradas la decoración o la capa superficial, puede ser muy útil un ligero frote con abrasivos de grano muy pequeño (lijas, limas, nunca se utilizarán polvo o pastas).

Para el caso de superficies vidriadas la limpieza se puede completar frotando con una tela de algodón limpia.

LIMPIEZA POR VIA HUMEDA

Se considera limpieza por vía húmeda cuando la misma requiere de la hidratación controlada o inmersión total de la pieza para su tratamiento.

En cerámicas nunca por inmersión total, no intente limpiarlas con cloro o soluciones acidas como se suelen recomendar en algunos manuales. Una mancha en un objeto de cerámica puede ser negativo desde el punto de vista estético pero no es perjudicial, mientras que al tratar de limpiarla se puede llegar a disolver el objeto en forma total o parcial.

Solamente se deben lavar las cerámicas vitrificadas, siempre y cuando esta no esté exfoliada ni pintada, ni dorada, ni impresa con materiales solubles en agua. El lavado puede destruir una cerámica no vitrificada, blanda o cocida irregularmente. Las cerámicas no cocidas o cocidas a bajas temperatura no deben lavarse, dado que la arcilla se ablandara al ponerlas en agua.

Se estima que el perfecto secado de una cerámica porosa al aire ambiente debe ser un proceso muy lento y llevar como mínimo un mes de tiempo.

En la limpieza por vía húmeda se puede recurrir a hisopos, esponjas, cepillos y pinceles, en forma puntual y previo ensayo. Es posible utilizar agua potable, en tanto que para el posterior enjuague es preferible el agua destilada o como mínimo des ionizada.

El ensayo para determinar que líquidos se usarán en la limpieza es simple pero efectivo: se humecta un pequeño algodoncito en el líquido determinado y se apoya en un punto de no demasiada importancia de la pieza, se deja el tiempo estimado, se retira y observa el resultado.

Cuando las superficies están muy sucias y el método limpia bien, no se debe hacer operaciones parciales porque se notan, hay que lavar toda la superficie.

PROTECCION

Normalmente las cerámicas debidamente limpias no necesitan de protecciones adicionales, bastará con la ejecución en tiempo y forma de la limpieza de mantenimiento, dentro de las condiciones ambientales exigidas para el interior de un museo.

DEPOSITO

La guarda de piezas cerámicas en el depósito tiene una exigencia prioritaria: la ausencia total de golpes y vibraciones, directamente relacionada con el correcto asiento de la pieza sobre el soporte o estante.

En todas aquellas piezas que normalmente se asienten en forma estable sobre la superficie de su base, se interpondrá entre ésta y su soporte, un elemento deformable de cierto espesor e iguales dimensiones que aquella.

Dicho elemento tendrá por misión el distribuir en forma pareja la presión ejercida sobre la base, disimulando las irregularidades que puedan existir, como propósito secundario le cabe el evitar la transmisión de vibraciones provenientes del soporte.

Dicho elemento puede ser simplemente, dos o tres capas recortadas de tela de algodón, blanca y limpia, u otro material inocuo similar que cumpla con los requisitos pedidos, además, al no sobresalir de la pieza debe acompañarla en la exposición de sala.

Las piezas que originalmente carecen de base estable de apoyo deberán ser provistas de un soporte adicional sólido, estable, inocuo e incombustible, que la acompañará permanentemente. El elemento amortiguador ya mencionado irá colocado entre el soporte y la pieza.

Las piezas cuya base de sustentación presente faltantes o se encuentre debilitada por fisuras o roturas, podrán ser reforzadas en su tarea por un soporte diseñado ex profeso, que cumpla simultáneamente con esa misión y con él evitar desplazamientos laterales de las partes sanas.

CONSERVACION CURATIVA

SALES SOLUBLES

Si un objeto de cerámica ha permanecido enterrado en suelo salino, o bien en agua de mar, o se ha utilizado para guardar material con sales, es posible que su estructura porosa haya absorbido sales solubles. Estas reaccionan ante los cambios de HRA: disolviéndose ante HRA elevada y cristalizándose con HRA reducida. Este fenómeno puede hacer que dicho objeto se exfolie o que su superficie sufra desprendimientos. La mejor medida de conservación para este caso es mantener la HRA lo más estable posible.

Cabe aclarar que algunos autores recomiendan métodos de desalinización basados en la inmersión total del objeto. Según nuestro criterio, esto no es recomendable por el riesgo de destrucción parcial o total del objeto.

ELIMINACION DE MANCHAS DE METAL

Las manchas de óxido son de difícil remoción, existen productos específicos para ello pero no en Argentina (p.ej. "Jenolite"). Los tratamientos más efectivos se basan en la utilización del ácido fosfórico, que convierte al óxido de hierro en fosfato de hierro.

RESTAURACIONES MENORES Y NORMAS

REPARACION DE GRIETAS Y FISURAS

En ambos casos no se accede visualmente al material base, es decir la pieza no se separó en trozos.

Se comienza limpiando perfectamente las zonas aledañas y en caso necesario, blanqueando la grieta con agua oxigenada. Este procedimiento se emplea solamente en cerámicas cocidas.

Una vez limpia y bien seca -mínimo una semana en ambiente ligeramente templado y con circulación de aire- se coloca justo sobre la grieta o fisura, en toda su extensión y por ambas caras, un hilo de adhesivo anaeróbico bien líquido p.ej. Loctite, Aran, Pegamil, Gotita Poxipol, y se deja secar 24 hs.

Al cabo de ese tiempo se limpian las adyacencias y eventualmente las partes externas de la grieta o fisura, por medio del raspado con un bisturí con buen filo accionando en forma muy plana o paralela a la superficie.

Por cualquier eventualidad recuérdese que los adhesivos mencionados se ablandan al ser humectados por algunas horas con acetona. Eventualmente existe una prueba de grado de reversibilidad que suele aplicarse sobre los adhesivos. Ésta consiste en colocar una gota del material sobre un vidrio, posteriormente se espera que el mismo fragüe y cuando se encuentra totalmente seca, se lo retira del vidrio y se sumerge en agua. Si al cabo de 24 horas la gota se encuentra desvanecida, el adhesivo resulta ser reversible, en caso contrario, o con resultado menor al esperado, significa que el adhesivo necesitará de otro solvente para ser diluido.

Para finalizar la operación se aplica un hilo de laca o barniz incoloro sobre la grieta o fisura, al sólo efecto de rellenar y sellar los vanos o poros que pueden haber quedado y que permitirían la retención de suciedad en el futuro, oscureciendo nuevamente el surco.

La diferencia que existe entre las mismas según algunos autores radica en que la grieta es una abertura que se produce en los materiales sólidos, por efecto de movimientos y golpes o por reacción ante los cambios de humedad. La fisura es una grieta de mayor o menor profundidad que no llega a separar los fragmentos, la misma se produce también por golpes o por diferencias en la temperatura.

REPARACION DE CACHADURAS

Dado el poco volumen y mínimo espesor de la masa a colocar, se recurre a yeso o caolín, reversible e inocuo, que dada la pureza y fineza, una vez tamizado se mezcla con cola y si bien se contrae al fraguar, luego de ser lijado puede darse la coloración que sea necesaria.

También se puede utilizar cola de carpintero en caliente mezclada con una sustancia inerte blanca por ej. carbonato de calcio, yeso. Se amalgama y aplica en caliente y en ese estado se puede moldear. Ya en frío toma forma por abrasión y desgaste.

Un material similar es la pasta termo formable de los odontólogos o cera de dentista.

La cachadura se debe limpiar muy bien y desengrasar mejor, por ej. con acetona.

Si se decide usar un enduído (no recomendable), previamente habrá que humectarla perfectamente con agua y luego aplicar el relleno de forma tal que sobresalga del volumen a reponer. Resulta muy práctico recubrir la zona reparada con un apósito húmedo para evitar el fraguado en seco.

En caso de usar la cola de carpintero en caliente se omite la humectación previa.

Perfectamente seco y adherido el elemento reparador, se lo talla o pule con lija muy fina y de grano abierto, para ajustarlo exactamente al faltante.

Se completa la reparación con una mano de sellador -laca o barniz, mate, semi mate o brilloso, goma laca en alcohol- y en caso necesario se colorea con témpera u óleo según textura y brillo requerido, pudiendo barnizarse de ser necesario.

PEGADO DE PIEZAS SEPARADAS O DESPRENDIDAS

En estos casos, se deben tomar ciertas precauciones:

1.- Mientras más rápido se repare una cerámica rota, menos podrá incidir una deformación por tensiones residuales internas del material.

2.- Apenas rota la pieza, se recogen todos los pedazos, por pequeños que parezcan. En lo posible, se envuelven individualmente en papel.

3.- Evite deteriorar y ensuciar las aristas y las superficies de las roturas.

4.- Al pegar utilice el mínimo posible de adhesivo, para no constituir un problema de espesores, así podrá calzar correctamente las piezas.

5.- Para facilitar el trabajo y el pegado de las partes se recurre a la "caja de arena" y las ataduras o fijaciones con cinta adhesiva, bandas de goma o cinta plástica.

6.- Se limpian perfectamente todos los fragmentos, en especial, las superficies de rotura y se desengrasa muy bien, antes de empezar a reparar.

7.- Como regla general se comienza por pegar desde la base hacia los bordes, o bien, las piezas mayores que definen y limitan el volumen.

8.- La perfección del ajuste entre dos piezas se verifica al tacto o pasando una uña en forma perpendicular sobre la línea de unión. La uña no debe engancharse.

En caso de requerir vástagos de unión, ellos serán de acero inoxidable y superficie adherente. Lo mismo si se necesitan refuerzos interiores.

Los adhesivos a usar serán definidos por las características del material:

Para las cerámicas porosas: se recomienda utilizar adhesivos del tipo anaeróbicos.

Para las cerámicas no porosas: los del tipo cianoacrilato, tanto en su versión líquida de secado instantáneo p.ej. Loctite, Aron, Pegamil, Gotita Poxipol, como en su versión gel que permite un acomodamiento de las piezas de 10 a 30 segundos antes de fraguar p.ej. Pegamil.

Existen dos formas de realizar el pegado, una suele ser denominada "por unión en seco" y la otra "por unión junta a junta". La primera forma no se aconseja para los cerámicos muy porosos o por debajo de la loza.

Por unión en seco: se acomodan o unen las partes coincidentes entre sí y manteniendo su junta bien cerrada se pegan las piezas con cinta tipo scotch bien tirante.

La cinta tipo scotch se aplicará transversal a la junta y por ambas caras del cerámico, si es posible. Se recomienda usar "Cinta Scotch Mágica" de la marca 3M y no aplicarla sobre las decoraciones metálicas, sean doradas o plateadas. También puede utilizarse cinta transpore o micropore y cinta hipoalergénica, las cuales, al ser retiradas, no dejan restos de adhesivo sobre la superficie.

Armada en su totalidad la pieza con la ayuda de la cinta adhesiva se verificará el correcto ensamble de las partes pasando una uña de punta a través de la unión, si se desliza sin engancharse, está perfecta y ha llegado el momento de pegar.

Para ello se va depositando sobre la línea de rotura una gota de adhesivo líquido cada un centímetro de longitud y se deja que penetre por gravedad. La pieza no debe moverse ni vibrar, mientras fragua el adhesivo. Ya seco el mismo (10-12 horas después), se reacomoda la pieza y se repite el procedimiento hasta que todas sus partes queden pegadas.

Completada esa parte se retiran las cintas deslizando sobre sí mismas hacia atrás y se raspan los restos de adhesivo seco con bisturí bien plano sobre la superficie cerámica en caso de que se evidencien restos del mismo, si es necesario, los restos pueden retirarse con alcohol e hisopo, de manera controlada.

Culmina la tarea colocando un hilo de laca o barniz incoloro sobre todo el recorrido de las juntas de unión para sellar sus eventuales huecos y no permitir la acumulación de polvo.

Por unión junta a junta: revisadas las partes a juntar y determinado el orden de pegado, se coloca la mínima cantidad de adhesivo necesario, por puntos separados, sobre la superficie de la junta rota, hecho lo cual se calza con su contraparte y se aprietan entre sí para disminuir al máximo el espesor del adhesivo y por ende la separación entre las partes cerámicas. La perfección de la unión se probará pasando la punta de la uña sobre el surco.

No resulta inusual que por acción de las tensiones residuales internas del material, la reunión de sus piezas, aún con las juntas limpias y sin adhesivo, no ajusten perfectamente y haya una o más uniones desfasadas o imperfectas.

Las piezas recién pegadas, se mantendrán apretadas entre sí y libres de vibraciones o movimientos hasta que el adhesivo se endurezca, para lo cual puede resultar muy útil fijarlas por afuera con cinta, atarlas con hilo o cinta plástica, colocarle bandas elásticas, usar la "caja de arena" con algún aditamento.

Terminado el pegado y bien secas las uniones, se retiran todas las fijaciones auxiliares y se coloca un hilo de laca o barniz incoloro sobre todo el recorrido de las juntas de unión para tapar sus eventuales vacíos y no permitir la acumulación de polvo.

RELLENO DE LAGUNAS

En estos casos se suele operar con yeso empastado con agua. El yeso endurece (fragua) rápido por ello no se hacen grandes cantidades de pasta. Para permitir su óptimo aprovechamiento, se recomienda preparar la pasta en un pequeño pote o taza mezcladora de silicona, que permite también retirarlo de manera rápida sin dejar desperdicios una vez seco.

Del volumen a utilizar en no más de 10 a 12 minutos, se coloca el agua (75%) en un recipiente adecuado de vidrio, acero inoxidable, plástico, y se le adiciona el yeso por espolvoreo mientras se revuelve continuamente hasta lograr una crema homogénea y densa. De ser posible y con el material que mejor se adapte se hará un soporte interno símil encofrado sobre el que se aplicará el yeso.

La superficie de este respaldo debe estar recubierta por un material o agente desmoldante para que impida la adherencia del yeso sobre la superficie. por ej. Agua jabonosa, cera, vaselina.

Si el material a reparar es poroso, además de limpiarlo y desengrasarlo, se humedecerá muy bien el borde de la laguna para mejorar la adherencia del yeso y evitar su secado rápido. Si no es poroso, puede hacer falta algún soporte interno a medio espesor de la pared, para darle resistencia y adherencia.

En estos casos se recurre a los alambres o mallas de acero inoxidable o mallas textiles pegadas a las superficies de rotura con adhesivos epoxi.

En México utilizan el método de la cola de carpintero en caliente mezclada con yeso u otra sustancia inerte, la vuelcan sobre un mármol, la laminan de 1 centímetro de espesor y la cortan en tiras de 2 centímetros de ancho.

Cuando deben reparar una laguna, la cortan a medida y con calor la moldean y pegan a los bordes del cerámico. Arman así un cuadriculado resistente que servirá de soporte y refuerzo a la aplicación posterior de yeso.

En caso de no poder colocar un soporte o encofrado posterior, se aplica yeso en forma de sucesivos anillos concéntricos. En estos casos hay que dejar secar bien al anillo anterior, raspar para dejar áspera la superficie de contacto con el anillo siguiente, se limpia y humedece bien antes de aplicar el nuevo anillo. Completado el relleno, perfectamente seco y adherido el elemento reparador, se lo talla o pule con lija muy fina y de grano abierto, para ajustarlo exactamente al faltante.

Completada la talla superficial se retira el soporte o encofrado interior.

EXTRACCION DE GRAPAS DE REPARACION

Antes de decidir la extracción de grapas se debe tener muy en cuenta si las mismas no forman ya, parte de la historia rescatable de la pieza.

Todas las colas orgánicas de base animal se suelen ablandar o disolver por humectación con agua fría o caliente. Si así tratada, al cabo de unos minutos no se ablanda, es sintética, se probará entonces humectando con acetona, alcoholes metílicos o solventes.

Hay dos modelos de grapas: de ángulo recto y de ángulo agudo, y en ambos casos se las suele fijar con yeso. El yeso se humecta con agua y se irá extrayendo a medida que se ablande.

Liberada así parte de la grapa, se colocará bajo su barra de unión una espátula y tomando esa barra con una pinza se extraerá, muy cuidadosamente, la grapa.

En el caso de grapa de ángulo agudo, casi siempre es necesario cortar la barra de unión para extraer cada pata individualmente, traccionando en la alineación y sentido de la misma.

REPOSICION DE FALTANTES

Solamente se puede proceder cuando se tiene un duplicado exacto de la pieza a reparar, por ejemplo un asa. En ese caso, previa aplicación de desmoldante, se toma el molde de la parte faltante, se reproduce en el material más apropiado, con o sin nervadura metálica central de refuerzo, en general de acero inoxidable.

Para el caso de piezas muy trisadas y/o de paredes muy delgadas, se puede recurrir a reforzar su reparación desde el interior pegando una película o lámina, por ej. textil cerrado de trama y urdimbre o de malla abierta, o bien, haciendo escurrir por su interior, en sucesivas oportunidades, lacas o resinas, que al secar se adhieran a las paredes y le brinden su propia resistencia.

Para casos específicos, donde resulte dificultoso tomar la forma del sector a cubrir se recurre al método de extracción de molde en negativo y su posterior paso al positivo. Se recuerda que la forma de proceder en este caso corresponde al criterio de tener una parte original del objeto, que sea igual al que se debe reponer, sin incurrir en suposiciones sobre la forma o el color que el mismo debería tener. Para este caso en particular se deberá recurrir a toda la documentación recabada sobre el objeto para lograr la máxima fidelidad del sector a reponer.

El material aconsejado para este caso es la silicona de rápida condensación, utilizada por dentistas. La misma se presenta en forma de masa, provista de un activador por separado. Se toma una porción del producto, se lo mezcla con una línea de igual longitud de activador, se amasa y cuando adquiere una coloración pareja se coloca sobre la superficie que se quiere copiar. Este material no requiere de un agente desmoldante. Una vez que ha fraguado, cambia levemente de color, se extrae sin esfuerzo y se utiliza el molde para pasar al positivo la forma faltante. Generalmente el positivo se realiza en yeso; en caso de necesitar nuevas impresiones, el molde puede ser utilizado varias veces, ya que no se contrae. Luego de 7 días aproximadamente comienza a resecarse y se resquebraja, por lo que será necesario tomar otro molde.

Otra opción recomendada es tomar un molde con Alginato. Su presentación comercial es un polvo, que al ser mezclado con agua en las proporciones correctas, y mediante una reacción química, produce una masa que es capaz de reproducir en negativo la zona sobre la cual se coloca. Al ser mezclado se obtiene una pasta que en pocos minutos (1 a 1,5) gelidifica, es decir, endurece, pero el tiempo de trabajo y el tiempo de gelidificación no deberá de ser menor a 3 minutos ni mayor a 6 minutos. Es necesario para la utilización del mismo crear un portamolde que permita verter la pasta sin que la misma se escurra por otras partes. Así se obtiene una impresión que posteriormente es vaciada en yeso, para conseguir el modelo deseado. El alginato gelidifica, no fragua. Puede ser crómático o no, esto permite verificar mediante su coloración en las diferentes instancias cuando está listo para ser desmoldado. Por su alta concentración de humedad, no puede ser utilizado más de una vez, ni tampoco podrá ser conservado por varios días. Se debe tener especial cuidado ya que si no es mezclado adecuadamente quedaran grumos en la mezcla impidiendo obtener una pasta uniforme y por consiguiente una mala impresión del molde a tomar.

Posteriormente y una vez obtenido el molde en positivo, se procede a su colocación como se ha detallado anteriormente.

ACABADO DE LAS REPARACIONES

Llevada la superficie de la reparación a su posición definitiva por medio del raspado, el lijado y el pulido, se le da una o dos manos de sellador de poros y luego se la colorea.

Para grandes planos de color se busca un tono similar pero no igual al adyacente.

Para pequeñas zonas de diseño definido se recurre al "trattegio" o al "punteado o puntillado" de color sobre base adecuada que, a más de un metro de distancia, parezca original, pero a 50 cm. se vea que es una restauración.

REFUERZOS INTERIORES

Nunca se debe olvidar que, para reproducir algo faltante en una pieza, se debe contar con otra gemela de la deteriorada para estar seguros sobre formas y colores, de lo contrario, no se debe entrar en la reproducción de detalles de ningún tipo. En casos muy evidentes y puntuales sólo se pueden esquematizar los mismos.

Dado que los materiales cerámicos se pueden romper más fácilmente que otros, las zonas de depósito y exhibición deben organizarse de manera de prevenir su innecesaria manipulación. El personal del museo no debe tratar de reparar los objetos de cerámica, a menos que esté plenamente consciente de la naturaleza de la pieza y los materiales que se usan en la reparación, como también que posea la capacidad necesaria para efectuar el trabajo.

Tanto la limpieza química como la reparación y restauración deben dejarse en manos de especialistas.

MINERALES Y ROCAS

Minerales: son materiales inorgánicos de composición definida que se hallan en la superficie o en las diversas capas de la corteza terrestre. Algunos de ellos han sido empleados por su textura, dureza o color, para realizar objetos como esculturas, adornos o incrustaciones, como el jade, cristal de roca, malaquita, lapislázuli, turquesa o alabastro. Cada mineral es estable en el medio físico-químico que condicionó su génesis. La mayoría se formaron a temperatura y presiones elevadas y por ello al situarse en la superficie terrestre empiezan a descomponerse.

Son sólidos porosos que constituyen las rocas y en los monumentos pueden sufrir las más variadas alteraciones (fachadas, esculturas), sobre todo por el agua, la humedad y los contaminantes atmosféricos. Las rocas y minerales se pueden alterar también por la presencia de líquenes, por ejemplo en mosaicos, que producen ácido oxálico y ocasiona proceso de corrosión, pudiendo formarse oxalato cálcico, magnésico y otros. Los minerales en conjunto pueden considerarse materiales inertes y no necesitan más cuidados que la limpieza periódica, en seco, o bien con agua y un tenso activo, o con alcohol. Una excepción en los tratamientos las constituyen las incrustaciones de marcasita que es un sulfuro de hierro, con aspecto de latón, muy propensa a descomponerse, por oxidación, con la humedad.

Rocas: formas naturales en que se unen los minerales en la corteza terrestre. Se suelen tipificar por su dureza con la llamada "Escala de Mohs" que va del 1 = Talco al 10 = Diamante.

Las rocas se dividen según su origen en tres grandes grupos:

A) Ígneas: las producidas por la solidificación del magma o lava, compuestas por sílice en mayor o menor medida, cuarzo, feldespato, mica, los típicos componentes del granito. Según la velocidad de su enfriamiento es el "grano" que presentan: grano chico=enfriamiento rápido, grano grande=enfriamiento lento.

Ejemplos de rocas ígneas:

Obsidiana - sin grano - muy similar a un vidrio, negras o muy oscuras, enfriamiento extremadamente rápido.

Basalto - sin grano visible a simple vista- opacas, mates, negras o muy oscuras: enfriamiento muy rápido.

Granito - de distintos colores, mates y/o con pequeñas superficies de cierto brillo diseminadas por el volumen, diferentes tamaños de grano según fuera su enfriamiento más o menos rápido.

Un caso particular lo plantea la piedra pómez: magma enfriado bruscamente dentro o sobre el agua.

B) Sedimentarias: constituidas por partes desagregadas de las ígneas por rotura o trituración natural o bien por partículas disgregadas de las ígneas por la erosión y en ambos casos, consolidadas nuevamente por elementos aglutinantes o adhesivos naturales ej. los carbonatos. El tamaño de las partículas va desde micrones hasta centímetros. En muchas de ellas se pueden apreciar capas paralelas, aún de diferente color, producto de sedimentaciones diferenciadas: invierno o verano, estación seca o lluviosa; pueden contener restos animales o vegetales en su interior. Algunas rocas sedimentarias son las pizarras, areniscas, calizas, cretas. Todas y cada una de ellas de ínfimo grano. Las producidas por fracciones trituradas se reconocen por los granos o masas incorporadas, angulosas, con puntas y aristas bien marcadas y filosas.

C) Metamórficas: cualquiera de los tipos precedentes que fueron sometidas en la propia corteza terrestre y por sus propios movimientos a enormes presiones y/o grandes temperaturas, ej. las arcillas se convirtieron en pizarras y esquistos, los granitos en gneis, la caliza en mármol y las areniscas en cuarcitas.

CALES, CEMENTOS Y YESOS

Son materiales aglutinantes con diferentes características físicas y químicas muy utilizados en la construcción y de allí pasaron a ser empleados en otras especialidades: decoración, escultura, pintura al fresco. Cementos, cales y yesos, al igual que toda sustancia que deba ser empastada con agua, perderán volumen al evaporarse ésta, sufriendo una retracción que según su magnitud puede dar origen a fisuras de mayor o menor amplitud e importancia (según el caso, puede deberse a exceso de agua o de aglutinante). Estos materiales permiten fabricar objetos en moldes con excelente definición en la superficie de los relieves, admitiendo luego la aplicación de múltiples tratamientos.

CALES: Las hay de dos tipos: aéreas o grasas e hidráulicas según endurezcan o fragüen bajo el agua o no. Para que cumplan su cometido hay que empastarlas con agua. Las cales aéreas o grasas vienen en terrones de "cal viva" y hay que "apagarlas", es decir sumergirlas en agua; esta tarea es de cierto cuidado porque la reacción química es violenta y la elevación de temperatura que produce hace hervir el agua del recipiente. Hoy se vende cal grasa ya apagada, en bolsas y en polvo.

Las cales grasas se debieran apagar y dejar sumergidas en agua, mientras más tiempo mejor, para que se conviertan en una masa cremosa, perfectamente homogénea y químicamente estable, que cumpla acabadamente con su función.

Las cales forman el aglutinante resistente que se mezcla con arena y/o polvo de ladrillos como agregados inertes para constituir la mezcla de asiento o argamasa de la mampostería y para los revoques de paredes y techos. También se la puede utilizar para realizar molduras y adornos para edificios y hasta objetos decorativos como jarrones, estatuas. En esa misión suele estar reforzada por un aglomerante de más fuerza, como lo es el cemento.

CEMENTOS: con colores que van desde el gris claro hasta el casi negro, alguno de color verde oscuro y otro de color blanco. Es un material de gran adherencia y resistencia a la compresión, fundamental en el hormigón armado. Es un aglutinante que fragua al aire y aún bajo el agua. Muy utilizado en molduras, relieves, guardas y frisos al igual que en elementos resistentes de la construcción, se lo utilizó y aún se lo usa en estatuaria. Viene en polvo que debe ser empastado con agua y mezclado con materiales inertes de grano o tamaño variable como piedra partida, canto rodado, grava, gravilla, arena. Demora 48 hs para tomar una muy buena dureza superficial y 28 días para obtener casi su total resistencia.

YESO: elemento que empastado con agua y sin otro agregado, aún cuando puede llevarlos, brinda excelentes condiciones de adherencia para la ejecución de piezas de volumen: estatuaria, bajorrelieves, objetos, o para el recubrimiento de paredes y cielorrasos.

Presenta excelente calidad de terminación en tersura y lisura superficial pero tiene muy poca resistencia mecánica mientras que la superficie se raya y desgrana con mucha facilidad, su polvo mancha como si fuera tiza.

Tampoco resiste los ambientes muy húmedos o el estar mojado mucho tiempo. Se lo suele usar reforzado con un poco de cal y/o cemento blanco.

En grandes volúmenes se lo debe dotar de un esqueleto resistente (metálico con protección de anti óxido revestido, acero inoxidable y eventualmente maderas duras).

También se le suele reforzar en planos y superficies amplias con mallas de yute o arpillera de trama abierta.

Para empastar se vierte el yeso en polvo lentamente sobre el agua mientras se los bate para mezclar bien. Endurece o fragua en pocos minutos, por lo cual se deben hacer las porciones en función del tiempo que demanda su utilización.

VIDRIOS

Son el resultado de la fusión de óxidos, ácidos y bases diferentes. Conforme los componentes utilizados y sus proporciones serán las características químicas y físicas del material logrado, ej. el vidrio común está constituido por sosa 22%, cal 5% y sílice 73%, el llamado" crown", otro de excelente calidad y transparencia lleva potasa y cal.

El vidrio es originalmente verde, hecho que se nota cuando se mira una lámina transparente por su espesor; la calidad de incoloro se logra por el agregado de sustancias químicas en su composición.

Algunos tipos de vidrios se ven adversamente afectados por la luz UV. Con el fin de fabricar vidrio incoloro a veces se requiere añadir una pequeña cantidad de un agente descolorante, como dióxido de manganeso. Al exponerlo a la luz

UV, este tipo de vidrio adquiere un color morado, en un proceso denominado solarización. El vidrio no debe almacenarse ni exhibirse bajo la luz solar directa, a menos que se utilicen filtros UV.

Vidrios de color existen dos tipos: los que poseen el total de la masa coloreada o los incoloros que tienen pegada en una y a veces en las dos caras láminas delgadas de vidrio de color, en ambos casos se detectan observándolos en su espesor.

No todo el mundo hace la división entre vidrio y cristal. En la bibliografía existente, muchas veces el término vidrio suele englobar a los dos. La diferencia entre uno y otro viene dada por la presencia de plomo en la composición: el vidrio no lo tiene, en cambio el cristal sí, de allí la diferencia de peso específico entre ambos.

A igualdad de calidades, el cristal es más frágil que el vidrio, se quiebra con más facilidad, puede tener una mejor transparencia y posee un mayor índice de refracción.

Tanto el vidrio como el cristal no son sólidos, sino líquidos viscosos de altísima densidad y ello se visualiza en aquellos colocados en aberturas muy viejas, originalmente de caras paralelas e igual espesor en todos sus bordes, al paso de los años han ido escurriendo por acción de la gravedad presentando diferencias de espesores entre arriba y abajo. Es un material amorfo, pues carece de la ordenada red tridimensional que caracteriza a un sólido cristalino. Sus átomos están ordenados aleatoriamente de la misma manera que en los líquidos.

Para su reconocimiento, la transparencia y sonoridad que presenta un objeto vítreo no son argumentos válidos para determinar si es vidrio o cristal. En el examen visual, un vidrio de excelente calidad resulta muy similar a un cristal de baja calidad y aún puede aparecer como mejor. En cuanto a la sonoridad, la forma del objeto tiene una enorme incidencia en el resultado final, motivo por el cual también hay que descartarla.

La identificación se puede hacer determinando el peso específico (peso/volumen) y más fehacientemente por uno de los dos líquidos de prueba reconocidos. Uno deja la marca amarilla sobre la superficie cuando es cristal. El otro ensayo es un poco más complejo pero absolutamente seguro: se aplica sobre la superficie a probar una gota de ácido fluorhídrico (manejar con cuidado, se come al vidrio) y se la absorbe con un papel de filtro humedecido en Sulfuro de Amonio; si el material es cristal el papel se torna negro.

Las técnicas para la conformación del objeto de vidrio son muy diversas: soplado, estirado y modelado sobre una barra, amoldado o fusión, técnica de cera perdida, moldeado sobre un núcleo, modelado sobre un molde convexo, vidrio mosaico, soplado a molde.

También hay diversas técnicas decorativas: pintado, abrasivas y pulido, el gravado y tallado, aplicaciones en caliente, y ornamentaciones de nervios y pellizcos extraídos con pinzas de las paredes de la pieza.

Los deterioros que pueden presentarse son:

Deterioro físico, que puede ser consecuencia de defectos en su manufactura, impactos, choque térmico, abrasión y tratamientos anteriores.

Desfiguración superficial, que se deriva del uso, de incrustaciones durante el entierro, las manchas de productos de corrosión metálicos o de los metales que sustentan o forman parte de los objetos y la contaminación ambiental.

Deterioro químico, que es el resultado de la composición interna. Podemos encontrar: Desalcalinización (cambio iónico): los álcali con carga negativa y los cationes metálicos están libres y se desplazan. Disolución de la red, la disolución de algunos elementos constituyentes del vidrio, puede causar la rotura de la red del cristal y la disolución del sílice.

El vidrio en sí mismo: su naturaleza, la composición de la masa.

El entorno, el entierro, aspectos químicos.

EXUDACION Y CRAQUELADURA

Son dos tipos de deterioro del vidrio, causado por la incorrecta formulación del mismo.

La exudación se caracteriza por presentar pequeñas gotas de líquido en la superficie, producidas cuando el vapor de agua de la atmósfera expulsa por lixiviación algunos de sus componentes. Ese líquido de las gotas puede ser muy alcalino y dañar a otro material con el que esté en contacto (por ejemplo un textil decorado, una fotografía estuchada). Este problema se acentúa con fluctuaciones de HRA.

La craqueladura presenta en la superficie del vidrio una red de fisuras muy finas. En las primeras etapas del proceso las grietas solo pueden observarse mediante microscopio. Si el problema es más grave puede verse a simple vista agrietado y turbio, con fragmentos descascarados en la superficie.

El vidrio que presente alguno de estos problemas debe mantenerse en contenedores cerrados, donde la HRA y temperatura sean bajas y estables.

ALGUNOS SINTOMAS VISIBLES DE DETERIORO

Pérdida de la transparencia.

Iridiscente (La superficie del vidrio toma varias coloraciones, a causa de la interferencia en la luz que provocan los óxidos metálicos de la superficie del vidrio, el resultado son colores morados y rosas.).

Craquelado espontáneo, que puede tener varias causas, por ejemplo, la deshidratación de la superficie, perdida de sílice y como resultado final pérdida de volumen formándose el craquelado.

Superficies lechosas o parecidas a un esmalte.

Decoloración negra.

Formación de una superficie con pequeños cráteres.

ALGUNOS TIPOS DE PRESENTACION

VITRAUX o VIDRIERA: son paños vítreos para iluminación armados en base a vidrios planos de distintas formas reunidos por barras de plomo con figura de "H" soldadas entre sí con estaño y encerradas en un marco exterior resistente de hierro, acero y aún madera.

Los vidrios utilizados en ellos, suelen ser de iguales o similares espesores, de colores o no, con superficies lisas o texturadas, pintados con colores transparentes u opacos.

ARMADO: generalmente son vidrios planos que en la mitad de su espesor llevan una malla de tejido metálico muy abierta con la doble finalidad de ser más resistentes a las presiones estáticas o dinámicas y en caso de fractura mantienen unidas todas las partes resultantes.

CUARZO Y CRISTAL DE ROCA: el cuarzo es una sustancia natural componente de las rocas ígneas. Según las impurezas contenidas y las condiciones de cristalización, puede ser desde absolutamente transparente hasta totalmente opaco, de absolutamente incoloro hasta casi negro, pasando por cualquier otro color existente.

No muy duro, se lo talla y pulimenta sin demasiada dificultad, admitiendo cualquier forma y dando un buen brillo. Impermeable y frágil como el vidrio, el cuarzo también se puede trabajar por fundición y moldeo.

El término Cristal de Roca se reserva para los cuarzos más puros y finos.

FIBRA DE VIDRIO: hilos mono filamento realizados en vidrio donde por su pequeñísimo espesor se aprecia la flexibilidad del material.

Su alta resistencia a la temperatura, su inmunidad al ataque de cualquier ser orgánico, su indiferencia a la humedad ambiente, a las radiaciones, son características que unidas a su capacidad para conducir luz, la convirtieron en el medio ideal para la transmisión de datos, de imágenes y de iluminación en todos los órdenes de la ciencia y la tecnología.

En los museos de vanguardia se está iluminando salas y materiales a través de la fibra óptica.

LANA DE VIDRIO: (ver Fibra de Vidrio) las características mencionadas hacen de esta lana un elemento muy utilizado en aislaciones térmicas, rellenos, amortiguaciones sonoras. Las últimas tecnologías lograron lanas de vidrio con una sedosidad que nada tiene que envidiar a la auténtica seda natural. Hilándolas, se elaboran con ellas textiles planos del tipo trama y urdimbre anti flama, aislantes térmicos e ignífugos de uso comercial y personal.

CAPITULO IV

METALES Y ALEACIONES

DEFINICIONES

Con el término metal se suele englobar indistintamente metales y aleaciones. Metal es el elemento químico puro: hierro, cobre, estaño, zinc, oro, aluminio, plata, plomo. Mientras que se entiende por aleación a la mezcla íntima por fusión, de diferentes metales; cada uno de esos materiales tendrá características físicas y químicas distintivas que son las que condicionarán su uso en cada oportunidad.

Existen aleaciones que tienen nombre propio aún cuando la proporción de sus componentes varíe ligeramente ej. bronce: mezcla de cobre y estaño; latón: mezcla de cobre y zinc, o bien cuando cambian ligeramente sus componentes secundarios ej.: peltre: básicamente es una mezcla de estaño que puede llevar agregado plomo, bismuto, zinc, cobre.

A nivel de la metalurgia existe una cantidad considerable de ensayos capaces de determinar con absoluta precisión cuanto dato se desee conocer del material constitutivo, de las técnicas utilizadas en su elaboración y de los tratamientos recibidos en todo momento.

A nivel museológico los reconocimientos son más simples. Normalmente se basan en un exhaustivo examen visual, facilitado por una buena lupa y la utilización de líquidos de prueba complementado por el cotejo del color de la mancha residual con una tabla indicativa.

El examen visual tiene entre otros fines, el verificar la existencia de tratamientos superficiales metalúrgicos o no, que oculten o disimulen el material base ej.: niquelados, cromados, plateados, anodizados, pintados, esmaltados, dorados, al tiempo de reconocer simultáneamente color, dureza, textura y tipo de brillo del material base.

El ensayo con el líquido de prueba se debe realizar sobre el material base perfectamente descubierto y limpio; para ello se buscará un lugar en una zona no visible y se raspará una mínima superficie con una lima o bisturí para dejar apto el lugar de ensayo.

GENERALIDADES

Los metales y aleaciones se pueden dividir inicialmente en dos grandes grupos para tratar en esta materia:

- Los ferrosos: el hierro, los aceros comunes y especiales, y las fundiciones grises o blancas.

- Los no ferrosos: agrupados aquí en oro, plata, cobre, plomo, estaño, y cada uno de ellos con sus posibles aleaciones.

Para lograr una correcta, fácil y rápida diferenciación, se recomienda acercar un imán al metal de estudio. Si el mismo resulta adherirse a la superficie del objeto, es ferroso. En caso contrario, pertenece al grupo de los no ferrosos.

Datos para recordar: no todos los aceros inoxidables son magnéticos. El cobre aleado con estaño da el bronce y el cobre aleado con el zinc el latón, ambos de color amarillo, pero el cobre puede tener ese mismo color aleado con aluminio o con níquel.

La aleación original del peltre era 20% de plomo y 80% de estaño (resulta toxica para el humano), luego se cambió, reemplazando el plomo por antimonio y aún por algo de cobre.

Las aleaciones metálicas modernas resultan afines en su comportamiento general a las citadas.

PATINA

Son las marcas que deja sobre los objetos el paso del tiempo, con legitimidad histórica. Bajo la influencia del medio ambiente, un objeto puede adquirir ciertos aspectos característicos de su edad, autenticidad o procedencia. Así, pues, se puede considerar patina, no solo a un recubrimiento superficial, sino a todo un conjunto de efectos del proceso de envejecimiento de los materiales. Cuando se trata de una capa que no distorsiona la transmisión de la imagen se debe conservar. Los límites de la limpieza, en estos casos, son difíciles de establecer. Se considera también pátina a la veladura que se aplicaba para suavizar o acentuar tonalidades parciales o generales, o un barniz con efectos similares. No se considera patina los depósitos de suciedades superficiales, sino el propio envejecimiento de los materiales constitutivos de las obras entre los que se encuentran veladuras y barnices coloreados, alterados o envejecidos. Las patinas en los materiales pétreos tampoco implican necesariamente un proceso de alteración, como se pueden observar en el mármol. Pueden ser patinas cromáticas, a veces amarillentas por el hierro de la roca o los oxalatos producidos en la superficie. Es patina el amarilleamiento del papel. En los metales son especialmente importantes las patinas con las que adquieren aspectos característicos, por ejemplo el bronce, el oro y la plata, el plomo, estaño y cuando son estables se deben conservar siempre.

Resulta evidente que puede significar una prueba de antigüedad y autenticidad de la pieza y que incluso puede producir una mejora en el aspecto estético y/o de color del objeto.

La pátina se debe conservar en tanto no afecte la vida del objeto. Pero es necesario recordar que puede volverse inestable por la simple variación de las condiciones ambientales en que se encuentra.

CORROSION

De las condiciones ambientales la humedad resulta la más perniciosa para los elementos metálicos ya que activa, facilita y favorece el accionar de la corrosión, tanto química como electrolítica, por constituirse en electrólito.

Las temperaturas altas aceleran los procesos de corrosión. Las bajas los atemperan y retrasan.

Los ataques químicos sobre metales y aleaciones no difieren mucho entre sí. En las aleaciones, se dan solas o mezcladas las alteraciones típicas de sus metales constitutivos.

Ácidos y álcalis pueden y de hecho atacan a los metales degradándolos y dando origen a nuevas sustancias químicas que suelen ser englobadas y llamadas genéricamente óxidos y/o patinas.

Entre todas las posibles sustancias que podemos encontrar en esas combinaciones químicas hay un grupo que se destaca por su presencia casi permanente: óxidos (por el oxígeno), cloruros (por el cloro), carbonatos (por el ácido carbónico) y sulfatos (por el ácido sulfúrico) como derivado del azufre.

Óxidos y cloruros se ven muy favorecidos en su ataque por la presencia de humedad o agua.

Los agresivos químicos pueden tener origen en los lugares más inocentes. El azufre, por ejemplo, típico contaminante producto de la combustión que en baja densidad deslustra los metales y en alta los ataca gravemente, en especial a la plata y al plomo.

Hay azufre que aparece en el aire generado por los pisos de goma vulcanizada, las juntas de goma de las vitrinas u otros elementos de ese material, por pinturas y barnices de baja calidad y hasta por la caseína de las acuarelas, que atacada por ciertas bacterias libera azufre.

También ataca al metal por su contacto con telas aprestadas con productos que contienen azufre.

Otro caso: la madera de roble continúa exudando ácido tánico, gran agresor del plomo aún muchísimo tiempo después de cortada y convertida en mueble.

El contacto físico superficial en seco entre dos metales o aleaciones diferentes ocasiona la degradación del menos noble, el más noble se salva por la llamada "protección catódica".

Si en lugar de ser en seco, el contacto se produce en presencia de una solución (agua más una sal cualquiera) conductora de electricidad, llamada por tal motivo electrolítica, el proceso degradatorio se incrementa al trabajar como una pila eléctrica.

El acero inoxidable no se puede tabular en las series electroquímicas porque su lugar depende de su aleación constitutiva.

Cuando los metales y aleaciones se encuentran perfectamente limpios, solo se deben tocar con las manos cubiertas con guantes de algodón o polietileno, nunca con látex (en su fabricación se utiliza azufre para vulcanizarlo). En ese estado son presa fácil de los degradantes, por eso se deben preservar aislándolos del medio ambiente recubriéndolos con alguna sustancia protectora, impermeable e inocua a ambos y sin que cambie sus condiciones de brillo y textura.

Con patinas estables o convertidas en estables se puede proceder igual, es decir, protegerlas con dichas sustancias.

CONDICIONES AMBIENTALES OPTIMAS

Ver en capítulo I para recordar estas exigencias.

Aire: Preferentemente limpio y libre de polución, tomado este término en su más amplia acepción. Degradante importante resultan el oxigeno del aire y el ozono (más generado por el hombre que por la naturaleza a baja altura) responsables ambos de la oxidación de los materiales.

Velocidad del aire: de 0,1 a 0,3 metros por segundos (0,36 a 1,08 Km/h).

HRA: para que la conservación sea optima la HRA debe ser lo más baja posible; estos valores pueden cambiar al considerar los tratamientos superficiales u otros materiales aplicados. La presencia de la HRA favorece las combinaciones químicas y potencia sus efectos, por eso se recomienda un máximo de 55% HRA.

Temperatura: mínima 10ºC, máxima 20ºC, ideal 15ºC, (promedio valores oficiales varios), estos valores pueden cambiar si consideramos los tratamientos superficiales aplicados o materiales adjuntos.

Iluminación: máximo 300 Lux (salvo requerimiento menor por alguna decoración) preferentemente durante la menor cantidad de tiempo posible. El valor indicado debe ser modificado cuando lo exija otro material adjunto, siempre a favor del que presente mayor susceptibilidad a ser deteriorado.

UV-A y UV-B: máximo 10 micro watts/lumen y durante la menor cantidad de tiempo posible. (Este valor fue recientemente disminuido por los organismos oficiales específicos, antes era de 75 micro watts / lumen, que es lo emitido por una lámpara incandescente).

IR: nada o el mínimo posible y durante la menor cantidad de tiempo.

Microorganismos: se debe evitar su proliferación, pueden degradar al convertir el objeto en hábitat. Como hecho curioso, se sabe que determinadas bacterias tienen la capacidad de degradar mediante la alimentación de los compuestos metálicos, p.ej. las " vibrio desulfuricans " o las " gallionella ferruginea" que atacan al hierro y al acero.

Insectos: se debe evitar su acceso al museo y su instalación dentro del mismo, pues también ellos degradan a los metales y aleaciones tomándolas como hábitat y a través de sus detritos y residuos metabólicos.

Animales: se debe evitar su acceso al museo y su instalación dentro del mismo, degradan por sus detritos, residuos metabólicos y por su utilización como hábitat.

Vegetales: deben ser inexistentes en locales bajo techo.

El hombre: todo aquel personal que deba manipular o tratar con este material estará debidamente capacitado y/o entrenado. Para con el público que accede al museo, se deberán desarrollar tareas de información y educación respaldadas por un control eficiente.

RECEPCION

Ver en capítulo I "RECEPCION" y complementar la información con los siguientes datos específicos generales a toda recepción.

MANIPULACION

Use guantes de plástico o algodón bien ajustados para manipular los metales ya que cuando están muy pulidos, como la plata y el cobre, resultan particularmente sensibles a los aceites y sales de la piel.

Evite manipular la plata con guantes de goma látex, pues los compuestos de azufre que contienen pueden deslustrarla. Además, muchos metales puros y algunas aleaciones son bañados y, por consiguiente, se rayan o abollan fácilmente.

Tampoco utilice guantes provistos de puntos antideslizantes en las palmas, dado que pueden generar marcas o abrasión sobre la superficie a manipular.

Llegado a nuestras manos el objeto y luego de una limpieza muy superficial de rutina se procede a su examen en profundidad.

Para ello se requiere de: una buena lupa, algunos punzones con distinto grado de dureza en su extremo (de maderas, de cobre puro, hierro y acero) y terminados en punta o con filos planos, líquidos probadores de metales y un imán.

En casos muy particulares hará falta tomar radiografías del objeto a fin de verificar su estructura interna y en el caso de estar sumamente corroídos, se tomarán radiografías con la finalidad de comprobar el núcleo sólido de los mismos. Ante este caso, las distintas etapas a cumplir son:

1ro.) determinar si existe y/o cuánto subsiste del material metálico original sin degradar y cuál es el metal o aleación fundamental.

2do.) averiguar si tiene algún o algunos tratamientos superficiales p.ej. niquelado, dorado electrolítico, químico o por pintura, pavonado, fosfatizado, enlozado, pintado, laqueado, o si tiene aplicaciones de pan de oro o incrustaciones de materiales no metálicos como el nácar, el carey, o presenta un nielado, damasquinado.

3ro.) averiguar si la superficie presenta detalles en relieve o en hueco, en especial los de mínimo espesor, o aplicados intencionalmente que se debe preservar como, por ejemplo, los grabados a buril, aplicaciones de punzones, repujados, marcas del molde de fundición, texturas originales de las superficies.

4to.) detectar los deterioros físicos y degradaciones químicas: tipo, cantidad y tiempo de acumulación. Estado de cristalización, rigidez, fragilidad y fiabilidad o falta de maleabilidad del material.

5to.) reconocimiento de otros materiales asociados y posibilidad de remoción para liberar la parte metálica.

6to.) se tomaran fotografías en blanco y negro y en color. En todos los casos de tomas fotográficas, junto a la pieza se colocara su cartela identificadora con la escala de control de grises y de colores y dos reglas graduadas al medio milímetro o al milímetro (una horizontal y otra vertical).

Con toda esta información en nuestras manos y consultando la bibliografía específica se podrá elaborar un plan de acción tentativo que permita lograr el estado final deseado para la pieza. Hecho lo cual, se comenzará por ensayar los distintos componentes sobre el o los materiales.

Como resultado de esta etapa debe quedar elaborado el legajo individual de la pieza donde aparte de la puntualización de sus características especificas, figurarán los diagnósticos, las prácticas terapéuticas probables, los ensayos específicos y los tratamientos que se adoptaran, junto a sus respectivos componentes, método de aplicación y solventes.

Completado este trámite se pasará, como práctica previa, a ejecutar en su totalidad el procedimiento sobre un objeto de similares materiales y condiciones.

Cumplido sin inconvenientes este último ensayo general se actuará sobre el objeto museológico, dejando perfectamente documentado, por escrito y en ciertos casos fotográficamente, todo lo actuado.

Si en el objeto queda muy poco o nada de material original sin alterar, es decir, que el objeto en su mayor parte es de pátina o de óxido, se recomienda como única acción realizar una limpieza total en seco, eventualmente retocar sus perfiles para compatibilizarlos con sus formas originales y consolidarlo con nitrocelulosa, cera micro cristalina o equivalentes.

Se reitera que todas las actuaciones deben ser reversibles, es decir, que se puede volver fácilmente al estado inicial sin dejar rastros en la pieza.

INSPECCION PERIODICA

La inspección regular de los objetos forma parte esencial de su cuidado y se encuentra enmarcado dentro de las rutinas de mantenimiento estipuladas para llevar adelante un correcto control sobre las piezas. Dado que muchas reacciones de corrosión ocurren con rapidez, los objetos metálicos deben examinarse una vez al mes. De esta manera, el deterioro puede ser detectado en sus primeras etapas y esto es sin duda, el primer paso para poder tomar medidas preventivas antes de que el daño sea evidente y severo.

ELIMINACION DE AGENTES BIOTICOS

Normalmente los agentes bióticos no afectan al material metálico salvo si se trata de las bacterias ya citadas, pero sí lo pueden degradar como resultado de haberlo convertido en hábitat o estar cerca del mismo.

La limpieza inicial de la pieza y las sucesivas de mantenimiento, mas la higiene general del recinto lo mantendrá a salvo de ese perjuicio.

LIMPIEZA POR VIA SECA

Se considera limpieza por vía seca, a todas aquellas acciones realizadas sobre la pieza sin aporte de humedad, con la finalidad de extraer la suciedad acumulada en la superficie o elementos que no son propios del objeto.

CONSERVACION CURATIVA Y RESTAURACIONES MENORES

PICADO

Se utilizan punzones con punta y cinceles con filo plano, (construidos de acero templado u otros materiales más blandos), golpeados con martillos livianos que sirven para romper y desprender las cáscaras y/o excrecencias sólidas y adheridas a la corrosión. Este sistema se aplica sólo cuando el objeto conserva resistencia adecuada.

Es recomendable utilizar como apoyo pequeñas bolsas de lona llenas de arena, para permitir la estabilidad total de la pieza a tratar y para amortiguar los ligeros golpes que sean aplicados. La colocación de la herramienta debe ser perpendicular a la superficie y ubicada cerca del borde.

RASPADO

Se realiza con buril de joyero o raspadores especiales accionados manualmente por medio de un mango. Al igual que en el picado, debe existir resistencia en el objeto y apoyo para el mismo en la zona de trabajo.

DESGASTE CON MUELAS ABRASIVAS

Normalmente la utilización de este tipo de técnica implica el manejo de un torno manual, del cual se debe tener completo dominio para evitar deterioros producidos por su mala manipulación.

Se deberán amortiguar al máximo las vibraciones en el objeto. Se debe trabajar muy lentamente y con mucho cuidado porque se puede desgastar algo importante.

CEPILLADO

Se usan cepillos de nylon duro, de bronce o de acero. Accionados a mano o con motor en forma rotativa. Sirven para quitar los residuos duros después del proceso de reducción. Hay que tener cuidado en el uso del cepillo de bronce porque puede dejar trazos amarillos en otros materiales.

Para desgastar la corrosión o sus restos se usan también el llamado lápiz, las placas afiladas y los discos sólidos, todos de carborundum.

CHORRO DE ARENA-ARENADO

Método que consiste en el lanzamiento de partículas sólidas por medio de un chorro de aire a presión. Solo se debe aplicar cuando se tiene la absoluta seguridad de no afectar tratamientos superficiales de mínimo espesor.

Las partículas se seleccionan por su volumen, dureza y conformación externa: bauxita, arena, cuarzo, según la abrasión requerida. La intensidad del chorro de aire también influye.

No se utiliza para materiales metálicos blandos como el oro, plata, plomo, estaño, peltre.

Resulta muy bueno para cáscaras duras, producidas por la corrosión de hierro.

PULIMENTO Y BRUÑIDO

Lo usual es realizarlo sobre materiales con superficie sólida y lisa utilizando polvos abrasivos de grano muy fino (mallas de alta numeración, numero = orificios del tamiz por cm^2 o pulgada cuadrada), solos y en seco, mezclados con ceras o grasas, en forma de emulsión con aceites o parafinas y puestos sobre paños, (piedra pómez, esmeril, rojo de pulir, diamantina, alúmina para el pulido final).

Se puede realizar también sobre materiales muy corroídos, porosos o casi esponjosos, por frotación superficial con una varilla de vidrio, cristal o piedra de ágata. Este tratamiento le devuelve parte del efecto visual de solidez al aplastar las laminas perpendiculares a la superficie, obturando así las oquedades y vacíos.

LIMPIEZA POR VIA HUMEDA

Se considera limpieza por vía húmeda cuando la misma requiere de la hidratación controlada o inmersión total de la pieza para su tratamiento.

AGUAS PARA LAVADOS

DESTILADA

Es el agua de la que se han separado las sales y otras impurezas, como microorganismos, por destilación (paso a estado de vapor y condensación posterior).

Se debe tener cuidado porque resulta muy absorbente de gases atmosféricos, en especial oxigeno y dióxido de carbono. Antes de usarla se la debe hervir para que pierda esos gases (burbujas previas a la ebullición).

Tampoco debe entrar en contacto con el plomo pues se contamina al degradarlo.

DESMINERALIZADA

Es un agua tratada libre de sales. Esto se puede lograr por un filtrado a través de zeolitas (complejos naturales de silicatos de sodio o de calcio).

La zeolita tiene una ventaja adicional: cuando se satura de calcio se la deja inmersa en una solución saturada de cloruro de sodio (sal común) y se regenera indefinidamente su capacidad intercambiadora. Hoy existen en el mercado resinas sintéticas intercambiadoras de iones mucho más eficaces que las zeolitas.

DESIONIZADA

Es un agua libre de sales por sucesivos pasos a través de resinas intercambiadoras de cationes y aniones. Las plantas embotelladoras de gaseosas disponen de filtros de resinas catiónicas, a ellas se les puede pedir el agua para usar en los lavados finales.

DE LLUVIA

No es recomendable para trabajos de conservación. En mayor o menor grado siempre está contaminada, dependiendo del lugar geográfico en que se la considere, las condiciones ambientales previas, su intensidad, su duración, y el instante que se toma en cuenta. Sus contaminantes son todas las sustancias solidas, liquidas y gaseosas que se encuentran en la atmosfera al momento de llover y que son arrastradas por el agua en su caída además del amoniaco originado por las grandes chispas eléctricas (relámpagos y rayos).

Solo puede admitirse su uso y con muchas reservas en caso de reemplazar aguas duras, únicas disponibles, para ello se la deberá filtrar o por lo menos sedimentar, y desgasear por temperatura muy próxima a ebullición.

AGUAS CORRIENTES (POTABLES DE RED)

Es la que más se aproxima a la destilada, pero es necesario tener presente la procedencia de la misma, dado que la potabilización no es la misma en todas las zonas. Siempre se puede mejorar por filtrado y desgaseado, en especial cuando se nota la existencia de cloro.

DETERGENTES Y JABONES

Son sustancias que hacen disminuir la tensión superficial del agua y así permiten que se emulsionen las partículas de las manchas grasas. Básicamente los jabones son sódicos de ácidos grasos, mientras que los detergentes son sintéticos y más activos.

JABONES NEUTROS (DE MARSELLA)

Pueden conseguirse en droguerías industriales (para ensayo de dureza de aguas). De no obtenerlo se puede procurar neutralizar un pan de jabón común por el siguiente método:

1) Rasparlo con cuchillo para convertirlo en escamas
2) se lo coloca en el fondo de un recipiente de vidrio o enlozado en una capa delgada junto a un recipiente menor conteniendo carbonato de calcio sobre el que se vierte ácido clorhídrico, se tapa el recipiente mayor y se deja 48 horas.

En el recipiente menor se producirá ácido carbónico (muy inestable) que se descompondrá en agua y anhídrido carbónico, gas más pesado que el aire, el que desplazara al aire que rodea al jabón y producirá su neutralización.

Luego y previo ensayo de neutralidad (pH=7) se lo puede guardar y utilizar sin problemas.

DETERGENTES NEUTROS

Superan ampliamente en resultado a los jabones pero deben ser del tipo museológico o similar.

DISOLVENTES

Son sustancias o productos capaces de disolver un cuerpo u otra sustancia.

Hay que tener mucho cuidado cuando se trate con objetos metálicos que tienen algún tratamiento superficial, ya sea que lo cubra en parte o en su totalidad.

Antes de aplicarles cualquier proceso liquido hay que asegurarse de dos cosas: que dicho tratamiento superficial resistirá sin ningún deterioro el proceso previsto, y segundo, que si las sustancias a emplear en dicho proceso llegaran a penetrar debajo del tratamiento superficial del objeto, no ocasionarán ningún inconveniente ni aún con el paso del tiempo.

Por ejemplo, si se pretende lavar con agua un objeto de hierro con un niquelado electrolítico superficial, se debe estar absolutamente seguro que no existan grietas o fisuras (de ningún tamaño, por mínimo que parezca) en la capa de níquel. Si existiera, se corre el riesgo de que por ella ingrese agua debajo del níquel y tome contacto con el hierro, iniciándose una corrosión oculta que se detectará mucho mas tarde, cuando deforme y rompa la cubierta de níquel.

Nomina de disolventes y materias sobre las que actúan:

1) Disolventes simples: agua a temperatura ambiente, en frío o en caliente (80-90ºC).

2) Disolventes jabonosos: solución de jabón neutro (1 a 5% en agua fría o caliente).

3) Disolventes derivados del petróleo: benceno, tolueno, xileno, acetona, etil-metil-cetona, etc. todos en frío.

4) Disolventes clorinados: tetra cloruro de carbono, tricloroetileno en frío o caliente a 90º, percloroetileno en frio o caliente a 120ºC, etc. ninguno es combustible.

5) Disolventes alcohólicos: alcohol metílico, alcohol etílico desnaturalizado, thinner (nombre comercial de una mezcla de sustancias) todos en frío.

6) Disolventes alcalinos: amoníaco, tartrato de potasio y sodio (sal de Rochelle), hidróxido de sodio (soda cáustica), hidróxido de potasio (potasa cáustica), carbonato de sodio anhidro (soda Ash), sesquicarbonato de sodio, fosfato trisódico, pirofosfato tetrasodico, ortosilicato de sodio, metasilicato de sodio, borato de sodio, en solución con agua en caliente (65 a 80ºC), Cianuro de potasio, (sólido, muy venenoso). Todas estas sustancias degradan o disuelven algunos metales menos nobles.

7) Disolventes ácidos: ácidos fosfórico, fórmico, oxálico (sal de limón), crómico, nítrico, acético, sulfúrico, clorhídrico, diluídos en agua, en frío o en

caliente (50 a 80°C) todos se usarán con más o menos reservas; degradan los metales.

Nomina de sustancias a disolver:

- Grasas y aceites: 2), 3), 4), 5), 6) (amoniaco 1 a 5%).
- Pinturas, esmaltes, lacas y barnices: 3) (Thinner, Solventes comunes)
- Ceras: 4), 6)
- Carbonatos y/o sales de calcio: solución de ácido nítrico (1 a 5%) en agua. El ser aplicado sobre las sales ésta desprende burbujas que cesan al acabarse la sal de calcio.

Operando sobre plomo y algún peltre es preferible utilizar un método de dos baños: uno con 100 cm3 de ácido clorhídrico concentrado (densidad 1,19) en un litro de agua y otro con 100 gramos de acetato de amonio en un litro de agua.

(Este método requiere de abundante cantidad de agua destilada y desgaseada).

- Tierra, lodo, barro, suciedad: 1), 2), 6)
- Materiales orgánicos: 1), 2), 4), 5), 6) (soda cáustica 1 al 5%) (Amoníaco conc.0.88)
- Carbón, cenizas y humos: 1), 2), 6)
- Transpiración y polvos químicos: 1), 2), 4), 6)
- Empañados, deslustrados y manchados: 6), 7)
- Sales solubles en agua: 1), 2), 3), 4)
- Oxidación y productos de corrosión: 6), 7)
- Eliminación de sales de cobre: 6), 7) (amoníaco concentrado 0.88 en presencia de aire y acido fórmico en solución, no ataca a la plata ni al cloruro de plata). El óxido de cobre se trata con acido sulfúrico en solución del 5 al 10%.

TRATAMIENTO CON SAL DE ROCHELLE

La Sal de Rochelle se presenta en dos formas: como polvo cristalino blanco o como cristales incoloros. Es un producto inodoro y de sabor ligeramente amargo, soluble en agua y prácticamente insoluble en alcohol, que se utiliza principalmente para la limpieza de la corrosión, especialmente en cobre, bronce y plata. Debe conservarse en un embalaje hermético y almacenarse en un local seco, resguardado de la humedad y en condiciones de temperatura normales. Es un compuesto estable que no se altera por el paso del tiempo si se respetan estas condiciones de almacenamiento. Sin embargo, de acuerdo con la reglamentación, se le asigna una fecha de caducidad de un año. El producto tiene una tendencia a aterronarse; no es aconsejable un almacenamiento prolongado, sobre todo para las granulometrías más finas.

Se opera por inmersión en dos soluciones, ambas en recipientes de vidrio o porcelana tapados.

La primera, con 500 cm3 de agua, 30 gr. de soda caustica comercial en escama y 90 gr. de "sal de Rochelle" (tartrato de potasio y sodio) hasta que las incrustaciones se ablanden y desprendan por cepillado.

La segunda, con 500cm3 de agua y 60 gr de ácido sulfúrico concentrado y se continua con: un lavado por inmersión, dos limpiezas - una electroquímica y otra electrolítica - y un enjuague final con lavado por inmersión, dos limpiezas una electroquímica y otra electrolítica - y un enjuague final con control de existencia de cloruros.

ESTABILIZACION DE SALES DE COBRE

Conservando la patina: por inmersión en sesquicarbonato de sodio al 5% por algunas semanas.

ELIMINACION DE SALES DE PLATA

Amoníaco concentrado 0,88%, cianuro de potasio en pastilla (veneno) frotado sobre la mancha o patina humedecida con agua.

ELIMINACION DEL OXIDO DE HIERRO

Solución de ácido oxálico (5 a 15%) con cepillado enérgico luego del lavado final.

Solución de ácido fosfórico.

DISOLVENTE LIMPIADOR PARA DAMASQUINADOS

Realizada la limpieza previa, este método sirve para destacar el contraste de tonos en forma de "aguas" en el metal.

Se opera con una solución de 11,5 cm3 de ácido nítrico concentrado (densidad 1,42) en 100 cm3 de alcohol metílico industrial.

Esta mezcla se pasa sobre el damasquinado, perfectamente desengrasado, con un algodón y al cabo de 15 / 20 seg. se coloca bajo un chorro de agua y se observa el progreso. Se repite hasta lograr un buen resultado.

METODO DE LA REDUCCION ELECTROQUIMICA

La palabra reducción indica la extracción del oxígeno existente en una sustancia (es la inversa de la oxidación); el proceso se basa en los diferentes potenciales eléctricos que presentan los metales y sus aleaciones, facilitando su accionar, en este caso, por la presencia de un electrólito (en estos casos los potenciales eléctricos se convierten en potenciales galvánicos)

Básicamente el método es el siguiente: dentro de un recipiente enlozado o de hierro, preferentemente con tapa, se coloca una solución de soda cáustica del 10 al 20 % en agua, se sumerge el objeto a reducir y se lo recubre totalmente con granalla o escamas de zinc, hecho lo cual, se coloca el recipiente sobre el fuego para que opere en caliente.

Cada tanto se debe reponer el agua evaporada, momento que se aprovechará para cepillar al objeto y quitarle los restos ya ablandados de sustancias extrañas a eliminar.

Se debe trabajar al aire libre o dentro de campana extractora de gases y se continuará hasta que la pátina desaparezca casi totalmente o que se ablande lo suficiente para removerla por cepillado o frotación.

Según los metales o aleaciones de los objetos y sus diferentes compuestos degradados, en algunos casos convendrá reemplazar el zinc por aluminio y en otros, la soda cáustica por ácido sulfúrico del 5 al 10 %.

La granalla y el electrolito se usan sólo una vez y con un solo objeto. Si el electrolito se ensucia demasiado se lo debe reemplazar.

VARIANTE DEL METODO ELECTROQUIMICO

Consiste en reemplazar la granalla de zinc por una lámina de ese metal unida al objeto a reducir por medio de un cable o alambre de cobre que haga buen contacto eléctrico en sus dos extremos. Para lograrlo puede ser necesario limar una pequeña zona del objeto con el fin de llegar al metal limpio y proceder a soldar el cable de conexión con una soldadura blanda (60 % estaño y 40 % plomo).

Las superficies del objeto y de la lámina de zinc deben ser similares.

A la reducción electroquímica le sigue siempre una breve reducción electrolítica para asegurar la limpieza, aproximadamente por media hora.

METODO DE LA REDUCCION ELECTROLITICA

De fundamento y operación similar a la anterior, pero reforzando la acción eléctrica por medio de una fuente externa de corriente continua de 6 o 12 voltios.

Los ánodos son muy atacados y pueden ser de zinc, hierro, carbón, acero inoxidable.

Si se producen restos sólidos que se mueven libremente y pueden complicar el trabajo, se puede rodear con un nylon al objeto o al electrodo.

Al sacar al objeto del baño para cepillarlo, no se debe cortar la corriente eléctrica ni el circuito, esto originaría manchas y alteraciones en el objeto.

Al igual que en el método anterior, del objeto (cátodo) se desprenderán burbujas de hidrógeno y el proceso puede durar muchas horas.

La solución de soda cáustica puede ser del 5 al 15%. Los ánodos - bien limpios - se ubican a pocos centímetros del objeto.

Según los materiales constitutivos y los compuestos que presenta se regulará la intensidad de la corriente. Por ej. : para hierro y acero suele ser de 10 amperes por dm2 de superficie del objeto (10 Amper / dm2) pero puede ser muy inferior: 2 Amper / dm2.

NEUTRALIZACION DE LOS OBJETOS TRATADOS

En el caso de haber utilizado un ácido en el tratamiento de limpieza, luego de un breve enjuague en agua se sumergirá el objeto en un baño alcalino suave para neutralizarlo (bicarbonato de sodio), hecho lo cual se procederá a su lavado profundo. Si en lugar de ácido se uso un álcali, la neutralización química se hará con un ácido suave (vinagre o jugo de limón).

LAVADO DE LOS OBJETOS

Se deben efectuar preferentemente con agua destilada. De no contarse con ella se puede utilizar agua corriente potable, reservando para los enjuagues agua destilada, o bien, filtrada con resinas catiónicas, en ambos casos desgaseadas.

La finalidad del lavado es eliminar todos los restos de sustancias extrañas capaces de volver a generar un proceso de degradación y/o corrosión.

Lo más difícil de lavar es el interior de poros, grietas y fisuras, en especial, las microscópicas.

Para lograrlo se alternarán varias veces baños de agua fría y caliente a 90ºC, con una duración de 10/12 minutos para cada uno de ellos, extendidos por un período de 2 horas, utilizando agua nueva y limpia en cada caso, agitando y cepillando al objeto dentro del agua en forma periódica.

Esto se hace para que, por dilatación y contracción, se limpien las cavidades.

CONTROL DE CLORUROS RESIDUALES

Siendo los cloruros la sustancia más agresiva y resistente de todas se debe verificar que no queden restos en el objeto.

Para eso se toman 10 cm3 de agua del último baño en un tubo de vidrio delgado y largo, se le agregan varias gotas de ácido nítrico diluido y se mezcla tapándolo e invirtiéndolo varias veces. No tapar con el dedo, porque la piel puede tener cloruros.

Con iluminación lateral y ante un fondo negro, se le agregan 5 gotas de nitrato de plata diluido (17 gr. por litro de agua destilada). Se vuelve a mezclar y se observa.

La aparición de un precipitado blanco (copos blancos) indica una existencia de cloruros por encima de lo tolerable. Sólo será admisible cuando se aprecie una muy ligera opalescencia blancuzca que indica una parte de cloruro por millón.

Reiteramos que todo objeto que ha recibido un correcto tratamiento de limpieza, queda absolutamente indefenso ante la acción contaminante y/o degradante del medio ambiente. Por ello es imperioso darle un adecuado tratamiento de protección superficial apenas concluida su limpieza.

A partir del antepenúltimo lavado el objeto sólo se manipulará con guantes de algodón o polietileno, caso contrario se utilizarán pinzas. Nunca se lo tocará con las manos desnudas.

Todas estas tareas deben ser acompañadas por correctas acciones de conservación preventiva que abarcan una serie de medidas a tomar para garantizar la conservación y mantenimiento de los bienes culturales. Para ello hay que evaluar los factores de riesgo que puedan modificar la estructura de los materiales tales como el medio ambiente, control de plagas, transporte, embalaje, depósito, manipulación, montaje y exhibición, seguridad, y preparación y respuesta para imprevistos. De poco sirve realizar una correcta limpieza si posteriormente no se respetan principios básicos de conservación preventiva.

SECADO DE LOS OBJETOS

El método a utilizar dependerá del tipo y estado de conservación del objeto y de sus superficies.

SECADO DE SUPERFICIES LISAS

a) con un trozo de tela blanca, suave, limpia y sin pelusa.

b) por la circulación forzada de aire tibio o frío (secador de cabello).

SECADO DE SUPERFICIES RUGOSAS O POROSAS

El calentamiento prolongado que requieren estas superficies pueden permitir o provocar, en algunos casos, una tenue oxidación superficial, removible con facilidad, pero que es conveniente evitar, por ello, se recurre a otros métodos.

DESECADO

Apenas extraído el objeto de su último lavado, se lo sumerge en acetona o alcohol 96º por unos minutos, y luego, se lo introduce en una cámara hermética que contiene gel de sílice, como desecante, y donde se hace un cierto vacío.

De no disponerse del vacío se lo dejará en la cámara hermética por algunas horas en ambiente templado.

Si tampoco se cuenta con esta cámara (muy fácil de construir) se dejará secar en una corriente suave de aire cálido, pudiendo repetirse un par de veces el procedimiento desde el baño en acetona o alcohol 96º incluido.

DESECACION POR GEL DE SILICE O "SILICA GEL"

Se presenta en forma de granulado translúcido, con muy alta capacidad para absorber el agua de la humedad ambiente (muy higroscópico).

Es conveniente teñir algunos granos con cloruro de cobalto para servir de indicador de humedad según el color que presente:

    0 a 10% de humedad = color azul brillante

    10 a 45% de humedad = color variando de violeta a rosado

    45 a 60% humedad = color rosa brillante

Al llegar al color rosado la "Silica Gel" debe ser desecada al calor en un horno o estufa seca 3 a 4 horas a 120ºC o 1 hora a 170ºC; en cada desecación el gel pierde un 10% de su capacidad absorbente original.

Se recomienda desecarla un máximo de 5 veces. Para bajar la HRA un 5% hace falta 1 Kg/m3, un 10% 2 a 3 Kg/m3, 15% 4 a 5 Kg/m3, 20% 6 a 7 Kg/m3.

PROTECCION

Se logra aplicando una película superficial continua, resistente e impermeable que aísle al objeto del medio ambiente, para evitar su contaminación.

Dicha película no debe alterar - a la vista - ni el tipo de brillo (graso, seco, metálico) ni la textura de las superficies (lisa, porosa, granido) que cubre y, por supuesto, debe ser perfectamente transparente o, por lo menos, no cambiar el color del metal o aleación.

IMPREGNACION CON CERAS O PARAFINAS

Se saca el objeto del último baño en agua destilada caliente (80-90°C), se lo sacude para que escurra y se lo seca con alguno de los métodos vistos. Luego se lo sumerge en un baño de cera de abeja fundida o de parafina derretida (de bajo punto de fusión, p.ej. 49 °C).

Resulta mejor la parafina pues se cuartea menos en frío y al aire. Se lo deja sumergido por varios minutos a una temperatura de 105°C para eliminar los eventuales restos de agua: se lo extrae y coloca sobre un papel absorbente para que escurra: se le quita el excedente con la ayuda de un secador de cabello y tela similar a la usada para secarlo o hisopos de algodón.

IMPREGNACION CON RESINAS ACRILICAS DILUIDAS EN TOLUENO O XILENO

Extraído de su último baño en agua destilada caliente (80 a 90° C). Se lo escurre, se lo pasa por un baño de alcohol para secarlo, luego se le da un nuevo baño con xileno y se lo sumerge en un recipiente de vidrio que contiene la resina disuelta (10 a 20 % de materia sólida), se lo coloca en una cámara en donde se hace el vacío. Cuando dejan de salir burbujas del objeto, se lo extrae y deja escurrir, eliminando los excedentes antes de que endurezcan.

Si no se cuenta con cámara donde hacer el vacío, se recurrirá a calentar bien el objeto antes de sumergirlo en el xileno bien calentado.

La resina diluida también habrá sido entibiada, para que al enfriarse el objeto en su interior, absorba material dentro de los poros.

RECUBRIMIENTO CON LACAS O BARNICES

Extraído el objeto del último baño, se seca con acetona o alcohol 96°, tal como ya se explicó y trabajando en atmósfera limpia, seca y templada, se aplica la laca o el barniz con soplete o pincel. No se deben dejar empastes, goteos o películas gruesas.

RECUBRIMIENTO CON CERAS MICROCRISTALLNAS, ACEITES, GRASAS O VASELINAS

No son muy recomendables porque, con el correr del tiempo, se resecan y cuartean, permitiendo el paso de los contaminantes y exigiendo, por otro lado, un mayor trabajo personal de control y mantenimiento.

DEGRADANTES FISICOS MAS COMUNES

LA ABRASION

Es la acción mecánica de rozamiento y desgaste que provoca la fricción de un material. Se da generalmente por roce continuado de partículas o superficies, tanto más perjudiciales cuanto mayor sea su aspereza, dureza, presión y repetición de movimiento. Cuando ese desgaste es producido por un agente atmosférico se lo denomina erosión.

LAS TENSIONES INTERNAS ALTERNATIVAS

La fatiga de materiales se refiere a un fenómeno por el cual la rotura de los materiales bajo cargas dinámicas cíclicas se produce más fácilmente que con cargas estáticas que producen primero la fatiga y luego la rotura del material.

LAS PRESIONES O GOLPES

Que producen deformaciones con o sin roturas en el material, como por ejemplo abollones, aplastamientos, etc. o bien grietas, fisuras, cortes, punzonamientos.

LAS TEMPERATURAS elevadas que pueden llegar a fundirlos en parte o totalmente o bien a soldarlos entre ellos.

DEGRADANTES QUIMICOS

Todos los metales y aleaciones sufren de corrosión alteración química o electroquímica que va acompañada de diversos cambios en el color, textura, dureza, brillo, tenacidad, en la superficie afectada. Los casos más comunes son:

SERIE ELECTROQUIMICA

SERIE GALVANICA EN AGUA (ELECTROLITICA)

Anódico o menos noble

Zinc

Aluminio

Hierro Dulce

Metal Blanco

Estaño

Latón

Bronce

Cobre

Níquel-Bronce (Plata alemana) Cuproníquel

Cobre- Plata- Manganeso

Plata 800/000

Plata 925/000 (Sterling)

Plata Pura

Oro

Platino

Catódico o más noble

CAPITULO V

ORGANICOS VARIOS

NOCIONES SOBRE PIELES, PELOS, LANAS Y PLUMAS

Se da el nombre de pieles a los cueros que han conservado el pelo. Pueden tener una o simultáneamente dos clases de pelos, rectos o de punta y enrulados o lana. Todos ellos están constituidos por similares compuestos químicos, de allí que todos huelan igual al quemarse.

Generalmente cilíndricos y macizos, están naturalmente impregnados de una serie de sustancias particulares que posibilitan sus características principales: resistencia, flexibilidad, repulsión de agua, perfecto adosamiento para impedir el paso del viento.

Todos estos elementos están constituidos por proteínas y aceites animales. No admiten temperaturas más allá de los 35º C sin alterarse y son muy sensibles a la radiación ultravioleta. Como todo material orgánico el simple paso del tiempo los degrada.

Todos los tipos de pieles y plumas pueden decolorarse con la luz; los colores oscuros se destiñen y los claros se tornan amarillos.

Estos cambios fotoquímicos son irreversibles y solo pueden prevenirse controlando la exposición a la luz.

Las zonas de depósito y exhibición deben examinarse por lo menos dos veces por año, con el objetivo de detectar ataque de insectos.

ATENCION: algunas pieles pueden haberse tratado con DDT o jabón de arsénico para inhibir el ataque de insectos. Son sustancias peligrosas que pueden ocasionar irritación cutánea u otros síntomas tóxicos. Por tal motivo, al manipular estos objetos, se deben utilizar guantes descartables, guardapolvos y máscara filtradora de partículas durante la limpieza.

MATERIALES ORGANICOS

La siguiente aclaración es válida para cualquier tipo de material arqueológico. En estos casos el material extraído debe ser inmediatamente aislado del medio ambiente procurando evitar cualquier tipo de contaminación con sustancias, elementos, o materiales modernos (colocados en envases herméticos, perfectamente limpios y en ocasiones estériles -frascos de vidrio, bolsas de polietileno de alta densidad- o envueltos lo más herméticamente posible en lámina de aluminio. Parte de ese material servirá para los estudios en los laboratorios especializados y el resto quedará como muestra testigo para el futuro. Completado el estudio de laboratorio esos materiales vendrán al museo y entonces sí se podrá aplicar las propias técnicas de conservación.

CONDICIONES AMBIENTALES OPTIMAS

Siendo todos de origen orgánico y a pesar de sus diferencias, sus composiciones no reclaman condiciones ambientales diferentes para una correcta conservación.

HRA: entre 30-50%

Temperatura: desde las más bajas hasta 20 °C

Iluminación: en términos generales de 50 lux (el mínimo de uso museológico), en algún caso particular se puede elevar hasta 100 lux.

Resultan susceptibles al ataque por la polución (gases y vapores, humos y hollines, sólidos en polvo) en adecuadas condiciones ambientales –ya conocidas- presentan buenas resistencias al ataque de hongos, mohos y microorganismos, lo mismo que frente a insectos y animales (salvo sus detritos).

PLUMAS

De sustancia similar al pelo (igual olor al quemarse) está constituida por una nervadura central o vena –hueca- y los apéndices laterales que forman el ala o velo (en algunos casos también huecos).

De gran suavidad al tacto y flexibilidad generalizada, tienen generalmente impregnadas una sustancia natural lubricante que las protege del agua y le brinda buena protección contra el ataque de elementos vivos (vegetales o animales). Las plumas no deben someterse a temperaturas superiores a los 33-35 °C.

LIMPIEZA POR VIA SECA

Con un muy suave cepillado individual, por ambas caras en el sentido de la vena, apoyadas sobre una tela de algodón blanca, limpia y estéril (al igual que las cerdas del pincel o cepillo). De hacer falta para la limpieza y mas para la desinfección, se puede espolvorear con bórax o acido bórico y luego de un par de horas durante las cuales se la movió algunas veces para que el polvo tome contacto con todas las partes, se las cepilla hasta eliminar todo rastro del mismo.

LIMPIEZA POR VIA HUMEDA

En casos particulares y previa verificación que no han sido teñidas con elementos solubles en agua, se las puede lavar por inmersión en abundante agua fría a la que se le adiciono un 0,4 % de amoniaco (desengrasante) o 5-10 gr de jabón neutro (de Marsella) por litro de agua, como limpiador común.

En ambos casos habrá un perfecto enjuague. El secado es -previo ordenar y acomodar las plumas una por una- en penumbra, sobre tela blanca limpia y absorbente, con suave corriente de aire fresco.

DESINFECCIONES Y ESTERILIZACIONES

Se harán por gases en cámara hermética (por ej. Diclorobenceno, timol).

DEPOSITO

Se las guardará en forma horizontal -debidamente acomodadas- y envueltas en papel neutro o en su defecto, de seda blanco.

CONSIDERACIONES ESPECIALES

Se debe tener particular cuidado pues esporádicamente aparecen plumas teñidas con distintas sustancias no siempre de buena fijación o muy estables.

Lo mismo para plumas que aparentan una longitud fuera de lo común. El hecho que su vena sea hueca facilita el empalme sucesivo de porciones similares para aumentar su largo. En algunos casos también se las refuerza desde el interior con un delgado alambre de acero flexible que recorre buena parte de su extensión.

CRIN

Pelo largo de la cola y eventualmente de la parte superior del cogote de algunos cuadrúpedos (equinos, mulares) similares consideraciones que para las plumas.

LIMPIEZA EN SECO

Por frotado a lo largo con talco, arcilla blanca impalpable, bórax o acido bórico y posterior eliminación por cepillado.

DESINFECCION Y ESTERILIZACION

Similares a las indicadas para plumas.

CONSIDERACIONES GENERALES PARA INSTRUMENTOS DE CUERDAS

En los arcos de instrumentos musicales (violines, violas, violoncelos, contrabajos) se les deben aflojar la tensión al mínimo y limpiarles los eventuales restos de resinas que puedan permanecer adheridos.

PERLA, MADRE PERLA Y NACAR

Originados por las secreciones calcáreas de organismos vivos, en un caso -las perlas- para aislar a un elemento agresor en contacto con su cuerpo, en el otro para proveerse de una protección externa contra el medio -valvas y caracolas- . En todos los casos las sustancia constituyente es el carbonato de calcio (reconocible por el burbujeo que ofrece en contacto con el acido clorhídrico) que se presenta bajo la forma de delgadísimas películas superpuestas y adheridas unas a otras.

Para algunos autores madre perla y nácar son sinónimos, para otros no. Según algunos madre perla es la tornasolada y nácar el carente de tornasol, para otros es exactamente a la inversa.

El color principal y el secundario o matiz y lustre en superficie, en todos.

El oriente (profundidad y multiplicidad del reflejo interior de la luz) en las perlas y el tornasolado en el nácar o madre perla, dependen de la especie productora, de la dulzura o salinidad de las aguas y de su temperatura.

NUNCA SE LOS DEBE PONER EN CONTACTO CON ELEMENTOS ACIDOS pues los deterioran o destruyen.

Se los limpia frotándolos en seco con una gamuza, sola o con la ayuda de harina de trigo común; se pueden lavar con agua y jabón neutro, desengrasar con un limpiador de baja alcalinidad.

Se pueden desinfectar y esterilizar por gas, vapor o líquido.

Se pueden pulir con abrasivos muy suaves, en polvo o en pasta, de grano mínimo y con la ayuda de una gamuza o paño

Se pegan con adhesivos anaeróbicos, mastic térmico.

MARFIL

Material constituido por fosfatos y carbonatos de calcio adicionados con una materia orgánica gelatinosa que da forma a los dientes, en especial a los incisivos y caninos de varias especies animales: colmillos de elefante (el marfil de los elefantes africanos difiere del de los elefantes asiáticos), rinoceronte, jabalí, morsa, cachalote, narval. Presentan siempre un color en la gama de los blancos/cremas. Material de características condicionadas por la especie y el animal que lo origina, siempre resulta muy higroscópico, se exfolia o raja con facilidad ante reiterados cambios de volumen ocasionadas por las condiciones ambientales.

Ligeramente flexible, fácil de tallar y pulir se lo reconoce por los anillos concéntricos en la base del cono de superficies laterales libres de canales. Muy falsificado en todas las épocas usando desde la caseína hasta el plástico: estas piezas se detectan tocándolas en la base con una aguja al rojo. Al quemarse desprenden olor a pelo quemado y burbujea al contacto con el acido clorhídrico.

Existe una variedad muy buscada de color blanco-rosado y grietas gris oscuro a negro, resquebrajado, duro y más pesado conocido como marfil fósil de Siberia.

También existe el marfil vegetal, llamado cerezo o tagua, carozo de frutos de árboles de la familia de las Phytalaphas, originarios de Perú y Ecuador, que al arder huele a papel o madera quemada y no efervece con el ácido. Material muy higroscópico, no debe ser mojado pues se corre el riesgo de fisuras, fracturas o exfoliaciones.

Se lo limpia por simple cepillado o pincelado, por frotado con una tela de algodón blanco y limpia o con tiza o arcilla blanca impalpable empastada con alcohol, que se aplica sobre la superficie y se deja por 24 horas, luego se la remueve y elimina totalmente por frote y cepillado. En caso necesario y forma puntual (previo ensayo) se puede usar algún liquido para limpiar, desengrasar, blanquear (amoniaco, solvente).

Se lo pule con abrasivos suaves en polvo de grano mínimo ayudado con un cuero suave o un disco de trapo.

Se lo desinfecta y esteriliza por gas en cámara hermética.

Se lo pega con adhesivos anaeróbicos en puntos aislados y en caso necesario se sellan las juntas, grietas y fisuras con cera de abejas o parafina de alto punto de fusión licuada con calor, retocando luego al frotar con tela.

HUESO

Ver en capítulo I "Diferentes criterios"

De aspecto similar al del marfil, se diferencia del mismo en lo visual porque en su superficie se aprecian al corte los "canalículos de harbein", conductos cilíndricos y rectilíneos similares a los que llevan los líquidos por las maderas. Muy fáciles de observar cuando las superficies corta al eje del hueso.

Con muy alto contenido de carbonato de calcio, efervece al ponerse en contacto con el acido clorhídrico.

Resultan validas las indicaciones dadas para el marfil.

En el pegado y atendiendo a la porosidad de este material se utilizaran cementos a base de celuloide y acetona/acetato de amilo o goma laca y alcohol.

MANIPULACION

Si resulta inevitable retirar del museo objetos de hueso, marfil, cuerno o cornamenta de siervo, asegúrese de que estén bien envueltos y aislados de los cambios repentinos de temperatura y HRA. Para ello, es posible envolverlos en papel tisú libre de acido (pH neutro) sin reserva alcalina y colocarlos en una bolsa de polietileno sellada.

Iluminación: tanto para marfil, hueso y cuerno no debe superar los 150 Lux. Los que han coloreado con tinturas son muy sensibles y solo deben exponerse a 50 Lux como máximo.

CESTERIA

Termino genérico que engloba todos los objetos hechos a partir de tejidos o entrelazados de elementos vegetales, sean del tipo junco (lleno-esponjoso), mimbre (lleno-macizo) o caña (hueco-macizo), enteros o cortados en tiras longitudinales.

DESECACION

Para cestería saturada que estuvo bajo el agua, se recurre a la técnica de madera sumergida: circulación permitida de liquido que va pasando paulatinamente de agua limpia a potable y a alcohol, pudiendo llegar hasta el éter, y donde se aprovecha la última etapa para suministrar los tratamientos que hagan falta para consolidación, desinfección, esterilización, flexibilización. Ver capitulo madera.

El secado resulta igual que en aquel caso.

Para materiales húmedos pero no saturados se debe analizar la posibilidad sino resultaría conveniente realizar el tratamiento descripto anteriormente ya que asegura limpieza y resistencia a los degradantes de todo tipo. De no ser necesario se lo someterá al secado arriba indicado. Si el contenido de humedad es bajo, el secado se hará colocando al objeto en una cámara hermética e impermeable, junto con silicagel a razón de un kg por metro cúbico de volumen y renovándola cuando sus granos azules viren al rosa.

LIMPIEZA EN SECO

Para quitarle el polvo, un cepillado suave, dirigiendo la suciedad hacia una aspiradora con la boca cubierta por gasa.

Extracción de sólidos adheridos o incrustados: por medio de pinzas, eventuales raspados.

Limpieza húmeda: solo por excepción y preferente en forma puntual con una tórula de algodón (cotonete) levemente humedecido con agua.

CONSOLIDACION

Para superficies sueltas y flojas un tratamiento liviano con ceras, caseína, nylon soluble, lacas o barnices elásticos, porosos e incoloros; para devolver resistencia: por impregnación de cualquiera de los últimos productos mencionados. La flexibilidad natural se mantiene por ligera impregnación por cera soluble.

De los materiales orgánicos tratados en el presente capítulo, este resulta ser el único pasible del ataque de hongos, mohos, microorganismos, insectos y animales. Por lo tanto, se lo debe mantener limpio y esterilizado, para lo cual recurrimos preferentemente a la cámara de vacío y en su defecto, a la cámara hermética para el tratamiento con gases (Diclorobenceno, timol, formol en atmosfera húmeda).

De no poder recurrir a esos métodos, se usara droga específica transportada por un vehículo líquido (por ej. alcohol) para impregnarlo por sopleteado, tamponado o pincelado.

EXHIBICION

Tanto para la exhibición como para el depósito, se deben prever soportes compatibles que no permitan la deformación del objeto por efecto de su propio peso.

MANIPULACION

La manipulación deficiente representa una de las principales causas de daño a la cestería. Los canastos nunca deben levantarse por los bordes o las asas. Las zonas que alguna vez hayan sido resistentes bien pueden haberse tornado muy quebradizas; pueden producirse daños serios con este tipo de manipulación inadecuada. Use ambas manos para transportar cualquier objeto y sosténgalo por la base.

AMBAR

Son resinas fósiles originalmente exudadas por árboles de diferentes especies, generalmente coníferas. Entre trasparentes y traslúcidas: su color puede ir del amarillo pálido hasta el marrón oscuro pasando por toda la gama de los amarillos-dorados y los rojizos. Frotado con lana despide un fuerte olor a pino, al tiempo que se carga de electricidad (es electrostático).

De fácil talla, admite un buen pulimento. Es un material liviano, frágil y rompe con fracturas concoideas, tipo vidrio; se ablanda por solventes o calor, pudiendo ser fundido, filtrado y moldeado. Estos últimos tratamientos oscurecen su color y aumentan su opacidad, disminuyendo sus calidades.

CAREY

Sustancia que conforma el grueso del caparazón (excepto su capa exterior) de una variedad de tortugas marinas. Material orgánico proteínico/albuminoideo, es translúcido, ligeramente flexible y con colores que van desde el miel hasta los marrones oscuros, al arder desprende olor a pelo quemado. Fácil de tallar y pulir, toma un brillo graso; se degrada al simple paso del tiempo por destrucción natural de sus componentes.

CORAL

Soporte calizo de los zoófitos que constituye su morada individual de por vida.

Se presenta en variadas formas: arborescentes, ramosas, de lágrimas, de bulto amorío. Constituido casi en su totalidad por carbonato de calcio, debe su coloración a la especie y a las características del agua donde se desarrolla: salinidad, temperatura, asoleamiento, corrientes, alimentos existentes. Es frágil, fácil de tallar y de pulir. Presenta superficies muy diferentes desde absolutamente lisas y brillosas hasta totalmente ásperas y mates.

CUERNO Y ASTA

Para algunos autores son sinónimos mientras que para otros no. Son protuberancias sólidas que aparecen en la cabeza de ciertas especies animales. El cuerno, hueco, constituido por sustancias similares a la de los pelos, olor que desprende al arder, es flexible, fácil de grabar y pulir.

El asta, maciza, de similar naturaleza que los huesos (mucho carbonato de calcio y algo de fosfato) muy denso y pesado, de baja flexibilidad, fácil de tallar y pulir.

Cuerno y asta presentan colores variados y características propias de la especie y además están ligeramente condicionadas por el animal de origen.

ESPUMA DE MAR

Es un silicato de magnesio hidratado. Sustancia natural de origen mineral resulta un material muy utilizado para la fabricación de hornillos de pipas en general talladas. Material liviano, de colores claros, bastante frágil pero fácil de tallar; al ser pulido adquiere un suave satinado superficial y una muy particular tersura al tacto.

MIGA DE PAN

Material utilizado desde el Siglo XIX es efectivamente miga de pan, en general, de harina de trigo con diversos agregados de origen y mezclada luego con adhesivo y algún conservante convirtiéndose por vía del amasado en una pasta homogénea y plástica que una vez moldeada endurece y perdura, pudiendo ser tratada superficialmente con diversas técnicas: pintura, laqueado, dorado a la hoja. Material liviano, higroscópico y frágil. Requiere de particular cuidado en las condiciones ambientales para evitar, en especial, el ataque de hongos, microorganismos y agentes bióticos.

PAPEL MACHE

Material similar al anterior donde la miga de pan es reemplazada por papel macerado y convertido en pasta, pudiendo repetirse todas las indicaciones dadas.

CERAS

Elementos de origen vegetal o animal, con similares características generales. Sustancias fluidas con muy alto índice de viscosidad -al igual que el vidrio- aparentan ser sólidos.

Todas se fluidifican o licúan por medio de solventes o de la temperatura, presentando en este sentido un rango que va desde los 40°C a los 120°C según el tipo considerado, retomando luego su anterior consistencia. Se las selecciona y utiliza en función de alguna de sus características: untuosidad, brillo, densidad, dureza.

Empleada para la confección de modelos de escultura se la debe conservar a baja temperatura (menos de 10° C), así y todo, con el paso del tiempo, puede sufrir deformaciones por acción de la fuerza de gravedad. No admite ningún tratamiento superficial ni aún para conservarla. Se debe proteger muy bien de la polución, los organismos vivos, golpes y vibraciones.

CAPITULO VI

CUEROS Y PIELES

INTRODUCCION

Lámina continua y flexible que recubre exteriormente a una variada gama de animales. Puede estar provista de una o dos clases de pelo, llamados de punta los rectos y lana los enrulados, puede carecer de él y también puede presentar placas rígidas, duras y lustrosas, articuladas entre sí, tal el caso del caimán, la serpiente, el lagarto.

El cuero presenta dos caras muy bien definidas: la exterior, compacta, preponderantemente lisa, sólo deja ver los mínimos orificios de la inserción del pelo y los poros (su aspecto visual se conoce como grano) y la interior, muy irregular llena de huecos con una masa bien visible de haces de fibras proteicas de colágeno, dispuestas en forma anárquica que son en definitiva quienes le dan su resistencia, flexibilidad y posibilidad de respirar. Esa zona interior se encuentra surcada por vasos sanguíneos y con acumulaciones puntuales de grasas.

No todos los cueros de una misma especie poseen iguales características, lo mismo ocurre con las distintas partes de un único cuero, cada zona del mismo suele tener una aplicación específica acorde a sus propias características. Retirado el cuero del animal hay dos formas de tratarlo para su conservación: el curado y el curtido.

CURADO O CRUDO: limpieza profunda de la cara interior por raspado y lavado, para eliminar todo rastro de sangre, vasos, grasas, músculo, que no sea integrante específico del cuero. Hecho esto el cuero es "sobado" (manoseado, plegado, ondulado, estirado) por un buen tiempo hasta que estabiliza sus características de flexibilidad. A veces en el sobado se le adiciona un poco de aceite. También se lo conoce como "cuero crudo".

CURTIDO: tratamiento químico que se le aplica después de limpio para aumentar su resistencia a la degradación y en especial para evitar su putrefacción en condiciones ambientales adversas. Existen dos tipos básicos:

A) el curtido vegetal logrado a partir de: corteza de roble y nogal, mimosa, tanino. Se reconoce porque el espesor del cuero queda de color marrón rojizo.

B) el artificial o químico realizado por medio del alumbre o cromo y que se reconoce porque el espesor del cuero queda gris-blancuzco.

Los cueros con curtidos vegetales pueden ser trabajados en sus formas, es decir, ser moldeados previo una saturación por inmersión de un par de horas en agua caliente y posterior prensado entre un molde y su contra molde hasta que estén secos; retirados, conservan la forma aplicada, también admiten el repujado y el estampado o mateado.

En contrapartida los curtidos químicamente son más duros y resistentes pero no admiten laboreo.

Hay cueros como el de gamuza que se procesa del revés, se bate por la capa interna con el agregado de un aceite que produce esa superficie particular y suave que lo caracteriza.

Los cueros pueden ser cortados por su espesor para disminuir su altura duplicando su superficie y su eventual rendimiento. La capa interna que pierde la superficie exterior del cuero original puede ser tratada por planchado con enduídos y generarle una nueva superficie o "grano"; en otros casos se utiliza tal cual, ambas caras ásperas aún cuando una más que la otra.

CONFORMACION EN OBJETO

MOLDEADO: por prensado entre un molde y su correspondiente contra molde. En el caso del cuero limpio y fresco, obtenida la forma se rigidiza y difícilmente la pierda bajo ninguna condición. En el caso de aquellos con curtido vegetal, se deben impregnar de agua caliente por unas horas y recién se prensan, pero al mojarse posteriormente, aún con agua fría, perderán la forma.

TRATAMIENTOS VARIOS

TRATAMIENTOS SUPERFICIALES

PINTADO: los cueros con curtido vegetal admiten el pintado superficial con casi todos los materiales disponibles y con buen resultado. A veces teñidos y pintados se diferencian sólo en la penetración lograda.

Se tendrá particular cuidado con los cueros pintados para evitar degradaciones en la pintura: no permitiendo el arqueamiento, la humectación, el frotamiento o la fricción. Se pondrá mucha atención en no exagerar la lubricación del cuero.

DORADO A LA HOJA: perfectamente posible tanto por aplicación superficial como por estampado sobre el cuero en frío, en caliente y aún sobre repujados artesanales.

Condiciones para su durabilidad: iguales que para la pintura sobre cuero.

CASOS PARTICULARES

PERGAMINO Y VITELA: en la antigüedad se designó con el nombre de pergamino (por la ciudad de Pérgamo, en Asia Menor) a todo cuero de animal chico y cuanto más chico mejor: (cabras, lobos, zorros) que debidamente tratado, limpio, estirado, secado, alisado, comprimido, blanqueado con cal y pulido, sirviera de base a la escritura.

Vitela era la palabra con que originalmente se designaba al cuero tratado de la máxima calidad. Luego, el aumento de la demanda obligó a recurrir a cueros más grandes ej. el becerro, aún con merma de la calidad y al paso del tiempo, el término vitela pasó a designar al cuero de becerro así tratado y para ese fin.

Visualmente, se los ve muy delgados, ligeramente rígidos, translúcidos, de coloración clara en la gama de los acres amarillentos, de superficie muy lisa, casi satinada y libre de porosidades.

Escritos y aún iluminados, la necesidad de más "páginas" hizo que se borraran textos anteriores y una vez re encalados y vueltos a pulir se escribiese nuevamente sobre ellos. A esos pergaminos y vitelas re utilizados se los denominó palimpsestos y no obstante su borrado, el texto anterior se puede recuperar con un trabajo de laboratorio.

GENERALIDADES

CARACTERISTICAS BASICAS:

En general, el exterior o dermis denso y liso, solo presenta pequeñísimos orificios correspondientes a la inserción del pelo (grano) y a canales glandulares, como variantes más abundantes aparecen los recubiertos de plumas y como excepción los revestidos de escamas p.ej. las víboras, o bien por placas p.ej., los cocodrilos.

El interior es irregular, áspero con huellas de grasa, músculos y vasos sanguíneos, constituido en un 85 -88 % por una infinidad de fibras de una proteína llamada colágeno, asociadas en haces y con un 12 -14 % de agua retenida que le sirve de lubricante al deslizamiento interno de dichos haces.

Siempre se debe recordar que dentro de un mismo cuero o piel, las características varían de una zona a otra del mismo y con más razón si variamos de cuero o de tipo de animal proveedor.

Se han hecho costumbre en el común de la gente:

a) designar como cuero al material proveniente de animales grandes y como pieles a los provenientes de animales chicos, independientemente que conserven el pelo, estén curtidos o no, decorados o no, teñidos o no.

b) nominar como cuero a la membrana libre de pelos y pieles a las que los conserva.

c) llamar pelos a los elementos filiformes rectos que surgen del exterior de la membrana y lanas a aquellos que se presentan enrulados.

PERGAMINO

En general, cuero de cordero, más raramente -de mejor calidad- de gamo o antílope, perfectamente limpio del interior y luego aplastado por golpes, pulido y blanqueado con cal, utilizado como base de la escritura primero y como recubrimiento de calidad en épocas más modernas.

La palabra vitela surgió para identificar al pergamino hecho a partir de un cuero de ternera, de inferior calidad, pero hoy ha sido desvirtuada y se la mal usa para designar al mejor pergamino.

TRATAMIENTOS

Extraída la piel del animal, se la debe someter a tratamientos para evitar su putrefacción, mantener su flexibilidad y conservar o potenciar determinadas características intrínsecas que se deben aprovechar.

Básicamente los tratamientos son de dos tipos: el curado que evita la putrefacción y el curtido garante de la duración y conservación de las características del cuero.

En ambos casos se comienza con una casi perfecta limpieza del interior de la piel, quitando todo resto de sangre, nervios y grasas.

En el curado, se la soba o manipula bastante tiempo con o sin adición de algún aceite, p. ej. de castor, con el fin de secarla hasta límites muy bajos pero sin que pierda básicamente su flexibilidad y elasticidad.

El curtido en cambio es mucho más complejo y lo vuelve casi imputrescible. Existen varios sistemas de curtido en uso, según el destino de la pieza, atento que cada uno de ellos favorece o mejora determinadas respuestas del cuero así tratado.

EJEMPLO PRACTICO

CURTIDO DE CUEROS CON ALUMBRE

El alumbre se utiliza de diferentes formas y usos. Se conoce como Alumbre a cualquier sulfato doble de aluminio y otro metal, generalmente se refiere al alumbre potásico. Una característica remarcable de los alumbres, es que son equimoleculares, porque por cada molécula de sulfato de aluminio hay una molécula del sulfato del otro metal, y cristalizan con 24 moléculas de agua en el sistema cúbico.

Otros alumbres relevantes son:
Alumbre de cromo
Alumbre férrico
Alumbre amónico.

Las pieles de muchos animales pueden curtirse y hacer de ellas adornos decorativos originales. En muchos casos pueden venderse a buen precio en el mercado, y aprender a curtir pieles es un entretenimiento interesante. Un método sencillo de hacerlo es usando sal y alumbre y se puede utilizar con cualquier tipo de piel: conejo, cabra.

1.- Preparar una solución de 1 kg. de alumbre en medio litro de agua caliente. El alumbre se puede comprar en cualquier farmacia. Entonces disolver 350 gramos de sal común en 4 litros de agua y mezclar las soluciones de alumbre y sal. El alumbre hace que el pelo quede firmemente adherido a la piel.

2.- Preparar la piel que se separo del animal y raspando de la misma todo resto de grasa o carne con un raspador, cuidando de no romperla o cortarla descuidadamente.

3.- Sumergir la piel en la solución curtidora durante tres días, agitándola varias veces cada día. Al cabo de este tiempo, sacarla y enjuagarla una hora en agua limpia.

4.- Colgar la piel sobre una tabla en la sombra hasta que se seque, lo que tomará varios días.

5.- Con una esponja mojada, humedecer la parte de abajo de la piel y entonces frotar la piel varias veces por arriba con un rodillo o sobre el respaldo de una silla hasta que las fibras de la piel se ablanden.

6.- Frotar aceite vegetal en la parte de abajo de la piel hasta que ésta quede completamente suave y flexible. Esta operación se hace con los dedos y a más tiempo de frotación más suave quedará la piel.

7.- Colocar la piel aceitada dentro de una lata o envase limpio lleno de aserrín fino y agitarla periódicamente durante 2 ó 3 horas. Esto eliminará el exceso de aceite que será absorbido por el aserrín.

8.- Sacudir el aserrín y limpiar el pelo de la piel. La piel ha quedado ahora terminada y curtida. Entonces en algunos casos puede coserse un forro de tela a la parte sin pelo de la piel.

Se puede caracterizar por proporcionar un color violeta a la llama. Las disoluciones acuosas presentan valores acidulantes (que modifica la acides) del pH. Cuando se añaden sales de bario a la disolución acuosa de esta sal aparece un precipitado blanco insoluble en ácidos diluidos (Sulfatos). Si se calienta en presencia de nitrato de cobalto se forma el Azul de Thénard (que es aluminato de cobalto considerado como un pigmento inorgánico). Este tipo de sal suele contener impurezas de metales y algunos cloruros, siendo los candidatos: hierro, sodio, calcio, manganeso, cloruros, amonio, rubidio y cesio.

ALUMBRE, SUS USOS

Es una sal astringente que se emplea para aclarar las aguas turbias colocándose en los filtros donde pasan las corrientes, sirve de mordiente (fija el color) en tintorería y de cáustico en medicina, curtido de pieles, endurecedor del yeso. Se emplea en la fabricación de papel. Posee una acción bactericida y es empleado en algunas culturas como conservante, por ejemplo en Marruecos ponen unos cristales de Alumbre potásico dentro del recipiente donde guardan las semillas de harmala, y de esta forma evitan la contaminación por bacterias. En alimentación posee el código de conservante alimenticio: H 10068 y se suele emplear como aditivo para evitar la maduración de los plátanos. Se emplea en la industria de la fotografía para endurecer la gelatina de las películas a fin de proporcionar una protección adicional a la emulsión seca.

pH:

Cueros y pieles siempre resultan ser ligeramente ácidos. No resulta inusual encontrar algunos neutros, es decir de pH = 7.

No obstante se debe controlar su nivel de acidez, en especial cuándo el pH cae por debajo de 5, por la degradación profunda que ataca a las fibras constitutivas.

El nivel de acidez se toma a partir de mojar con agua destilada una mínima parte del cuero, esperar un minuto y absorber con una "cinta de prueba de pH", para luego cotejar el color resultante en la escala testigo.

Para bajar el tenor ácido se humecta con una esponja embebida con amoníaco al 3-4% en agua destilada.

Este tratamiento es válido para valores de pH entre 4,5 y 6.

CONDICIONES AMBIENTALES OPTIMAS

Ver en capítulo I para recordar estas exigencias.

Aire: Preferentemente limpio y libre de polución, tomado este término en su más amplia acepción.

Polución Ambiental: todos los gases, líquidos y sólidos, orgánicos e inorgánicos transportados por el aire resultan, en el corto o largo plazo, degradantes de los cueros y pieles. El revés de los cueros y pieles presentan una superficie muy áspera y rugosa que facilita la retención de los elementos citados, lo mismo ocurre cuando aquellas conservan su pelo.

Los efectos son similares a los ya vistos para otros materiales orgánicos, en particular los textiles. Los sólidos de acción física por una cuestión de abrasión, los químicos porque ven favorecido su accionar por la higroscopicidad del material y la presencia de agua en su estructura molecular.

Particularmente dañinos resultan los compuestos de azufre por cuanto generan ácidos que deterioran fuertemente al cuero convirtiéndolo primero en una masa rojiza sin resistencia y luego volviéndolo polvo (comúnmente llamada "pudrición roja" o "cáncer rojo").

Esto se puede apreciar en los libros colocados en bibliotecas y encuadernados en cuero: el borde superior de las tapas (que queda al aire) muestra una degradación mayor que el borde inferior (a pesar de las reiteradas fricciones y carga de suciedad) se identifica porque al pasarle la uña, se desprende un polvillo superficial que deja a la vista las fibras interiores del colágeno.

Otros en cambio porque alteran las sustancias incorporadas como curtientes, eliminando su efecto protector.

Las partículas de polvo dañan los objetos de cuero, porque atraen vapor de agua y pueden contener contaminantes que contribuyen a la degradación de este material. El polvo también es agresivo y puede ser muy difícil quitarlo de una superficie decorada o deteriorada.

Proteja del polvo los objetos de cuero que se encuentran en depósito utilizando laminas de polietileno o telas de algodón, telas tybek, cajas de polipropileno o cajas de cartón libre de acido y sin contenido alcalino, o en estantes cerrados. Todo el papel, paspartú y cartón usados como soporte o material de relleno deben ser libres de acido y sin contenido alcalino, ya que los materiales alcalinos son potencialmente perjudiciales para el cuero.

Velocidad del aire: de 0,1 a 0,3 metros por segundos (0,36 a 1,08 Km/h).

HRA: mínima 45%, máxima 55%, ideal 50%, (promedio valores oficiales varios), estos valores pueden cambiar al considerar los materiales utilizados conjuntamente con el material base.

Cueros y pieles son materiales muy sensibles a la HRA, un nivel por debajo del 40 % de la HRA provoca la desaparición del agua contenida como lubricante en los haces de fibras con el consiguiente re secamiento de las mismas y la consiguiente pérdida de resistencia y flexibilidad, tornándolas quebradizas y frágiles, destruyéndose así con suma facilidad.

Más allá del 55 % ocasiona el reblandecimiento excesivo de la membrana pudiendo llegar a permitir su disociación y sumada a una temperatura elevada se constituye en un medio excelente para el desarrollo de hongos y el ataque de otras plagas.

Lo más dañino de la HRA es su variación en más o menos, en forma periódica porque produce la dilatación y contracción del cuero o las pieles, tengan el tratamiento que tengan.

Temperatura: mínima 10ºC, máxima 25ºC, ideal 18ºC, (promedio valores oficiales varios), estos valores pueden cambiar si consideramos los tratamientos superficiales aplicados o materiales adjuntos.

Se recomienda mantenerla, al igual que la HRA lo más estable posible, para evitar la degradación de las fibras por envejecimiento prematuro.

Iluminación – UV e IR: máximo 100 Lux (salvo requerimiento menor por alguna decoración) preferentemente durante la menor cantidad de tiempo posible, ya que el efecto degradante de la luz es acumulativo.

UV-A y UV-B: máximo 10 micro watts/lumen y durante la menor cantidad de tiempo posible. (Este valor fue recientemente disminuido por los organismos oficiales específicos, antes era de 75 micro watts lumen, que es lo emitido por una lámpara incandescente).

IR: nada o el mínimo posible y durante la menor cantidad de tiempo.

La iluminación es un factor de alto riesgo. Los cueros y pieles, normalmente son muy sensibles a cualquier tipo de luz; sus fibras se ven afectadas por:

- radiación infrarroja: resecamiento de las fibras,
- radiación ultravioleta: degradación química y física de las fibras
- luz visible: si proviniese del sol, gran decoloración y degradación de las fibras.

Si es de iluminación artificial, lo mismo pero en menor medida por menor potencial energético aplicado.

Microorganismos: se debe evitar su proliferación, degradan por utilizarlo como alimento o por convertirlo en hábitat y a través de sus residuos metabólicos.

Es muy poco probable que crezcan microorganismos si la HRA es inferior a 65% y hay una buena circulación de aire.

Insectos: se debe evitar su acceso al museo y su instalación dentro del mismo, pues también ellos degradan a los cueros por usarlos como alimento, hábitat y a través de sus detritos.

Atacan selectivamente, en particular sobre las pieles pero los hay especializados en cueros y aún, en pergaminos. Cueros y pieles también sufren el ataque de aquellos insectos que degradan al papel en tanto los cueros utilizados en las tapas de libros sufren el ataque de las polillas. Detectado el ataque se identificará al insecto causante y se determinará, en función de su ciclo de vida, el insecticida y método a seguir para eliminarlo.

Ante invasiones masivas se podrá desinfectar la sala con todo su contenido por alguno de los métodos existentes. La desinsectación se repetirá una vez más, en el momento adecuado del ciclo vital del insecto causante del problema.

Para los objetos a nivel individual resulta más efectiva la acción gaseosa en cámara hermética. Se complementará el ciclo con la aplicación de ahuyentadores, por ej. cristales de diclorobenceno.

Cada tanto conviene cambiar el ahuyentador y el insecticida para mantener su efectividad y eficacia.

Se debe recordar que los cueros con pelos son particularmente sensibles a las larvas de polilla y a los coleópteros.

Animales: similar consideración que para los insectos.

Vegetales: deben ser inexistentes en locales bajo techo.

El hombre: todo aquel personal que deba manipular o tratar con este material estará debidamente capacitado y/o entrenado para con el público que accede al mismo, se deberán desarrollar tareas de información y educación respaldadas por un control eficiente.

RECEPCION

Ver en capítulo I "RECEPCION"

ANALISIS DE LA PIEZA

Se realiza con la ayuda de una buena lupa y los elementos habituales para una limpieza superficial (ver símil en Textiles).

Se tratará de obtener la mayor cantidad de datos posibles a partir de una muy cuidadosa observación: origen y tipos de los cueros usados, sus granos, espesores, tipos de curtidos, técnicas para darles la forma, tipo y material de las costuras (tiento o hilo), orificios de costuras actuales y desaparecidas, teñidos, decoraciones aplicadas (datos completos de las técnicas y materiales utilizados), tratamientos superficiales, desgastes, roturas, faltantes, contaminaciones y ataques biológicos, manchas existentes. Información que será volcada en la ficha o legajo correspondiente, sin omitir nada, escrito que se complementará con la descripción de los posibles tratamientos a realizar sobre la pieza y el resultado de las pruebas y ensayos preliminares.

DESPLEGADO

Los cueros y las pieles básicamente se rigidizan por desecamiento (falta de HRA) falta de lubricación.

Si están extendidos y limpios se pueden humectar por cámara húmeda o por medio de un muy leve pulverizado con agua que podrá repetirse un par de veces si es necesario, pero si se presentan doblados y/o plegados, se los tratará localmente, humectando o lubricando cada doblez o pliegue con una esponja húmeda o con un hisopo cargado con lanolina (sustancia análoga a las grasas que se obtiene tratando con acido sulfúrico las aguas que han servido para lavar la lana y se usa como excipiente en algunas pomadas) hasta que se ablanden y pueda ser estirado.

A cada zona destapada se le hará una limpieza superficial, antes de proseguir con la tarea original.

Una vez limpio, las arrugas remanentes se pueden eliminar con vapor de agua y prensado entre vidrios hasta secar.

Hay que tener mucho cuidado de humectar o lubricar cuando hay repujados, estampados, pintado o dorado a la hoja, ya que, al hidratar las fibras, se pueden perder esos trabajos superficiales.

ELIMINACION DE AGENTES BIOTICOS

Lo ideal es identificar al hongo y proceder con un fungicida específico, para ello se deben tomar muestras del agente agresor con un alambre de platino y depositando las mismas en un par de Cápsulas de Petri, llevarlas a un especialista para que informe con que sustancia se debe operar para eliminarlo.

Hay que recordar que la aparición de colonias de hongos significa que las condiciones ambientales del lugar se han escapado de control y lo primero que hay que hacer, luego de aislar la sala, es recuperar las condiciones ideales en cuanto a HRA, temperatura, iluminación y mala ventilación. (ver similar en Textiles).

De ser posible se recomiendan los fungicidas gaseosos por su facilidad de difusión en todos los medios.

Un fungicida de amplio espectro y que actúa efectivamente aún en dosis muy bajas es Ortofenilfenol diluido al 0,25 % en agua o alcohol. Otro de utilización frecuente es el paranitrofenol.

DESINSECTACION

Descubierto el ataque se procederá, con la ayuda del especialista, a identificar al o a los insectos que lo originan, ello permitirá conocer su ciclo de vida y los métodos e insecticidas a usar, así como los futuros ahuyentadores.

La aparición de insectos está revelando fallas en las rutinas de mantenimiento y seguridad.

Fumigaciones generalizadas de salas y objetos sólo se da en casos extremos.

En algunos casos excepcionales se puede recurrir a sustancias muy potentes y de hecho muy peligrosas para el hombre, las que habrán de ser manejadas con el máximo cuidado, siempre y cuando él y su entorno lo permitan.

Se habla frecuentemente de bromuro de metilo (aceptable) o sulfuro de carbono (no muy eficaz), sin embargo en algunos textos se llega a leer ácido cianhídrico. Lo ideal sería la utilización por atmósfera modificada donde el objeto es mínimamente intervenido.

ESTERILIZACION

Se puede lograr con timol en cámara hermética (ver símil en Textiles).

También se puede utilizar el diclorobenceno en la cámara hermética, a razón de 200 cm3 por m3 de aire, aún cuando es un poco lenta, en 30 días esteriliza libros presentados con sus hojas parcialmente abiertas.

En cueros y pieles nunca se debe usar formol o formalina atento su gran poder desecante ni tampoco los métodos por congelamiento ya que pueden afectar la trabazón de los haces al congelar el agua molecular del material.

LIMPIEZA POR VIA SECA

CUEROS

Eliminación de sólidos incrustados o adheridos, por medio de su extracción con una pinza de puntas adecuadas, o su destrucción por presión entre las mordazas de una pinza común, seguido luego de un raspado superficial realizado con una hoja de acero bien delgada pero sin filo.

En la limpieza superficial se deben usar cepillos de cerda animal relativamente duros teniendo la debida atención para con las decoraciones superficiales y siendo asistido por una boca de aspiración.

En algunos casos resulta muy efectivo para limpiar cueros, el uso de una goma de borrar lápiz, siempre que sea blanca y blanda. Eventualmente puede usarse goma molida movilizada por medio de un pincel o cepillo y reemplazada cada vez que se la vea sucia.

PIELES

La zona de pelo se espolvorea abundantemente con bórax o ácido bórico, hecho lo cual se pasa la mano a contrapelo para que el polvo vaya penetrando en todo el espesor, acción que se repite cada hora para facilitar el máximo contacto del polvo con el material. Cubierto el plazo de 12 horas, se extrae totalmente el polvo con cepillo de cerda animal y ayuda de la aspiradora.

Los polvos indicados tienen la ventaja que al tiempo que limpian, evitan por cierto plazo la acción de los insectos y sus larvas.

Completada la limpieza se deberá peinar, es decir acomodar los pelos en su posición original y para ello se recurre a peines de dientes separados y cepillos semiduros.

LIMPIEZA POR VIA HUMEDA

CUEROS

Las cubiertas de cuero de los libros y de los cueros en general se limpian con una esponja apenas humedecida con agua ligeramente tibia, en casos muy especiales se puede recurrir al cepillo de cerda y al uso del jabón neutro, pero en la forma de espuma antes que en la de solución líquida. Se debe procurar no tocar las superficies trabajadas de un cuero sean repujadas, estampadas, pintadas o doradas a la hoja por el riesgo de ablandarlo con pérdida de forma o adherencia.

Los cueros engrasados o manchados, con grasa, se pueden limpiar con tricloroetileno previo ensayo de resistencia del color (ver símil en Textiles).

En el caso de las cubiertas de libros que se deban lavar casi todos los años, por la suciedad del manoseo de uso, se completará la limpieza pasando por la superficie del cuero una vez seco, una esponja humedecida en lactato de potasio al 2 % en agua para reponer la pérdida de sustancias del curtido. En estos casos se estudiará la conveniencia de hacerle al libro una sobre cubierta de protección.

PIELES

Sólo en casos excepcionales de manchas por agentes exteriores. Se hará en frío y procurando eliminar la menor cantidad de grasitud natural del pelo.

SECADO

El secado debe ser lento, en ambiente fresco y con poca circulación de aire.

ACONDICIONADORES Y JABONES PARA CUEROS

La aplicación de acondicionadores y jabones para limpiar los cueros, no se recomienda ahora como tratamiento. Investigaciones recientes han demostrado que esas sustancias no resultan eficaces para conservar el cuero. A menos que se sepa mediante un análisis químico que el contenido de aceite del cuero es muy bajo, la aplicación de este tipo de aceites puede hacer que el cuero se vuelva más rígido pues lo deshidrata. Además, diversos aceites y grasas que se emplean en acondicionadores, lubrican a corto plazo pero se oxidan con el tiempo, provocando mayor rigidez.

Por último, lo más importante es que los objetos de museos no necesitan recuperar su flexibilidad, dado que su función ya no es la misma que cumplían originalmente. Si los objetos se guardan, exhiben, usan y manipulan de manera adecuada, la flexibilidad deja de desempeñar un papel importante.

RESTAURACIONES MENORES

RASPON O RAYADO

Con el cuero normalmente flexible e hidratado y la ayuda de una pinza de punta fina, se procede a pegar los colgajos superficiales en sus lugares teniendo cuidado que el adhesivo no cubra otras zonas. Si el rayón es muy tenue, previo un teñido de la línea en caso necesario, se cubre la misma con cera micro cristalina.

Si es más importante, se busca un adhesivo flexible de brillo similar al cuero y se lo tiñe del color necesario, aplicándolo luego sobre las partes destruidas (como si fuera un masillado). Se completa con unas manos de cera micro cristalina o polivinílica.

TEÑIDOS

Es un tratamiento no recomendado salvo casos muy especiales. Su riesgo proviene de una absorción diferenciada del colorante por el cuero que suele quedar veteado o manchado. Si se resuelve aplicarlo, se realiza sobre superficies perfectamente limpias de manchas, ceras o tratamientos superficiales y absolutamente desengrasados.

Las anilinas pueden ser al alcohol (las mejores para esto) o al agua.

Su aplicación puede ser localizada por hisopos y esponjas o sopleteado por aerógrafo o pistola, también puede lograrse por inmersión generalizada.

Los retoques para nivelar o emparejar el color son de difícil logro y su mejor medio el sopleteado o el aerógrafo.

DESGARRO

Usualmente los bordes se presentan a bisel y ásperos, con las fibras abiertas, características que se aprovechan en su reparación.

Con el cuero normalmente flexible (caso contrario se lo hidrata ligeramente con un hisopo) se procede a pegar utilizando un adhesivo elástico (de contacto o no), desde el final del deterioro hasta su comienzo, por secciones de 1 a 2 cm, teniendo especial cuidado en superponer correctamente los bordes en la parte visible y, una vez limpios, mantenerlos ligeramente prensados hasta que se peguen del todo.

La resistencia del adhesivo a usar y la reparación a realizar viene determinada por la tracción a resistir por la zona cuando la pieza esté colocada en exhibición.

CORTE

En todos estos casos, la superficie de la rotura es pequeña y lisa, no lográndose por su simple adherencia reponer la condición de resistencia.

Se procede a chaflanar o biselar del revés los bordes del corte, teniendo cuidado de no afectar la línea de unión entre ambos.

Hecho esto se prepara una tira del mismo tipo, de cuero con características similares que se aplicará como elemento de unión, con igual método que para los desgarros.

PEQUEÑOS ORIFICIOS

Los mismos pueden ser rellenados, casi masillados, con polvo de cuero empastado con un adhesivo del tipo engrudo museológico o PVA y posteriormente retocados con cera.

LAGUNA

Como primera medida, se debe conseguir un cuero similar al afectado en: resistencia, flexibilidad, espesor y grano o textura superficial, por supuesto del mismo color, en caso contrario se teñirá con anilinas al agua, o mejor, al alcohol. Obtenido el material de reparación se rectifican los bordes de la laguna, se calca su perfil para transportarlo al parche y se chaflanan o biselan ambas piezas, ajustando al máximo su ensamble.

Se procede luego a fijar el remiendo en su lugar por medio de tres o cuatro puntos de adhesivo y se prensa hasta que seque totalmente. Verificado su correcto ajuste y colocación se continúa con la misma técnica que para un desgarro.

REFUERZO SUPLEMENTARIO PARA CUEROS

Para casos de roturas, desagregado masivo de fibras, podridos, resquebrajados, pero que han conservado la forma de origen.

Se les adhiere por el lado interior, no visible, un refuerzo de tela fuerte blanca y limpia que se adhiere con engrudo museológico y se prensa suavemente por 24 hs. como mínimo.

Al prensar la tela, ésta debe ir recubierta de un papel anti adhesivo siliconado.

Las telas de refuerzo se pueden reemplazar por textiles de malla abierta, eventualmente del color del cuero o pintados si quedaran a la vista, o bien por otros materiales que permanezcan lo más disimulados posible, por ej. acero inoxidable, acrílico transparente, papel japón.

CUEROS QUE HAN PERDIDO SU RESISTENCIA

Son cueros totalmente reblandecidos y carentes de resistencia por diferentes motivos (inmersión prolongada, intemperie, ataques bióticos, usos y abuso).

En esos casos, se los lava con agua y cepillo, luego se los frota con una solución de fenol al 2 % al alcohol etílico y se los deja secar lentamente en ambiente fresco y ventilado.

Existen varias posibilidades de devolverles su aparente resistencia, las dos más usuales:

EN SECO

Una de ellas es pegarle por el interior o zona no visible gasas o telas de algodón blanco y limpio, en forma superpuesta y por medio de adhesivos blandos, p.ej. el engrudo de harina de trigo de uso museológico, adhesivos de PVA (acetato de polivinilo) o cementos de contacto, según sean las necesidades del punto en cuestión, conformando algo al estilo de un enyesado, pero al revés, mientras se le va dando nuevamente la forma original. Cada vez que se pega una parte hay que permitir su secado por lo menos por 24 horas.

EN INMERSION

Una vez bien seco, el cuero es sumergido en un baño de vaselina fundida a 80/100º C. por 24 h. para permitir su total impregnación que lo afloja y suaviza, permitiendo de tal modo y mientras está la vaselina, plástica por el calor, devolverle la forma original accionando sobre él con las manos y la eventual ayuda de accesorios y/o moldes.

Retoques menores se pueden realizar ablandando la zona a trabajar con un secador de cabello.

Retomada la forma definitiva y ya en frío, se le saca todo el exceso de vaselina solidificada, raspando primero y con un paño luego.

Se completa el proceso con una nueva inmersión, esta vez en parafina fundida a 110º C (y teñida, si fuera necesario). Con esto se logra una mayor resistencia y un color más homogéneo.

CAPITULO VII

TEXTILES

INTRODUCCION

Elementos de formas, aspectos y texturas dispares que tienen en común dos condiciones básicas: su resistencia mecánica y su flexibilidad.

Salvo casos mínimos y muy particulares, los textiles se fabrican con hebras o hilos elaborados a partir de fibras hiladas. El origen de las fibras puede ser:

- animal: lana de oveja, pelo de llama, de alpaca, de conejo de angora, de liebre, del capullo del gusano de seda.
- vegetal: algodón, lino, rafia, yute, cáñamo, pita, ramio.
- regeneradas (sintéticas o artificiales): rayón, acetato, orlón, acrilán, nylon, perlón, dacron, como marcas registradas comerciales y poli acrílicos, poliamidas, poliésteres, polivinilos, como familias químicas.

HILADOS Y FORMAS DE FABRICACION

Por su longitud las fibras pueden ser cortas o largas, salvo en el caso de las sintéticas que las hay continuas. Ordenando esas fibras en forma paralela a lo largo de un eje longitudinal continuo en una masa de diámetro definido y procediendo a su torsión o retorcido se ordena la hebra también llamada hilo. Su fabricación puede ser manual o mecánica y se las distingue por la uniformidad de su aspecto y la igualdad o no de su diámetro y de la torsión sufrida. Características distintivas de los hilos resultan el sentido de la torsión de sus fibras constitutivas que se conoce como torsión en "S" o en "Z" y la cantidad de giros por unidad de longitud, ésta última tiene importancia porque a iguales componentes mientras más retorcidos estén más resistencia tienen a la tracción.

CONFORMACION EN OBJETO

TELA: realizadas en telar manual o mecánico presentan como característica básica los hilos entrecruzados a 90°. Conformando la urdimbre: hebras a lo largo -más resistentes- y la trama: hilos a lo ancho de la tela. Por la forma de fabricación (lanzadera) la hebra de la trama al retornar en cada pasada del borde de la tela, genera el orillo.

Las telas pueden ser de trama abierta o cerrada según sus hebras estén bien en contacto o no, es decir dejando o no espacios entre sus cruces. Se les puede dar forma plana, como a la de una sábana o circular, como a los calcetines.

FIELTRO: caso particular de textil sin hilo, sin trama y sin urdimbre. Se fabrica colocando una capa abundante de pelo animal, más bien corto y resistente: ej. de liebre, el que puede estar mezclado con lana de oveja, sobre una superficie lisa y dura enmarcada por un borde elevado donde serán golpeadas alternativamente pero con continuidad por una serie de mazos que cubren toda la superficie, en atmósfera de vapor de agua bien caliente; la máquina se llama Batán.

El golpeteo reiterado hace que los pelos se vayan entreverando e incrustándose en su propia masa, se acomoden cada vez en menos espacio hasta conformar una película continua, flexible, usualmente impermeable y de gran resistencia a la tracción, hecho que se verificará cuando se pretenda extraer un sólo pelo por medio de una pinza.

CUERDA: Textil hilado en redondo a base de cordones de hebras retorcidas que a su vez se retuercen sobre sí mismos en forma de ese o zeta. Las cuerdas se cuentan por su diámetro o por la cantidad de cabos que la constituyen.

ENCAJE: textil de malla muy abierta formado por hebras entrecruzadas por retorcijo que van conformando dibujos o diseños, originalmente realizados a mano hoy lo son a máquina, salvo raras excepciones, los hay de dos tipos: en el primero pieza y diseños están hechos simultáneamente, más complicados, en el segundo sobre una lámina uniforme y despojada se aplican en una segunda labor motivos o diseños, menos complicada y más apta para el sistema mecánico.

También se distinguen unos de otros según la forma de la pieza: cinta, banda, lámina, cuadrado. Según su forma, los motivos de decoración, el entrecruzado de las hebras y sus fibras constitutivas. En la mayoría de los casos los encajes se reconocen por nombres propios que suelen hacer referencia al lugar de origen primitivo: Amberes, Venecia.

Esta técnica presenta la particularidad que si se toma el cabo final del hilo o un extremo del mismo en una rotura y se tira de él, a partir de allí los lazos se van deshaciendo sin remisión.

GOBELINOS: antigua técnica particular de tejer a mano: en telar horizontal de urdimbre baja o bajo liso o telar vertical de urdimbre alta o alto liso, operando del revés el tejedor entrecruza manualmente entre la urdimbre las hebras de lana del color exigido por el "cartón" mientras cubre la zona ya estipulada en el mismo, simultáneamente da forma al diseño y entreteje la tela. El revés resulta igual al derecho. Se denomina cartón a la superficie de ese material donde el diseñador pintó con colores el diseño que servirá de guía al tejedor. Hoy se elabora a máquina con el tejido simultáneo de dos telas superpuestas y solidarias, con dos capas de urdimbre y una multiplicidad de hebras de colores diferentes para la trama. En cada pasada de la trama la hebra del color correspondiente al diseño pasa a la urdimbre delantera en tanto el resto pasa a la trasera hasta que deba remplazarse la hebra delantera por otra de color diferente. El revés no tiene relación con el derecho. El derecho de los gobelinos, al igual que de tapices y de alfombras, terminado presentará un motivo, diseño, escena, paisaje, del cual se elaboró previamente un dibujo coloreado en tamaño natural llamado "cartón". Antes y ahora, importantes y muy famosos pintores realizaron cartones para este destino.

TAPICES: bordado con hebras de colores sobre un textil especial tensado en un bastidor rígido para conformar un motivo o diseño preestablecido.

El textil que sirve de soporte debe tener perfectamente ordenada su trama y urdimbre a 90° y ser de trama suficientemente abierta para permitir la inserción de sucesivas hebras sin perder su forma plana natural (en caso contrario se ondula en ambas direcciones).

En general, los textiles base son elaborados en yute o arpillera, existen además, dos textiles fabricados exprofeso para servir de base:

A) el primero llamado "cañamazo" es de doble hilo paralelo tanto en la trama como en la urdimbre, deja vacíos un cuadrado y cuatro rectángulos periféricos.

B) el segundo llamado "cañamazo, canavás o estameña" constituido por una gruesa hebra en ambos sentidos que deja sólo un cuadrado simple, ambos presentan una malla muy regular y además de la trabazón propia del tejido vienen impregnados de una cola rigidizante.

MOQUETAS: FABRICADAS MECANICAMENTE. HAY UNA VARIEDAD MUY GRANDE DE TIPOS.

Desde la incrustación de hebras sueltas por medio de agujas espinosas en una tela base, hasta la tejida con doble tela base y hebras retenidas por nudos, pasando por los modelos donde las hebras terminan cortadas en la zona superior o simplemente se curvan y se vuelven a insertar en el soporte.

Normalmente las moquetas son de un solo tono y de un espesor menor que el de las alfombras. También suelen llevar por abajo una lámina textil con un material esponjoso para hacerla más mullidas y facilitar el pegado al piso y su conservación libre de tensiones.

IDENTIFICACION DE LAS FIBRAS

Reacción ante el fuego de una pequeña hebra.

Origen animal: arden con alguna dificultad y suelen requerir el apoyo de una llama auxiliar, por contener queratina al arder se enrollan, se contraen y generan el olor tan particular de plumas quemadas, dejando un residuo carbonoso rígido pero frágil.

Las sedas arden con un poco más de facilidad y menos olor, dejando igual residuo carbonoso.

Origen vegetal: arden con suma facilidad conservando sus formas en cenizas color gris, al arder se aprecia un ligero olor a papel o madera quemada.

Origen sintético: el grado de combustibilidad es variable según el tipo de fibra pero todas, antes de nada se funden generando una esferita en la punta de la hebra, pueden arder o no, y liberar olores particulares.

Otras identificaciones de las fibras: existen varios métodos para su identificación, uno es por teñido de la fibra limpia con sustancias predeterminadas y posterior cotejo de color con una guía especial.

El método más seguro es abrir la hebra separando las fibras y observando al microscopio (100/150 X) sus formas y características, confrontándola con tablas testigo.

HILADO DE LAS FIBRAS

Para lograr la hebra o hilo con el cual elaborar un textil es posible utilizar un sintético monofilamento, que se puede fabricar de las características, calibre y extensión que se desee (cosa muy rara e infrecuente) o bien hilar fibras poli filamentos que es lo usual.

Hilar significaba formar una masa de fibras paralelas, alineadas y alternadas en sus comienzos que se retuercen simultáneamente para generar un hilo tal cual lo conocemos.

La torsión de las fibras o pelos puede ser realizada en forma manual (a mano o con rueca) o mecánica. Se reconoce su origen de acuerdo a la regularidad del grosor y torsión que presente.

TRATAMIENTOS VARIOS

ZURCIDO: costura particular destinada a reparar un deterioro, cuidando de reproducir el tramado original. Preferentemente se utilizan hebras tomadas del mismo textil.

Se utilizan las agujas más delgadas posibles y se procura no densificar mucho la cantidad de hebras porque agotan el espacio disponible y comienzan a ondular la zona. En esos casos se realiza un reemplazo de hilos.

PLISADO: plegado de un textil en zigzag generando una película acordonada y donde el doblado de la tela es bien aplastado, motivo por el cual se llama plegado, marcando una línea neta. Ese buen plegado se logra por planchado al vapor o con algún apresto auxiliar. Se debe tener sumo cuidado porque las fibras, en la zona del doblado, se aplastan, deteriorándose en gran medida y llegando a cortarse.

TEÑIDO: por impregnación superficial o profunda de las fibras constitutivas de la hebra por un pigmento, orgánico o inorgánico. Vehiculizado por un líquido. No todas las fibras admiten con facilidad su teñido, en algunos casos se recurre a líquidos mordientes para fijar el pigmento, en otros casos se recurre a fijadores para mantenerlo en su lugar. Siempre hay que tener presente que el teñido se puede llevar a cabo sobre la hebra, sobre el textil terminado o sobre la prenda ya confeccionada.

PINTADO: operación muy similar en su concepto al estampado, pero realizada a mano en forma artesanal donde se puede usar una amplia gama de materiales para colorear; sólo estarán condicionados por el destino o uso de la pieza tratada.

ESTAMPADO: es un teñido por impresión con matriz. Aplicación de colores por medio de matrices portadoras de tinturas. Según el tipo de tela, la densidad y cantidad de la tintura, se podrá impregnar todo el espesor de la tela o sólo parcialmente: revés sin teñir o parcialmente coloreado. Aunque la tela esté perfectamente estampada y ambas caras con igual aspecto, se reconoce el hecho por la discontinuidad de color que presenta cada hebra en su longitud.

BATIK: técnica de teñido originada en el sudeste asiático, que consiste en impermeabilizar con cera en caliente, total o parcialmente, sectores de la tela y luego teñirla por inmersión. Se quita luego la cera por planchado en caliente y lavado. Una de las características distintivas es que la cera se resquebraja intencionalmente y por allí penetra el color dejando un diseño de nervaduras irregulares. Existen variantes en la forma de aplicar esta técnica que dan origen a formas irregulares de teñido, ej.: atando nudos, envolviendo piedras en la tela. Para lograr un diseño definido se opera por la repetición de la técnica, como el teñido sucesivo de cada uno de los diferentes colores, hasta completar el todo.

ALMIDONADO: se utiliza para obtener un aumento en la rigidez del textil, que se logra impregnándolo por vía líquida con almidón disuelto en agua (crudo= más blando, cocido= más duro), dejándolo secar parcialmente y completando con el planchado en caliente. Una ventaja adicional que presenta el almidonado es la de sellar y alisar la superficie del textil evitando en gran medida la adherencia de la suciedad, facilitando su lavado posterior.

APRESTADO: tratamiento similar al anterior donde se usan otros productos pero con igual finalidad. Muy utilizado por los fabricantes modernos. Las impregnaciones pueden ser con agua de colas livianas o de otras sustancias llegando en algunos casos a contener compuestos de azufre. A nivel museológico nunca se debe usar una tela nueva sin antes lavarla varias veces hasta que pierda todo el apresto.

IMPERMEABILIZADO: tratamiento que se da a los textiles para evitar que sean penetrados por el agua. La lana de oveja sin lavar contiene lanolina, hilada y tejida con cualquiera de las técnicas conocidas en forma cerrada o densa resulta impermeable. La impermeabilización se logra por dos métodos diferentes:

A) la impregnación superficial o más o menos profunda del textil con un elemento sellador que genere una película continua, sin poros y flexible, donde el agua no puede penetrar pero tampoco el aire, ej.: goma, ceras con parafina, aceite de lino crudo.

B) la aplicación superficial de una sustancia química que repela al agua y evite su ingreso en las fibras y por los poros, ej. las siliconas, en éste caso la prenda respira.

Dejando de lado el uso y la fricción, en el primer caso el deterioro se produce por el resecado típico del paso del tiempo, en el segundo por la pérdida de la sustancia o el agotamiento de su capacidad química.

CONDICIONES AMBIENTALES OPTIMAS

Ver en capítulo I para recordar estas exigencias.

Aire: Preferentemente limpio y libre de polución, tomado este término en su más amplia acepción.

Velocidad del aire: de 0,1 a 0,3 metros por segundos (0,36 a 1,08 Km/h).

HRA: mínima 35%, máxima 55%, ideal 45% (promedio valores oficiales varios). Estos valores pueden cambiar al considerar los materiales.

En textiles sintéticos tiene influencia reducida. En los de origen orgánico con un nivel por debajo del 30 % provoca el resecamiento de las fibras con la consiguiente pérdida de resistencia y flexibilidad, tornándolas quebradizas y frágiles, destruyéndose así con suma facilidad.

Más allá del 55 % ocasiona el reblandecimiento excesivo de las fibras pudiendo llegar a permitir su disociación, y sumada a una temperatura elevada, puede constituir un medio excelente para el ataque de hongos y otras plagas. Lo más dañino de la HRA es su variación en más o menos, en forma periódica.

Temperatura: mínima 10°C, máxima 20°C, ideal 15°C, (promedio valores oficiales varios). Estos valores pueden cambiar si consideramos los tratamientos superficiales aplicados o materiales adjuntos.

Se recomienda mantenerla, al igual que la HRA, lo más estable posible para evitar la degradación de las fibras por envejecimiento prematuro.

Iluminación: máximo 50 Lux (salvo requerimiento mayor por alguna decoración) preferentemente durante la menor cantidad de tiempo posible, ya que el efecto degradante de la luz es acumulativo.

UV-A Y UV-B: máximo 10 micro watts/lumen y durante la menor cantidad de tiempo posible. Este valor fue recientemente disminuido por los organismos oficiales específicos, antes era de 75 micro watts lumen, (que es lo emitido por una lámpara incandescente).

IR: nada o el mínimo posible y durante la menor cantidad de tiempo.

La iluminación es un factor de alto riesgo. Los textiles normalmente son muy sensibles a cualquier tipo de luz, sus fibras se ven afectadas por:

Radiación infrarroja: resecamiento de las fibras

Radiación ultravioleta: degradación química y física.

La luz visible: si proviene del sol, gran decoloración y degradación de las fibras.

Si es de iluminación artificial, lo mismo pero en menor medida por menor potencial energético aplicado.

Microorganismos: se debe evitar su proliferación, pueden degradar por utilizarlo como alimento o por convertirlo en hábitat, a través de sus residuos metabólicos.

Insectos: se debe evitar su acceso al museo y su instalación dentro del mismo, pues también ellos degradan a los objetos por usarlos como alimento, hábitat y a través de sus detritos.

Animales: similar consideración que para los insectos.

Vegetales: deben ser inexistentes en locales bajo techo.

El hombre: el peor degradante por acción u omisión. Todo aquel personal que deba manipular o tratar con este material estará debidamente capacitado y/o entrenado, para con el público que accede al mismo, se deberán desarrollar tareas de información y educación respaldadas por un control eficiente.

RECEPCION

Ver en capítulo I "RECEPCION" y complementar la información con los siguientes datos específicos generales a toda recepción.

ANALISIS DE LA PIEZA

Como en todos y cada uno de los casos que se presenten, se debe obtener el máximo posible de información a partir de una cuidadosa observación del material.

Para ello se dispondrá de una mesa amplia y superficie lisa para extender la pieza, cepillos o pinceles de cerda animal (preferentemente de color blanco, para ver cuando están sucios) con distintos grados de dureza para la limpieza superficial del textil y una aspiradora mediana para absorber el polvo resultante, una lupa de gran campo y otro cuentahílos. Un cuentahílos está formado por una lupa de gran aumento (típicamente de 10 aumentos, x10) y una estructura plegable (constituida por tres elementos articulados) que soporta la lupa y permite situarla a la distancia óptima de lectura. En la base del instrumento hay una escala graduada (en mm en países que siguen el Sistema Métrico Decimal, o en fracciones de pulgada). Se utiliza para verificar el número de hilos de la trama y de la urdimbre que entran en un pequeño cuadrado determinado de tejido.

Resulta importante tener acceso (no es necesario que sea propio) a un microscopio de 100/150 X para determinación de tipo y origen de las fibras usadas por cotejo directo, un dispositivo para medir la resistencia de las fibras (puede ser de factura casera), hisopos, goteros y pequeñas dosis de los líquidos que se podrían llegar a utilizar en su limpieza, para realizar los ensayos de compatibilidad correspondientes.

Los datos obtenidos se volcarán en una ficha que pasará a integrar el legajo de la pieza: naturaleza y tipos de fibras, forma de fabricación de la/s hebra/s, sentido de torsión de los hilos, resistencia a la tracción de los hilos, tipo de textil, número de hilos de trama y urdimbre (o nudos) por centímetro cuadrado, presencia de orillas en la tela, presencia de costuras (datos completos de los hilos allí utilizados) y orificios remanentes de costuras perdidas (agujeros de agujas), teñidos, decoraciones aplicadas (datos completos de los elementos usados), tratamientos superficiales, desgastes, roturas, lagunas, desviaciones de los hilos, contaminaciones y ataques biológicos, manchas existentes y sus posibles orígenes, parches y zurcidos.

Completará la ficha, toda información que se pueda obtener a partir de la pieza y los ensayos que sobre ella se realicen: grado de solubilidad y fijación de los colores ante el agua u otros líquidos de posible utilización, métodos y sustancias para quitar salidos adheridos y manchas, blanqueo.

DESPLEGADO

Cuando la pieza se presenta doblada o plegada, es decir marcada por arruga o pliegue antes de intentar desplegarla se debe verificar la flexibilidad en la zona y en el total de la pieza. Y en caso de no ser la apropiada, habrá que restituirla paso a paso por el medio más adecuado: la hidratación por hisopo, pliegue por pliegue y arruga por arruga. La cámara húmeda no es conveniente al desconocerse eventuales contenidos del bulto y esto es previo a los ensayos de rigor respecto de la solubilidad de los colores y/o tratamientos de posible aplicación

Arrugas y pliegues apenas se humectan localmente con agua tibia (30/35º C) para ablandar las fibras, luego se estiran y prensan suavemente entre elementos absorbentes hasta que sequen bien.

ELIMINACION DE AGENTES BIOTICOS

MICROORGANISMOS

Solo proliferan en condiciones ambientales especiales:

HRA mayor de 65%, temperatura superior a los 15º C, aire estancado y falta de luz.

Sus colonias afectan de varias maneras a los textiles: utilizándolos como soporte y/o alimento, decolorando y/o manchando con sus desechos metabólicos, no solo alteran el color superficial y su aspecto general sino que degradan al modificar las características físicas y químicas originales.

Cuando se observan las colonias a simple vista, el ataque ya lleva un tiempo de producido. La detección precoz se realiza observando el material en un ámbito oscuro bajo luz ultravioleta con una lámpara de Wood, o con una lámpara que genere una muy fuerte radiación ultravioleta adosada a un filtro de Wood.

Las colonias se localizan donde aparecen puntos de colores fosforescentes distintos al del textil que lo rodea.

Lo fundamental resulta, aislar la sala, vitrina o mueble, tomar muestras de los hongos (colonias y aire ambiente) en cápsulas de Petri y llevarlas al bioquímico o micólogo para que informe sobre los tóxicos posibles y recomponer las condiciones ambientales:

HRA, temperatura, iluminación y ventilación. Culmina todo con una limpieza general.

No obstante que siempre se recomienda usar tóxicos gaseosos por la facilidad que tienen de dispersarse y penetrar en todos los lugares, a veces no se puede recurrir a ellos por diferentes motivos (no hay disponibles en la localidad o los volúmenes a tratar son muy grandes, etc.) como simple referencia se recuerda al "Ortofenilfenol" un excelente bactericida-fungicida que se presenta en escamas blancas cristalinas, solubles en la mayoría de los solventes orgánicos, resulta letal para bacterias, esporas de hongos y mohos en soluciones de sólo el 0,5 %.

INSECTOS

Amplia gama de ejemplares diversos, cada uno con su particular manera de ataque y degradación, como así mismo su gusto por algunos tipos de textiles y su rechazo por otros.

La degradación que producen puede tener varios orígenes según tomen al textil para hábitat o nido o bien como alimento total o parcial.

En el primer caso la degradación proviene de los residuos sólidos, líquidos y gaseosos de su metabolismo, los que producen manchas y acciones químicas facilitadas por la presencia de agua y temperaturas algo elevadas.

En el segundo caso se genera la destrucción y/o desaparición de partes del textil.

Aun estando perfectamente limpias de elementos extraños, la lana y la seda sirven de alimento a los insectos, en tanto que el lino y el algodón se pueden considerar casi inmunes a ese tipo de ataque.

Una breve nómina de insectos típicos es la siguiente (según la orden a que pertenecen): lepisma/pescadito de plata (tisanuros), grillos y saltamontes (ortópteros), cucarachas y mantis (dictiópteros), termitas (isópteros), piojos del polvo y de los libros (psocópteros), mariposas y polillas (lepidópteros), hormigas, avispas, abejas (himenópteros), escarabajos (coleópteros), en todos los casos habrá que identificar la especie que está produciendo el daño para saber cuál es su ciclo de vida y cuales los tóxicos específicos y sus dosificaciones para decidir qué medios de acción tomar para eliminarlos primero y prevenir su reaparición después. En estos casos es imprescindible consultar con especialista biólogo o afín.

DESINFECCION

Comprobada la existencia del ataque, lo primero que se debe hacer es identificar genero y especie del insecto causante del mal, determinar tóxicos y método adecuado a usar.

Luego se retira el total de los textiles del contenedor (vitrina, mueble) y se procede (previo ensayo de compatibilidad) a su desinfección primero y limpieza después. Lo mismo se debe hacer con el contenedor.

La desinfección se realizara preferentemente por fumigación dentro de cámara hermética y de ser posible, haciendo algo de vacío interior para facilitar la penetración del tóxico. En algunos casos puede resultar útil hacer una fumigación dentro del mismo contenedor debidamente sellado por fuera sin sacar nada. El textil deberá estar lo más desplegado posible y se recuerda no matar los insectos por aplastamiento para evitar ensuciarlos.

Completada esta tarea, una inspección cuidadosa de las piezas determinará la necesidad de una limpieza/lavado parcial o total y la reparación de nuevos deterioros.

Para evitar la reiteración del ataque se deberán mantener óptimas condiciones de limpieza en el textil y en el ámbito físico que lo rodea y contiene.

Para reforzar la seguridad se colocaran sustancias ahuyentadoras o repelentes de insectos, seleccionadas en función de las posibles especies atacantes. Sustancias que deberán ser reemplazadas a sus respectivos vencimientos.

ESTERILIZACION

Existen varios métodos y sustancias a los que se puede recurrir en estos casos. El que se presenta como ejemplo es uno de los más prácticos y sencillos.

La esterilización es un tratamiento que solo se aplica cuando el textil está limpio, de otra manera podría contribuir a fijar manchas. Como siempre antes de comenzar el tratamiento se deberá ensayar para verificar que no afectará a la pieza.

Se necesita una cámara hermética o similar, donde se pueda producir algún vacío y donde se evapora timol, por medio del calor de una lámpara incandescente.

Atento que el timol es desecante se lo acompaña con un recipiente adjunto conteniendo agua (250 cm3 por m3 de volumen) para evitar el resecamiento de las fibras.

LIMPIEZA POR VIA SECA

La limpieza por vía seca se realiza teniendo al textil bien estirado sobre una mesa y de ser posible sobre una malla plástica resistente y elevada 5 cm de la misma, cepillando o pincelando la superficie en sucesivas secciones cuadradas de 5 a 10 cm de lado como si fuera un tablero de ajedrez, con elementos de cerda limpia mientras se absorbe el polvo con una aspiradora cuyo pico este recubierto con una gasa que actúa como filtro grueso; este pico debe mantenerse separado del textil para evitar que lo chupe y deteriore.

En caso de textiles de muy poca resistencia o muy sutiles, resultara conveniente manipularlos desplegados entre dos laminas (rígidas, semirrígidas o flexibles, según convenga) del tipo malla o red.

Para evitar daños en la limpieza, esta se realizara alternativamente por dos veces en cada cara, girando el accionar 90º con respecto al anterior, se tendrá particular cuidado en limpiar muy bien la mesa cada vez.

Mientras se realiza esta tarea se completa la observación sistemática del textil para no dejar nada olvidado y simultáneamente se precede a la extracción de sólidos por medio de pinzas de puntas finas y/o agujas y a la eliminación de manchas de bulto operando con pinzas adecuadas, se comienza por extraer o destruir por presión el mayor volumen posible y se completa por el raspado superficial con bisturí, sin filo hasta donde sea posible hacerla sin deteriorar las fibras, posteriormente se completara el tratamiento por vía húmeda.

ELIMINACION DE SOLIDOS Y MANCHAS DE BULTO

Operando en seco con pinzas adecuadas, se comienza por extraer o destruir por presión el mayor volumen posible y se completa por el raspado superficial con bisturí sin filo.

Luego se completa, procediendo a la limpieza por vía húmeda, utilizando las sustancias que el tipo de manchas requiera.

LIMPIEZA POR VIA HUMEDA

Efectuado con resultado satisfactorio los ensayos sobre la falta de acción negativa del agua y sus agentes auxiliares (jabón y detergente neutro).

Siendo el agua un disolvente universal se debe usar aguas aptas (dulces o blandas, reconocibles porque hacen espuma con el jabón común). El orden de prioridades sería: recién destilada, purificadas por resinas catiónicas, potable de red y como último recurso, de lluvia siempre que no sea de la primera en caer y tomada en zona donde la contaminación ambiental no presente valores elevados.

Tanto para el lavado como para el enjuague la temperatura del agua estará entre los 25/30º C y 35ºC como máximo.

La fibra animal es muy sensible a la temperatura, al pasar de 37º se encoge y pierde el lustre, por lo tanto no se debe llegar a ese nivel.

En caso que los colores no resistan la acción del agua se deberán fijar.

Se ensayarán dos métodos y para ello se tratan por impregnación: en el primero con una solución de sal común de cocina (sal fina = cloruro de sodio) al 5% en agua y en el segundo con una solución de ácido acético al 5% en agua.

Para el lavado común se necesitará una cubeta con dimensiones que excedan la pieza abierta, una altura tal que deje 4/5 cm libres por arriba y debajo de la pieza y disponga de un sistema para desagotarla.

Se necesitará un marco de similares dimensiones, apenas un poco más chico, cerrado por una malla resistente, lo ideal es una de terylene (polyester trenzado), que soportará el textil desplegado.

El lavado propiamente dicho durará una hora, durante el cual, y no contando con un sistema de circulación continua, se renovará totalmente el agua cada 15/20 min.

Estando el textil sumergido y bien empapado, sin bolsas de aire por debajo, se lo debe mover para facilitar su limpieza, se lo puede presionar alternativamente con una esponja o casi pellizcar con los dedos, también sacudir suavemente con los dedos, pinceles y hasta con hisopos grandes, de tela.

Atento a la suciedad que presenta el textil, si se considera oportuno, como desengrasante al agua del lavado, sin jabón ni detergente, se puede incorporar amoníaco (de 80 vol.) en los siguientes porcentajes: 1 % para fibra vegetal, y 0,4% para fibra animal. El uso de amoníaco no requiere de enjuague adicional.

ENJUAGUE

Solo si se utilizó jabón o detergente para el lavado, se impone un enjuague de duración y tratamiento similar al lavado realizado con agua sola y renovada totalmente en forma más frecuente que antes.

LIMPIEZA EN SECO O A SECO

Se utilizan solventes de distinto origen que por no mojar la fibra, no producen ni su reblandecimiento ni su encogimiento. Remueven las grasas y liberan los elementos adheridos por ella, además son de secado por simple evaporación.

Antes de utilizarlos se debe ensayar en el textil y conocer sus características específicas (los hay muy inflamables, generadores de gases tóxicos para el hombre). Entre los más usados están: el tricloroetileno, (no inflamable), puede traer problema con los colores y en ese caso se prefiere el dicloroetileno, el percloroetileno (gases tóxicos).

Ambos se usan fríos y puros, por inmersión en períodos de 10 a 30 min. El aguarrás mineral y otros integran una larga lista de solventes, cada uno con sus pros y sus contras.

De ser posible se recomienda usar el solvente sólo entre una y cuatro veces, debiendo luego desecharlo para la limpieza de textiles en museos.

Antes de usarlo conviene controlar el color del mismo y el sedimento que tenga su envase para detectar la suciedad acumulada en contra de su eficiencia y seguridad.

BLANQUEO

El deslucimiento no debido a la suciedad solo puede modificarse por medio del blanqueo que es una acción química.

Los blanqueadores museológicos más utilizados actúan por oxidación a partir del peróxido de hidrogeno (agua oxigenada), alguno de sus métodos presentan el inconveniente de ser lentos y obligan a mantener el textil muchas horas en el agua, cosa que no siempre es posible.

Esporádicamente y para superficies muy limitadas en textiles muy resistentes se puede llegar a usar hipoclorito de sodio.

MANCHAS DE GRASA

En general de vieja data y ya resecas. Para quitarlas, en primera instancia se puede probar con calor, colocando el textil entre secantes blancos y con una plancha común o por medio de una espátula caliente, se suministra calor por el reverso, se repite el procedimiento dos o tres veces cambiando las secantes apenas manchadas y teniendo cuidado de no elevar la temperatura en exceso.

Se completa la limpieza por vía húmeda (solventes, amoníaco)

Se coloca el textil con la zona manchada hacia abajo sobre secantes blancas o telas blancas absorbentes y se deja caer sobre su revés gota a gota y en forma de círculos concéntricos desde afuera hacia adentro un solvente adecuado y previamente ensayado (tricloroetileno, trementina, bencina, aguarrás mineral).

SECADO

Se saca la pieza de la cubeta por medio de la malla soporte, se la escurre, se la seca (tapándola) con un paño absorbente, sin pelusa y tibio, se la cubre con un tejido esponjoso. p. ej. franela, también tibio, se la vuelca sobre él invirtiendo la malla soporte, se acomodan a 90º los hilos de trama y urdimbre, se la fija y se deja secar en ambiente cálido y con circulación de aire limpio; resulta muy útil un secador de cabello. El secado debe ser relativamente rápido.

La fijación de realiza por medio de múltiples pesas (no demasiado pesadas) aplicadas en los bordes, alfileres muy delgados, no recomendables porque deja sus orificios marcados, pequeñas mordazas con o sin dientes que toman al textil del borde y están fijadas por un medio elástico a alfileres, clavos.

Frente a una contracción por secado no hay que permitir la aparición de tensiones internas fuertes que se reconocen por la aparición de ondas paralelas al esfuerzo de tracción.

Existe un lavado muy particular, casi en seco, que sólo utiliza la espuma generada por la infusión de saponaria en agua o por las saponinas - polvo blanco - mezclada con agua.

Se recurre a este sistema en los casos que no se puede mojar todo el textil, por ej. tapizados de sillas o sillones.

Se procede de la siguiente manera: suspendido el textil a una cierta altura y desde abajo, se aplica con un pincel o brocha de afeitar espuma de saponina en su superficie, se la deja actuar un rato y se la retira con un trapo absorbente apenas húmedo. En caso necesario se puede repetir el procedimiento un par de veces y se termina pasando reiteradamente sobre la superficie tratada con trapos blancos, limpios y apenas húmedos.

Como siempre se deja secar en ambiente cálido y con buena circulación de aire limpio.

SOPORTES Y MONTAJE PARA EXHIBICION Y DEPOSITO

Siempre que sea posible se evitara el doblado y más aun el plegado de los textiles. Nunca se los pondrá apretados entre dos vidrios. Antes de exhibirlos o enviarlos al depósito se los deberá dejar perfectamente limpios y esterilizados.

Se tendrá especial cuidado en evitar que se deposite en los textiles la suciedad ambiental.

Para exhibirlos se presentan en la forma y posición de uso: p.ej. trajes, vestidos, sacos, chaquetas, pantalones, medias, sobre maniquíes, sombreros, gorras, tocados, encima de modelos de cabeza.

Mantillas, chales, ponchos, ubicados en maniquíes o extendidos abiertos sobre superficies horizontales o inclinadas.

En forma vertical no se aconseja porque genera mucha tracción en los hilos, no obstante, se lo puede presentar así pero montado (cosido) sobre una tela o malla de refuerzo que es la realmente suspendida.

En los ropajes largos y enteros (p.ej. vestidos largos) para aliviar la tracción de los hilos superiores de los hombros se cosen tiras de tela internamente y a la altura de la cintura que luego se fijan a la zona superior del soporte para sostener desde allí el peso de la parte de abajo.

El soporte y/o el contenedor deben estar limpios, sanos y no contaminados, no debe desteñir ni migrar sus pigmentos o generar vapores o gases como ocurre con la madera de roble y muchos de los plásticos.

Los soportes deben tener sus bordes redondeados o estar acolchados para no marcar con sus filos al textil. El relleno, recubierto superficialmente por una tela de algodón blanco y limpio, puede ser de lana de vidrio, algodón, telgopor o similares moldeados o en copos, pero siempre de baja higroscopicidad, resistente a la instalación de microorganismos y que no generen gases.

Para conservar en depósito contar con contenedores adecuados donde se pueda tener los textiles apoyados en toda su extensión y cubiertos por fundas individuales de tela de algodón blanca y limpia,o tela tybek, cerradas por ataduras, cintas de velcro cocidas o cremalleras no oxidantes. Pueden llevar en su interior bolsitas de telas con algún ahuyentador o insecticida natural.

Los elementos metálicos adosados a los textiles p.ej. botones, se aislarán envolviéndolos para que no toquen al textil, también es recomendable colocar en la zona de contacto entre el metal y el textil círculos de Mylar, a modo de separadores.

Los elementos menores (pañuelos, guantes, medias) se colocaran planos y previamente envueltos en bandejas o cajones, con su bolsita de ahuyentador/ insecticida o bien ésta corresponder al cajón.

Para envolver se recomienda en primer lugar tela de algodón blanca y limpia, luego le siguen el papel neutro y el de seda blanco, luego los otros papeles siempre blancos, los que se renovarán cuando presenten signos de acidez.

Lo mismo vale para el papel celofán, las láminas u hojas de Mylar, poliésteres o polipropilenos de alta densidad (translucidos, lechosos, que crujen al abollarlos) serían los únicos recomendados, pero con una salvedad muy importante: se tienen que perforar abajo y arriba para que permitan circular el aire contenido en los paquetes.

Los textiles planos (chales, ponchos, manteles) se guardan arrollados sobre un tubo base de diámetro adecuado al textil (a las alfombras se lo hace con el pelo hacia afuera). El tubo puede ser de cartón o plástico recubierto con tela de algodón o los plásticos arriba mencionados.

El textil se presenta apoyado en toda su extensión sobre una tela de algodón blanco, limpia y estéril, perfectamente plano y acomodados sus hilos en la posición que deben llevar. Se procede al arrollado del revés, completado el mismo, se envuelve en otra tela de algodón y se ata sin apretar demasiado con tiras de tela. Los tubos se apoyan horizontalmente por sus extremos en soportes especiales dejando la tela totalmente al aire.

RESTAURACIONES MENORES Y NORMAS DE REFUERZO

Son los sistemas a los que se recurre cuando el textil perdió, por cualquier causa, su resistencia en parte o en toda su extensión.

La forma de realización responde a dos tipos básicos:

- Fijación sobre tela, la fijación del textil sobre otra película similar, resistente (orgánica o sintética) por medio de una costura especial y en casos muy particulares por pegado vía adhesivos.
- Por impregnación del textil que lo consolida.
- Descosidos

FIJACION SOBRE TELA

Se debe seleccionar según se desee dejar visible o no el revés de la pieza a reforzar, un textil de trama muy abierta (tipo gasa) o cerrada (tipo lienzo), blanco y nuevo, perfectamente lavado, limpio y esterilizado, sin rastros de aprestos u otras substancias extrañas, de formas apropiadas y dimensiones mayores que la pieza.

En caso que el refuerzo sea una tela de color se debe tener la absoluta seguridad de que es inalterable bajo cualquier condición.

En reemplazo de la tela para el refuerzo puede utilizarse una lámina de acetato de celulosa o de Mylar, en los dos casos de aceptable espesor y resistencia ya que ambas son incoloras.

Para realizar el trabajo se comienza colocando el refuerzo sobre una mesa, alisándola perfectamente al tiempo que se acomoda bien perpendiculares entre sí los hilos de trama y urdimbre; hecho esto se fija a la mesa (con pesas, alfileres, prensas).

Se coloca encima y con igual método la pieza a tratar y se sujeta al refuerzo en forma provisoria por medio de alfileres muy delgados, que luego se retiran al final de la fijación.

Terminada esta etapa, se sueltan las fijaciones del refuerzo a la mesa y con la ayuda de un pequeño marco o bastidor que se introduce debajo se procede a coser ambas telas entre sí. La costura de fijación se hará con una aguja fina que se cargará con una hebra delgada y resistente, tomando cada vez un hilo de la urdimbre del textil cada 3 a 5 cm. tanto en el sentido de la urdimbre como de la trama.

La hebra de costura será continua en cada línea y estará fijada en ambos extremos con el refuerzo, fuera de la zona ocupada por la pieza tratada.

En casos muy particulares el refuerzo se puede realizar pegando en el revés de la pieza un textil de similares características de buena resistencia. Este sistema es muy fácil de realizar pero presenta dos inconvenientes:

1º) no es totalmente reversible y

2º) resta flexibilidad a la zona tratada.

Ambos textiles tendrán su trama y urdimbre en forma coincidente y bien escuadrada. El adhesivo a utilizar en caliente puede ser cera de abejas o similar, en frío acetato de polivinilo disuelto en tolueno 95% y acetona 5%.

En ambos casos, para facilitar la adherencia se deberá ejercer una presión suave para no alterar la forma de los hilos y la textura de la zona.

POR IMPREGNACION

Sólo se utiliza en textiles muy desgastados o muy sutiles y en vías de total desintegración. Resulta prácticamente irreversible y queda ligada a las degradaciones que sufra la resina utilizada en la operación.

Para aplicarlo se acomoda el textil sobre una superficie anti adhesiva bien lisa y sin poros, por ej.: papel siliconado o vidrio, se fija con pesas, se acomoda y se le aplica la mínima cantidad del líquido consolidante compatible con el resultado deseado, por pulverizado o con pincel muy fino operando hebra por hebra.

En caso de textiles de malla abierta se debe tener cuidado de no dejar los orificios cubiertos con el consolidante.

DESCOSIDOS

Se procurará una hebra de características físicas y color similar a la original pero de constitución química diferente para facilitar su reconocimiento como elemento moderno de reparación.

Insertada la hebra en una aguja lo más delgada posible y con ella se procederá a coser nuevamente - conforme al sistema original - las telas, teniendo particular cuidado en utilizar los mismos orificios anteriores y si no se observan ya, manteniendo el aspecto visual de los puntos primitivos.

REPARACION DE DAÑOS

DESGARROS Y CORTES

Se opera del revés. Se acomoda el textil de forma que permanezca plano, liso y sin tensiones, con los hilos de trama y urdimbre a 90º.

Hecho esto se procede a rehacer el entrecruzado de los hilos que se salieron de ubicación, luego se pasa a enfrentar las dos partes de un mismo hilo y ajustar su diámetro al original con una pinza de puntas bien finas.

Se pegan con un adhesivo incoloro casi liquido, aplicado a pincel "000" o púa delgada, se comienza por los extremos de la rotura y se avanza hacia su centro, rearmando paulatinamente toda la trama.

Completada esta parte del arreglo y según las tensiones que deba sufrir en el textil, se podrá dar por terminado el arreglo o proceder a colocar un refuerzo adicional: por ej. zurcido o por la aplicación del revés de una tela o malla (cosida o pegada).

ZURCIDO

Se realiza con hebra resistente delgada, de color similar al del hilo a reforzar, cargada en una aguja lo más fina posible, con la cual se va repitiendo el camino del hilo a reforzar; estas hebras estarán separadas entre sí por, 2, 3, 4 o 5 hebras del textil original (según la tensión a soportar, el grosor del hilo textil y la dimensión de la reparación).

El zurcido se hará en el sentido de la trama y la urdimbre, es decir será cruzado a 90º y excederá por ambos lados a la zona en reparación en la medida necesaria para dar asidero a las nuevas hebras colocadas.

Los zurcidos no se hacen muy densos porque al no haber demasiado espacio para las hebras nuevas, el textil se ondula.

REFUERZO POR PEGADO

Se opera del revés, se corta el parche que excederá la zona a reparar en 4 cm por lado, se desfleca 2 cm de cada borde para disimular el resalto que produce la doble trama, se unta apenas el textil con cera caliente u otro adhesivo, preferentemente incoloro y reversible y se le aplica el parche procurando la coincidencia de tramas y urdimbres.

Se prensa suavemente entre papeles siliconados hasta su total secado.

REFUERZO POR COSIDO

Se procede como para un refuerzo generalizado pero densificando los puntos de costura de unión, aproximadamente 1 cm para cada lado y siempre tomando un solo hilo de la urdimbre del textil original.

LAGUNAS

Se rectifican sus bordes y bien ordenados sus hilos se le adhiere por el revés una tela de color similar por pegado o cosido; en este caso la costura debe fijar los extremos de todos los hilos cortados.

AFINAMIENTO DE TEXTILES

Caso de resolución similar al zurcido donde la hebra refuerzo pasa por dentro del hilo afinado o desgastado.

PERDIDA EN ALFOMBRAS DE PELOS O EQUIVALENTES Y DE HILOS DE URDIMBRE

Se limpia la zona quitando todo resto de hebra deteriorada, se fijan y/o refuerzan todos los hilos de urdimbre que lo requieran, pasando por su interior una nueva hebra bien anclada en sus extremos.

En el caso de hilos de urdimbre faltantes se emplea el mismo sistema pero con una hebra más gruesa y fuerte en dos pasadas. Se procede luego a reponer el pelo, utilizando hebras similares a las originales cargadas en agujas que se afianzarán sobre la urdimbre convenientemente dosificadas, a estas nuevas hebras se las recorta a la altura de las circundantes. Los hilos de urdimbre se deben reponer siempre para evitar el desarmado paulatino de la alfombra, no es necesario reproducir los nudos originales, un simple horquillado alcanza. En algunos casos se coloca bajo la urdimbre y fijada a esta un trozo adecuado de cañamazo para que sirva de soporte y anclaje a las nuevas hebras.

CAPITULO VIII

MADERA

DEFINICION

Compuestas principalmente por fibra de celulosa, (elemento con forma de tubo muy pequeño) y lignina, el aglomerante de las fibras; en ellas se encuentran además una serie de otras sustancias en proporciones variables: resinas, tanino.

Tal diversidad de componentes no sólo se da entre distintas especies, también se presenta dentro de la misma, influenciada por la zona geográfica, el clima y la sección del tronco considerada e incluso si está ubicada en la parte norte o sur del mismo. Las variantes anteriores, más otras como edad y sanidad, significan condiciones físicas y químicas diferentes en la madera resultante final.

En general, las maderas son marcadamente higroscópicas y presentan una fuerte anisotropía, es decir características físicas diferentes según el sentido considerado; aquí se reconocen tres ejes: el longitudinal, el radial y el tangencial. También dependen mucho de la zona geográfica donde se halla arraigada, de las condiciones ambientales del lugar, de la época del año en que se estudian y hasta del punto del árbol o arbusto considerado.

En la madera se reconocen dos texturas o caras:

- a lo largo de las fibras: la madera se abre con facilidad, brinda una superficie más cerrada y admite un muy buen pulimento.
- al través de las fibras: hay que romperla, brinda una superficie porosa producto de las bocas de los tubitos que conforman las fibras, no permite un buen pulimento.

CLASIFICACION

Las maderas pueden ser clasificadas desde varios puntos de vista: resistencia, densidad, longitud de fibras, contenido de resinas, textura superficial, presencia de vetas, su capacidad de absorción y/o dilatación.

También se clasifican en función de su uso.

Para ser utilizada con seguridad la madera debe ser sana y estar perfectamente estacionada y seca.

Existen varios tipos de maderas disponibles en el mercado:

MACIZA: Es la madera natural, en rollo (sección de tronco) o cortada en escuadrías (tablas y tirantes) admitiéndose como únicos tratamientos posibles la extracción de sus resinas y/o la impregnación por agentes preservantes.

TERCIADA y/o CONTRACHAPADA: láminas delgadas de madera natural, de aproximadamente 1 milímetro de espesor, superpuestas y unidas entre sí por adhesivos específicos, bajo presión y/o calor, con la particularidad que la dirección de las fibras de cada chapa está girada 90° con respecto de la anterior para equilibrar sus deformaciones o dilataciones en cualquier dirección y evitar alabeos o combaduras.

Con estas maderas laminadas se logran resistencias muy superiores a las de medidas similares pero en madera maciza.

AGLOMERADA: las hay de varios tipos, elaboradas a partir de porciones menores de madera natural como astillas, virutas, aserrines o restos triturados, unidos por adhesivos especiales bajo presión y/o calor, conformados en forma de placas; en general resultan bastante impermeables en sus caras pero no en su espesor, presentan mínima deformación y/o dilatación, son de resistentes a muy resistentes según el tipo.

Suelen presentar sus caras perfectamente lisas y duras en tanto su interior, en la zona media del espesor, suele ser más abierta y blanda.

Estos productos derivados de madera son una propuesta interesante en la ampliación de los materiales que son empleados en la industria de la construcción civil, de muebles y otros usos. Entre los productos derivados de madera se destacan los tableros de fibra de media densidad (Medium Density Fiberboard - MDF), un producto que ofrece buena condición de trabajo. MDF es fabricado en seco, hecho con fibras lignocelulósicas, combinadas con resina, compactados por prensado en caliente.

CONFORMACION EN OBJETO

Para cada situación posible existe uno o más tipos de uniones, casi siempre identificadas por un nombre propio y perfectamente desarrolladas gráficamente en la bibliografía pertinente. Motivo por el cual, cuando hay que identificar, verificar o reparar una unión, lo primero que hay que hacer es cotejar su exterior visible con los diseños del libro hasta ubicar su tipo y tomar conocimiento de cuál es su nombre y como está realizada.

TRATAMIENTOS SUPERFICIALES

LIJADO: Desgaste de la superficie por medio de abrasivos granulosos de distinto diámetro, dureza y aspereza. Se reconoce este tratamiento porque quedan en la superficie, así haya que verlas con lupa, bandas más o menos largas de surcos paralelos.

ARENADO: procedimiento similar al anterior donde el abrasivo, sea arena, cuarzo o alúmina, es impulsada por un chorro de aire de alta velocidad y con fuerza, que al chocar contra la superficie, arranca y arrastra parte de ella. A diferencia del caso anterior los surcos dejados sobre la superficie no tienen orden ni dirección definida.

PULIDO: se denomina así cuando el desgaste superficial resulta mínimo en contra posición a un aumento importante de la lisura de la superficie y su brillo resultante.

En estos casos se puede utilizar: el desgaste por el uso de abrasivos de grano extremadamente fino, el raspado con una hoja de afeitar, bisturí o trincheta en posición vertical o el frotado con distintos elementos duros y/o lisos, por ejemplo piedra de ágata, cuero.

ENDUIDO: aplicación superficial de una capa mas o menos gruesa de material adherente capaz de admitir un buen alisado o pulido. Se lo usa para disimular imperfecciones de la superficie original y como base para la aplicación de otros tratamientos como por ejemplo pintura y dorado a la hoja.

Se lo reconoce por la observación de los deterioros accidentales de las superficies que permiten visualizarlo por su color, textura y cuerpo entre la superficie exterior y la madera interior.

PINTADO Y POLICROMADO: las pinturas están compuestas básicamente por pigmentos, aglutinantes o adhesivos y vehículos. El término policromado se utiliza para piezas que presentan varios colores aplicados en forma adyacentes.

La extensa gama de aglutinantes y de vehículos conocidos hace que, entre ambos, generen un gran espectro de características de todo tipo y valor, durezas superficiales, brillos, elasticidades, resistencias a la intemperie o la fricción, capacidades de impermeabilización, adherencias. Lo mismo ocurre con las propiedades espaciales: ignífugas, fungicidas, desinfectantes.

El pintado se reconoce con el examen visual y pequeños ensayos. Los tipos de pinturas se verificaran por medio de ensayos especializados.

BARNIZADO: similar en todo a la pintura salvo en que carece de color.

Siendo incoloros solo exhiben un matiz ligeramente amarillento, el que se puede incrementar con el paso de los años por la oxidación de las resinas contenidas.

Los hay de distintas durezas superficiales y brillos. Hasta la aparición de los sintéticos, fue muy común el uso de aceite de lino, de simple o doble cocción, para barnizar maderas. No importa la antigüedad de aplicado, las pinturas sintéticas modernas y los solventes comunes lo ablandan, produciendo su aglobamiento.

GRABADO: extracción de material superficial por medios adecuados, gubias, buriles, mechas, fresas, para dejar conformado, en relieve o en hueco, un diseño y/o un texto. Siempre hay pérdida de material original y se lo reconoce justamente por esas extracciones. Con la debida experiencia hasta se puede reconocer la herramienta utilizada por el trazo que dejo en el material.

PIROGRABADO: lo mismo que en el grabado pero utilizando una punta incandescente que va quemando el material superficial y deja en el mismo un surco de paredes carbonizadas, con el que se conforma el diseño o el texto.

TEÑIDO: pigmentación artificial de la superficie y sus interiores adyacentes en mayor o menor profundidad dada por la impregnación con un colorante o pigmento disuelto en un vehículo, en general agua o alcohol.

La igualdad en el color dependerá de la uniformidad de absorción del líquido. Las maderas de vetas muy marcadas en dos colores, claros y oscuros alternados, con variación en el contenido de resinas, tienen absorción diferenciada.

El teñido es irreversible. Se reconoce al observar las partes no teñidas, en general zonas de cortes o tallas o puntos accidentalmente deteriorados, donde se puede apreciar el color original de la madera.

ENCERADO: aplicación de una película superficial de cera en estado líquido, por calor o solvente. Tiene por finalidad obturar los poros, nivelar pequeños vacios, dar brillo y protección a la madera. Tratamiento parcialmente irreversible, se puede eliminar parte calentando la madera y lavándola con disolvente.

Se los reconoce aplicando con un hisopo, un solvente de ceras en alguna zona disimulada, la que pierde tersura y brillo. Otra forma es por el calentamiento superficial a menos de 100 °C de una mínima zona observada con una lupa; se verá en la superficie la licuación de la cera y su posterior endurecimiento al enfriarse.

LUSTRADO: nombre genérico de la aplicación superficial de resinas naturales o artificiales, en forma de lacas o barnices para impermeabilizar, proteger, dar un tenor definido de brillo y hasta de color. El más conocido es el llamado lustre francés (goma laca disuelta en alcohol desnaturalizado y aplicada a muñeca) hoy mayormente dejado de lado por su costo en mano de obra especializada.

Reconocimientos:

- del lustre francés: la aplicación de una gota de alcohol ablandará al lustre con pérdida del brillo volviéndolo pringoso o pegote.
- celulósicos o nitro celulósicos: por la aplicación de una gota de acetona (ídem anterior) o por raspado que saca un polvo blanco. Se aplican a soplete y aún a pincel.
- otros materiales sintéticos: sólo detectables por experiencia previa, referencias auxiliares o ensayo de diferentes solventes y removedores. Aplicados con soplete o pincel.

ESTOFADO: sobre una superficie dorada o plateada a la hoja se aplican una o más capas de pintura con uno o varios colores y se deja secar muy bien, luego, con la ayuda de una púa o un peine metálico, se raya cuidadosamente la pintura para dejar visible la base metalizada, lográndose así un efecto tipo encaje.

Este tratamiento es muy común en la imaginería hispanoamericana.

ROBLE DECAPE: la madera de roble presenta en las superficies paralelas a las fibras una serie de canales angostos y rectilíneos resultado del corte longitudinal de conductos de circulación de líquidos.

Para aprovecharlos estéticamente y realzar su vista, se frota la superficie con litargirio empastado. Una vez bien rellenos dichos canales. Se deja secar la pasta y se elimina el sobrante con un trapo. La superficie original aparecerá un poco más clara y los canales lucirán de color blanco.

Tratamiento de moda en el mobiliario local de la década de 1930.

LAQUEADO: la referencia es al típico tratamiento japonés. La aplicación sobre un material cualquiera (madera. papel maché) con superficies relativamente duras y absolutamente lisas, de sucesivas capas muy delgadas, de lacas fluidas y casi incoloras, previo perfecto secado de la anterior, para lograr superficies muy duras, lisas, muy brillantes y con "oriente", reflejo o rebote de la luz en cada una de las capas existentes lo que brinda una difusión muy particular, similar a la que presentan las perlas, el nácar o la madreperla.

ENCHAPADO: recubrimiento total de una superficie por una lámina delgada de madera u otro material, que se le adosa por medio de un adhesivo: antes se realizaba con cola de carpintero en caliente, después se realizaba en frio y hoy ya se realiza con adhesivos de contacto especiales para absorber ligeras deformaciones. Se suele descubrir observando las aristas y/o los cantos de la pieza, también por la dirección de las fibras en las caras que conforman cada elemento individual.

TARACEADO (para algún autor sinónimo de marqueteado): incrustación de piezas de volumen, materiales y formas diversas, incluso maderas, en orificios realizados exprofeso sobre una superficie determinada que pueden conformar un diseño global o ser simplemente elementos decorativos. Las piezas incrustadas, que conforman una superficie plana paralela a la original, se fijan con adhesivos específicos, acordes a los materiales en uso: en frío o caliente, rígidos o elásticos.

MARQUETEADO (para algún autor sinónimo de taraceado): recubrimiento total de una superficie lisa con láminas delgadas de igual o muy similar espesor, en especial de madera, con formas diversas y ensamble perfecto entre ellas, como si fueran un rompecabezas. Normalmente se generan diseños en base a los diferentes tonos y texturas aparentes de las piezas utilizadas. Para los adhesivos igual consideración que en la taracea. Para las marqueterías en madera resultan muy comunes:

a) la cola de carpintero en caliente.

b) la cola fría y

c) el cemento de contacto, según la antigüedad de la pieza en consideración.

DORADO A LA HOJA Y PLATEADO A LA HOJA: también llamados trabajos en "pan de oro" y en "pan de plata". Láminas absolutamente delgadas de oro, plata, bronce, con espesor en el orden de algunos micrones y con las que se recubren objetos diversos. Para poder aplicar la lámina metálica se debe preparar la superficie cubriéndola con un enduído especial para que disimule las imperfecciones de la pieza original y brinde una buena adherencia, apoyo sólido y superficie tersa, que se logra por medio del lijado. Los enduídos suelen ser de color rojo oscuro para el oro y verde inglés para la plata. Una vez bien terminada y seca esta capa, se aplica sobre la misma un adhesivo especial y cuando el mismo empieza a endurecer se colocan las laminillas de metal, las que simplemente se pueden aplastar sobre la base para dar una apariencia de arenosa a craquelada, de bajo brillo o bien se puede pulir con piedra de ágata para lograr una superficie bien lisa y de alto brillo.

Los trabajos en pan de oro no requieren de barnices protectores, los realizados con otros metales o aleaciones suelen llevarlo como defensa de la oxidación y el oscurecimiento futuro.

INCRUSTACION: es la incorporación a la masa de un objeto de una o varias piezas de otros materiales para lo cual se deben hacer orificios receptores. Las piezas pueden ir fijadas por adhesivos o por otro sistema: espigas, vástagos, tornillos, clavos.

NOCIONES SOBRE MIMBRES, JUNCOS Y CAÑAS

Formas particulares de reunión que adoptan las fibras de celulosa para dar cuerpo a estas formas vegetales. Estos materiales presentan una enorme cantidad de variantes, dependiendo fundamentalmente de la especie y variedad considerada.

El mimbre resulta ser el más parecido de los tres a la madera común en sus características físicas y presenta una muy buena flexibilidad recién cortado. Su utilización prioritaria es trenzado (entero o cortado en tiras longitudinales de una rama mayor) conformando muebles y envases o contenedores diversos.

Los juncos son elementos con buena resistencia a lo largo de las fibras pero muy esponjosos y endebles a través de las mismas. Resulta muy flexible y deformable, de allí su uso en cestería y afines. Su atención fluctúa entre la de un textil y una madera.

Las cañas resultan ser los elementos más variables en éste conjunto. Las hay huecas, rellenas con un material esponjoso amorfo en algunos casos o similares a los juncos en otros y macizas como una madera. Su uso depende de su tipo.

CONDICIONES AMBIENTALES OPTIMAS

Ver en capítulo I para recordar estas exigencias.

Aire: Preferentemente limpio y libre de polución, tomado este término en su más amplia acepción. La existencia de contaminantes en el aire, tanto físicos como químicos y aún bióticos, potenciados por la HRA se constituyen en fuertes degradantes de la madera.

HRA: Máxima 55 %, mínima 35% ideal 45%.

Su variación afecta a la madera, primero favoreciendo la dilatación o contracción diferenciada según los ejes que se consideren, creando tensiones y deformaciones en el objeto y segundo, ablandando y resecando sus fibras, modificando su flexibilidad y resistencia, facilitando su debilitamiento y eventual ataque posterior por microorganismos.

Temperatura: máxima: 25°C, mínima 15°C, ideal: 20°C. Toda madera es mala conductora del calor y su variación térmica superficial puede originar grietas, fisuras y/o exfoliaciones.

La alternancia de la temperatura entre calor y frío, no muy amplia pero constante, resulta muy dañino para las maderas.

Iluminación: produce degradación y decoloración según su potencial energético y el tiempo de actuación, además, su efecto es acumulativo.

Máximo 150 Lux (salvo requerimiento mayor por alguna decoración), como factor de riesgo, debe actuar durante la menor cantidad de tiempo posible.

UV-A y UV-B: máximo 10 micro watts/lumen y durante la menor cantidad de tiempo posible. (Este valor fue recientemente disminuido por los organismos oficiales específicos. antes era de 75 micro watts/lumen, que es lo emitido por una lámpara incandescente). Degrada física y químicamente a la madera.

IR: nada o el mínimo posible y durante la menor cantidad de tiempo dado que calienta y reseca las fibras.

Microorganismos: se debe evitar su proliferación y ataque, pueden degradar por utilizarla como alimento o por convertirla en hábitat a través de sus residuos metabólicos.

Insectos: se debe evitar primero su acceso al museo y su instalación dentro del mismo luego, pues también ellos degradan a los objetos de madera por usarlos como alimento, hábitat y por la acción de sus detritos. Son xilófagos y en general distintos tipos de carcomas que prefieren la madera dura y de textura gruesa como el roble, el haya o el fresno, para poner sus huevos en cualquier hendidura apropiada como una grieta o una junta con cierta amplitud. Las menos afectadas suelen ser entre otras, la caoba y el cedro.

Animales: similar consideración que para los insectos.

Usualmente los atacantes son roedores. La existencia de hongos y mohos favorecen su aparición y ataque.

Efectos que ocasiona: pérdida de masa y resistencia por constitución de hábitats y nidos. Ataque químico extra, originado por residuos alimentarios, deyecciones y metabolismos.

Vegetales: la acción de los vegetales sobre la madera provoca ataques químicos por absorción de sustancia alimenticia, fijación de mayor humedad y presencia de residuos metabólicos.

Se supone que dentro del museo se verán libres de semejantes agresores.

En este caso particular se superponen a los ataques posteriores las dificultades existenciales y enfermedades que pueden haber afectado a la madera antes de ser talado el árbol que la dio.

Lesiones detectables en la madera, aún después de elaborada: nudos, condiciones climáticas no ideales y hasta agresivas (anillos de crecimiento de diferente espesor revelan distintas características físicas en la madera, otro tanto significa la presencia de fibras no rectas reveladoras de árbol retorcido y vientos fuertes en su crecimiento).

Enfermedades originales del árbol: "la podredumbre roja" que disuelve la celulosa y la "podredumbre blanca," que disuelve la lignina. Se deben tener en cuenta porque dejan las zonas atacadas débiles y alteradas, muy propensas a deterioro o ataque futuro.

El hombre: degradante por acción u omisión, productor de ralladuras, golpes y roturas entre otras delicadezas por el estilo.

RECEPCION

Ver en capítulo I "RECEPCION" y complementar la información con los siguientes datos específicos generales a toda recepción.

ANALISIS DE LA PIEZA

Como en todos y cada uno de los casos que se presenten, se debe obtener el máximo posible de información a partir de una cuidadosa observación del objeto.

Para ello se dispondrá de una mesa amplia y superficie lisa para colocar la pieza, cepillos o pinceles de cerda animal (preferentemente de color blanco, para ver cuando están sucios) con distintos grados de dureza para la limpieza superficial de la madera y una aspiradora mediana para absorber el polvo resultante además de una lupa de gran campo y algunas espátulas.

Los datos obtenidos se volcarán en una ficha que pasará a integrar el legajo de la pieza: tipos de madera, cantidad de piezas constitutivas, técnicas de fabricación, otros tratamientos, contaminaciones y ataques bióticos, tratamientos superficiales, daños, defectos y desperfectos, reparaciones sufridas, desgastes por uso, nivel de humectación.

ENSAMBLES UTILIZADOS Y EVENTUALES REFUERZOS DE UNIONES POR MEDIO DE CLAVOS O TORNILLOS

Siempre es conveniente determinar el o los tipos de ensambles utilizados en la fabricación de un objeto de madera. Su tipo se determina cotejando su diseño externo con los gráficos respectivos en la bibliografía existente (p.ej. el Diccionario de Tellechea), además de identificarlo, puede servir para estimar la época y/o región de origen.

Hay que prestar mucha atención a la posible existencia de pequeños círculos de otro color (tapones de cera o cola) en la zona del ensamble, pueden estar indicando los lugares donde se han introducido, a posteriori, clavos o tornillos para reforzar la unión.

Si se detectan resultará muy conveniente agotar la investigación sobre el punto y dejarla perfectamente documentada en el legajo. Se verifica la existencia de metal rehundido punzonando con una aguja dentro del punto visible hasta tocar la cabeza del metal, si existiera.

Completará la ficha toda la información que se pueda obtener a partir de la pieza y los ensayos que sobre ella se realicen para resolver sobre tratamientos futuros de conservación.

Otro recurso utilizado en el análisis de objetos en madera es mediante la toma de radiografías, que permitirán ver con exactitud cuáles son los núcleos sólidos del objeto, los tipos de encastres y la adhesión de metales u otros elementos en su conformación como objeto.

ELIMINACION DE AGENTES BIOTICOS

Se recuerda que sólo proliferan en condiciones ambientales especiales: HRA mayor de 65%, en general temperatura superior a los 15ºC, aire estancado y falta de luz.

Las colonias de hongos afectan de varias maneras a las maderas: utilizándolas como soporte y/o alimento, decolorando y/o manchándolas con sus desechos metabólicos. No sólo alteran el color superficial y su aspecto general sino que las degradan al modificar sus características físicas y químicas originales.

Cuando se observan las colonias a simple vista, el ataque ya lleva un tiempo de producido. La detección precoz se realiza observando el material en un ámbito oscuro bajo luz ultravioleta con una lámpara de Wood, o con una lámpara que genere una muy fuerte radiación ultravioleta adosada a un filtro de Wood.

Las colonias se localizan donde aparecen puntos de colores fosforescentes distintos al del área que los rodea.

En esos casos lo fundamental resulta, aislar el objeto y/o vitrina o mueble y tomar muestras de los hongos (colonias y aire ambiente) en cápsulas de Petri y llevarlas al bioquímico o micólogo para que informe sobre los tóxicos posibles mientras se recomponen las condiciones ambientales, HRA, temperatura, iluminación y ventilación. Culmina todo con una limpieza general, luego de la eliminación de los agentes bióticos.

No obstante que siempre se recomienda usar tóxicos gaseosos por la facilidad que tienen de dispersarse y penetrar en todos los lugares, a veces no se puede recurrir a ellos por diferentes motivos (no hay disponibles en la localidad o los volúmenes a tratar son muy grandes) como simple referencia se recuerda al ortofenilfenol un excelente bactericida-fungicida que se presenta en escamas blancas cristalinas, solubles en la mayoría de los solventes orgánicos y que resulta letal para bacterias, esporas de hongos y mohos en soluciones de sólo el 0,5 %.

INSECTOS

El síntoma más evidente de xilófagos es la detección -con ayuda de una luz rasante- de depresiones de 1 a 2 mm de diámetro en la superficie exterior de la madera, que en pocos días se convierten en pequeños agujeros de igual diámetro y la aparición de polvo de aserrín debajo del mismo. También se puede detectar un ataque mediante el ruido que producen las larvas horadando la madera, el cual puede ser escuchado con la ayuda de un estetoscopio.

Si hay agujero, de hecho que el insecto no está más adentro, porque esa abertura la hizo en la pulpa para salir una vez que la larva completo su metamorfosis.

En estos casos se recomienda aislar la zona, obtener muestra del xilófago para que un especialista nos informe sobre su ciclo de vida, los tóxicos adecuados a usar y los posibles ahuyentadores.

No está de más repetir que la limpieza general y el control periódico son prioritarios para evitar la aparición de estas plagas.

Las prácticas a ejecutar son las habituales en estos casos:

Por cámara de vacío o cámara hermética con fumigación de gas (oxido de etileno, bromuro de metilo). Las cámaras podrán ser materializadas con bolsas plásticas tri laminadas, de polipropileno o de polietileno. El vacío parcial se hará con la aspiradora y apretando lo más posible la bolsa sobre el contenido; se dejará dentro de ella la menor cantidad de aire posible. Durante el tratamiento las bolsas estarán en un recinto ventilado y su apertura se realizara al aire libre.

Por atmósfera modificada: básicamente consiste en reemplazar al aire por un gas o mezcla de gases, carentes del oxigeno vital para la vida.

Hay sistemas estáticos y dinámicos según el gas permanezca o circule. En el caso de circular, produce un desecamiento en el material a tratar que debe ser compensado con un manejo adecuado de la HRA.

Para los sistemas estáticos se deben utilizar como contenedores, plásticos tri laminados (poliéster-polietileno o bien polipropileno-polietileno) para evitar la fuga anticipada del gas por permeabilidad.

El sellado de la bolsa contenedora se realiza con calor y resulta conveniente extraer todo el aire que se pueda antes de empezar el proceso.

Los sistemas existentes son:

- dinámico con nitrógeno.
- dinámico con argón.
- dinámico - estático con nitrógeno y ageless (gas comercial de origen japonés que elimina el oxígeno en un volumen cerrado).
- estático con ageless.

Las condiciones exigidas en los materiales para el proceso dinámico con nitrógeno son: HRA 55%, concentración de oxígeno menos del 0,1%, tiempo de exposición 10 días que en algún caso se duplica. No obstante, conviene bajar el oxígeno a menos del 0,05%.

OTROS SISTEMAS

En cualquier caso se debe estar seguro que las sustancias utilizadas, tengan o no acción residual, no afectan la madera ni sus tratamientos superficiales.

Por vapores en cámara hermética: resultan de acción superficial por su penetración parcial. Nunca usar agua como vehículo.

Por líquidos: nunca agua, preferentemente hidrocarburos decolorados y desodorizados que sirvan de vehículo a compuestos de mercurio, arsénico o cobre, sulfato de nicotina, heptacloro, aplicados por sopleteado, pintado, tamponado, según el grado de penetración deseado e incluso por los siguientes sistemas para lograr la saturación de la pieza: perfusión o goteo, adyacencia humectante o inmersión.

Por polvos: no resultan eficientes a la hora de eliminar insectos, su mejor papel, lo cumplen como ahuyentadores. Piretros, piretrinas, pimienta, alcanfor, naftalina. Y para mejorar su accionar macerarlos en alcohol u otro vehículo similar. Estos productos se deben colocar en recipientes abiertos junto a la madera, nunca en contacto directo con la misma.

LIMPIEZA POR VIA SECA

La limpieza de superficies desnudas de madera se ve complicada por varios factores. En primer lugar, la madera es relativamente blanda y puede ser dañada por algunas técnicas de limpieza. En segundo lugar, la madera se degrada con el tiempo y uso; y por último, las superficies de madera pueden incluir el deterioro de los productos naturales y restos de sustancias que se han aplicado o se pusieron en contacto con la superficie cuando el objeto estaba en uso.

Antes de limpiar una superficie de madera con fines de conservación, es importante diferenciar entre suciedad (debe ser eliminado) y pátina (en caso de que la misma sea estable y no afecte la integridad de la pieza). Aprender a distinguir entre la suciedad y la pátina, y saber dónde termina uno y empieza el otro no es fácil, sin embargo, la suciedad más reciente de la manipulación y el almacenamiento en condiciones inadecuadas es generalmente más fácil de eliminar que la pátina.

TECNICAS DE LIMPIEZA

La elección de una técnica de limpieza debe comenzar con dos preguntas:

1. ¿Existe realmente la necesidad de hacer la limpieza?
2. Si es así, ¿hasta dónde debe ir?

Una vez establecida la importancia de limpieza es necesario, comenzar con el método menos agresivo y ascender en la escala sólo si es necesario.

Técnicas recomendadas para la limpieza de la madera al descubierto:

- cepillo suave de cerdas de pony o marta y una aspiradora que permita retirar el polvillo sin que este se traslade y deposite sobre otras superficies.
- cepillo de cerdas duras.
- goma de borrar en polvo o en barra, neutra.
- adhesivo de caucho.
- hisopo húmedo.

CEPILLO SUAVE Y UNA ASPIRADORA

La mayoría de los objetos con superficies firmes y estables, se pueden limpiar de manera manual con un pincel suave y una aspiradora. Cepille el polvo de la superficie en proximidad a una boquilla de la aspiradora cubierta con una gasa sujeta con una goma elástica (esto evitará que las piezas pequeñas sean aspiradas accidentalmente).

CEPILLO DE CERDAS DURAS

Si la superficie se encuentra en buenas condiciones, un cepillo de cerdas duras puede ser utilizado para eliminar suciedad incrustada. Un cepillo conformado por cerdas redondeadas con un diámetro de aproximadamente 1 cm es ideal. Este tipo de cepillo puede utilizarse tal como se suministra, o las cerdas pueden ser recortadas para aumentar su eficacia (como las cerdas se hacen más cortas, se vuelven menos flexibles y por lo tanto es mayor la capacidad abrasiva del mismo). Al limpiar con un cepillo de cerdas duras, es importante proceder con cautela. La madera es relativamente blanda y las capas superiores, particularmente en madera degradada, pueden ser dañadas fácilmente. Recuerde que la limpieza imprudente podría generar el desgaste de la superficie sin necesidad. Este efecto se observa con mayor frecuencia en las piezas sin terminar de madera blanda, como sumideros secos y mobiliario rústico.

La forma de proceder con este tipo de limpieza es delimitar la superficie y trabajar mediante una cuadrícula imaginaria, en cuadros de 5 x 5 cm o mayor, dependiendo de cada caso en particular. Otra variante a este método es marcar la superficie con tiza, que será posteriormente removida con el pincelado y aspirado. Siempre se trabaja de arriba hacia abajo y de izquierda a derecha, sin volver a pasar sobre las zonas que ya se encuentran limpias.

GOMA DE BORRAR EN POLVO

Se puede utilizar para eliminar la suciedad de las superficies relativamente arraigada. Se procede rayando la goma o simplemente colocándola ya rayada en un sobre o bolsa de algodón, de trama abierta, y de esta manera se espolvorea sobre la superficie. Posteriormente se procede a la remoción de la misma mediante pinceles o utilizando los dedos, para que la suciedad quede retenida en la goma. Se retira con pincel y aspiradora. Se debe tener especial cuidado en grietas y desniveles, donde puede depositarse y se torna difícil su remoción.

GOMA MOLDEABLE

La goma moldeable es una masilla plástica, parecida a la plastilina, pero nada oleosa. Debido a su composición no presenta una estructura sólida. Al ser moldeable permite retocar su forma, estirarla y amasarla, esto permite su correcta y fácil distribución sobre la superficie a tratar. Se hace presionando suavemente sobre la superficie sin frotar; a medida que se ennegrece por la suciedad se recambia. La forma de trabajo debe ser lenta y regularmente compare la superficie tratada con las áreas que aún no se encuentran limpias. El modo de trabajo es también mediante el empleo de la cuadrícula. Tiene la ventaja de poder acceder a zonas muy pequeñas trabajándola con la forma ideal y de no dejar residuos cuando es utilizada.

GOMA DE CAUCHO

Vienen en forma de barra (cuadradas, rectangulares, de cantos redondeados, esquinas puntiagudas) siempre debe ser blanca y neutra, sin dejar restos oleosos sobre la superficie y ser lo suficientemente blanda para no generar presión sobre la superficie a tratar. Su utilización es de manera manual, controlada y delimitada por una cuadrícula. Los restos de suciedad se retiran mediante un cepillo de cerdas blandas y aspiradora en caso de ser necesario.

ELIMINACION DE SOLIDOS Y MANCHAS DE BULTO

Simultáneamente con la limpieza se procede a la extracción de eventuales sólidos degradantes incrustados, actuando por medio de pinzas de puntas finas y la eliminación de manchas de bulto operando con otras pinzas y/o raspadores adecuados.

Se comienza por extraer o destruir por presión el mayor volumen posible y se completa por el raspado superficial con bisturí con poco filo. Hasta donde sea posible hacerla sin deteriorar las fibras de la madera o su tratamiento superficial.

También pueden ser usados elementos abrasivos: limas delicadas tipo "de joyero", esmeriles para metal de grano fino y muy fino, malla # 240-320-800 usadas en seco, piedra pómez pulverizada muy fina.

Posteriormente y en caso de ser necesario, se completará el tratamiento por vía húmeda, utilizando las sustancias que el tipo de manchas requiera.

LIMPIEZA POR VIA HUMEDA

Las limpiezas por vía húmeda, en este caso, tiene dos destinatarios pero una sola operatoria previa.

Los destinatarios pueden ser: la madera libre de tratamiento superficial o el tratamiento superficial que la recubre.

En ambos casos se procede igual:

a) determinar tipo de superficie.
b) reconocer o estimar el origen de la mancha.
c) determinar y ensayar, en forma puntual y reducida, un tratamiento correctivo.
d) según resulte la respuesta, se actuará en consecuencia, aplicando o reemplazando el tratamiento.

Se recuerda que salvo casos muy particulares no se debe usar agua sobre la madera porque la sobrehumectación provoca la rápida absorción de humedad por parte de las fibras, las cuales pueden levantarse y deformar la superficie de la pieza. Cuando esto sucede, la única forma de reparar el daño realizado es lijando la superficie.

HISOPO HUMEDO

Esta técnica sólo debe utilizarse cuando todo lo demás ha demostrado ser insatisfactorio. Moje un pequeño hisopo de algodón con agua destilada y escurra hasta que esté casi seco. Aplique el hisopo a la superficie con un movimiento de balanceo, elevando así la suciedad, siempre el hisopo con muy poca agua. Deseche el hisopo tan pronto como se ensucie y continúe con uno nuevo.

SECADO

Se deben distinguir dos situaciones:

a) Cuando toda la masa de madera o gran parte de ella presenta humedad en exceso.

El secado en este caso debe ser lo suficientemente lento, para permitir que la humedad interior se vaya trasladando a la superficie manteniendo toda la masa a un mismo nivel de procedimiento, para evitar que se arquee, doble, pandee o exfolie.

Este secado se llevará a cabo en un recinto fresco y con baja circulación de aire; en caso necesario se cubrirá la madera con tela de algodón para retrasar su velocidad.

b) En el caso de las excepcionales limpiezas superficiales con agua, se operará con la menor cantidad de líquido posible y en áreas de dimensiones reducidas, el secado se realizará periódicamente, por absorción con paño y circulación de aire tibio. El objetivo es que el líquido penetre lo menos posible por debajo de la superficie.

PROTECCION

Para proteger maderas naturales o manufacturadas pero libres de tratamiento superficial basta con mantenerlas alejadas de sus agresores.

Para una seguridad mayor pueden ser impregnadas superficialmente o totalmente con fungicidas e insecticidas de acción residual pero con la certeza que no afectarán a la madera.

Al aire libre se cubre con aceite de lino cocido con el agregado de elementos químicos protectores cómo fungicidas, insecticidas.

IMPERMEABILIZACION DE MADERAS

Esta tarea se puede realizar de dos maneras: por inmersión en compuestos de amonio o, amonio y magnesio o, por pintado, aplicando cuando la capa anterior está bien seca, varias manos de silicato de sodio.

Téngase muy presente que el uso de cera de abejas en caliente o de siliconas para tratar las superficies de las maderas naturales dificultarán, cuando no impedirán la aplicación de otros tratamientos superficiales por sellado irreversible en algunos casos.

SOPORTES PARA EXHIBICION Y DEPOSITO

Como en todos los casos deberán ser impermeables, rígidos, estables y químicamente inertes. Los objetos que se apoyen sobre ellos lo harán permitiendo la libre circulación de aire por las superficies exteriores del bien, en especial aquellos que pueden quedar apoyados en el suelo. Los puntos de apoyo estarán asentados sobre láminas o soportes de cierta altura, pero siempre impermeables.

En objetos de madera con vanos interiores cerrados por tapas, puertas o bien ocupados por cajones, de ser posible se los dejará parcialmente abiertos para una buena aireación interior. En caso contrario cada tanto se deberán abrir para permitir la renovación del aire interior, en esos casos se contará con el auxilio de un ventilador oscilante.

Siendo la madera un elemento deformable frente a tensiones leves pero prolongadas, su apoyo debe ser tal que asegure la no aparición de variaciones en sus formas originales.

VARIOS

NUDOS

Los nudos son el resultado de la acumulación de resinas que el árbol hace en su momento, para cerrar la rotura y pérdida de sus ramas. Al paso de los años y crecimiento del árbol mediante, dicha acumulación queda englobada en la madera y, al ser cortada la misma, aparece en la superficie.

Con el paso del tiempo las resinas constitutivas de los nudos van perdiendo sustancias volátiles y se achican, se aflojan y pueden llegar a soltarse y caer.

Frente a ese caso se tienen varias opciones:

a) siempre que se tenga el nudo, es posible volver a colocarlo aplicando calor, derritiendo parte de la resina que queda depositada en la superficie. Este procedimiento se realiza de manera puntual, con una espátula caliente, utilizada en conservación y se aísla la zona a tratar con un paño de algodón. También puede colocarse una pequeña cantidad de goma laca o un adhesivo incoloro, como el PVA.

b) en caso de no poseer el nudo, el orificio puede rellenarse con cera de abeja la cual se moldea con el calor propio de la mano y permite su correcto relleno, emparejarlo y posteriormente darle forma y color. También puede colocarse un nudo auxiliar, proveniente de otro desprendimiento, y se pega al orificio de la misma manera.

c) se puede también obturar el total del hueco con aserrín y cola hasta dos milímetros de la superficie exterior final, los que se completaran con aserrín de la misma madera mezclado con goma laca, llevado a nivel y alisado con ayuda de una espátula.

COLAS

Son sustancias, naturales o artificiales, que tienen la capacidad de mantener unidos a dos o más cuerpos por contacto superficial.

Las colas antiguas en caliente se reconocen por su color caramelo, su buen brillo y por su superficie resquebrajada y reseca. Para removerlas se las debe someter a la acción del vapor de agua en ebullición hasta que se ablande.

Las colas de caseína son más modernas y en frío, presentan un color blanquecino, lechoso y mate, es decir no tienen brillo. Para ablandarlas hay que someterlas al vapor de agua con un 10 % de amoníaco, en ebullición. Atento al olor característico del amoníaco se recomienda operar al aire libre o en sitio muy bien ventilado.

Las colas a base de celuloide, brillosas y amarillentas, se disuelven con acetona o acetato de amilo, las de tipo celulósico se remueven con thinner y el acetato de polivinilo (PVA) con agua caliente.

ELEMENTOS ABRASIVOS

Pueden utilizarse escofinas, limas comunes de carpintería o delicadas (tipo "de joyero"), lijas para maderas (color ocre) gruesas, medianas y finas o también esmeriles para metal de grano fino y muy fino (malla # 180 – 240 - 320 - 800 usadas en seco), piedra pómez pulverizada muy fina y aún viruta de acero muy fina.

GOMA LACA

La goma laca, es una gomorresina o resina natural, la única de origen animal porque proviene de las secreciones del insecto Coccus Laca. Dentro de sus características generales puede ser convertida en un compuesto moldeable, es decir que si se moldea en condiciones específicas de presión y temperatura, puede ser clasificada como un termoplástico. La goma laca es soluble en soluciones alcalinas, así como en algunos disolventes orgánicos. Es utilizada para elaborar recubrimientos de gran dureza y durabilidad. Es resistente al agua, tiene excelentes cualidades como sellador y protector, con características adhesivas, no tóxica, sin olor, altamente inflamable, es irritante y seca por evaporación.

Se presenta en color caramelo bajo la forma de bastones, granos, escamas o bien en color blanco como trozos sumergidos en agua. Son solubles en alcohol puro, amoníaco y cloroformo.

La goma laca caramelo es utilizada para realizar el lustre a muñeca o lustre francés; también se la utiliza como adhesivo de baja intensidad. La goma laca blanca tiene otras aplicaciones: para fijar el color, luego de aplicada se la plancha con una espátula caliente y para rellenar huecos de nudos o grietas moldeándola en caliente para ablandarla y luego rellenar.

CERAS PARA LUSTRAR Y/O RETOCAR

Cera virgen de abejas: se disuelve en thinner, trementina, aguarrás mineral o vegetal.

Parafina: se disuelve en éter, sulfuro de carbono, solventes varios.

Cera carnaúba o de Brasil: cera muy dura y resistente al uso que se presenta en dos tonos según la calidad: a) marrón, verde sucio, b) amarillo pálido (de mejor calidad). Ambas se disuelven en éter, bencina o aguarrás.

Estos tres productos se pueden mezclar y todos ellos se ablandan con el calor aplicado por baño maría.

REMOVEDORES

La mayoría de los tratamientos superficiales, y aún las grasas, generalmente son removidas con una mezcla de trementina (aguarrás vegetal) y alcohol metílico (50% y 50%), de no tenerse resultado, es posible que el tratamiento sea de un barniz oleoso en cuyo caso se tratará con un decapante de pintura.

FORMA DE CONSERVAR ASERRIN

En un recipiente de acero inoxidable se pone agua a hervir y cuando está entibiando se le agrega aserrín tamizado, se mezcla bien y se continúa revolviendo cada tanto, se hace hervir una hora. Se deja enfriar y durante seis días se lo revuelve dos veces por día, al séptimo se lo hace hervir una hora más. Se lo coloca en una tela fuerte de trama fina y se lo estruja para sacarle todo el líquido remanente. Se deja secar, se tamiza y se guarda.

Para usar se lo humecta, se lo tiñe con anilina al alcohol, se lo empasta con cola vinílica fría, cola caliente o celulósica y se lo usa.

APLICACION DE COLOR

Las reparaciones entintadas o teñidas que se hacen con tratamientos sucesivos, se deben realizar con un color más claro que el original. La superposición de aplicaciones lleva al color más claro a volverse cada vez más oscuro.

Los tapa poros pueden ser apenas más oscuros que lo necesario, porque al secar se aclaran.

RESTAURACIONES MENORES Y NORMAS

(Se recomienda que las mismas sean realizadas por un especialista)

EXTRACCION DE CLAVOS Y TORNILLOS

- Por extracción directa. En el caso de un clavo, tomando su cabeza con una pinza tipo alicate (de mordazas biseladas) o tenaza y traccionando en dirección opuesta a su clavadura o penetración. Ante un tornillo, utilizando un destornillador cuya punta deba calzar exactamente en la cabeza de aquel, esto resulta importante para no deteriorar el ranurado o la cabeza del tornillo.

- Por quema de la madera que rodea al clavo o tornillo cuando este se encuentra oxidado y casi amalgamado con la madera. en este caso se le suministra calor en la cabeza del mismo con un cautín o soldador eléctrico hasta que el calor suministrado queme la madera periférica y entonces se lo extrae con una pinza o tenaza.

- Para clavos: por taladrado posterior hasta la punta y empujado con un punzón.
- Para clavos: por desgaste de la cabeza con una fresa y pasarlos al otro lado con un punzón adecuado.
- Solo para espigas: sacarlas del lugar empujando con un punzón o bien comerlas con una fresa o con la mecha de un taladro.
- Con una mecha de caño haciendo un taladrado que involucre el elemento a sacar. El orifico resultante se deberá rellenar con una espiga de madera.

MANCHAS BLANCAS (DE VASOS)

Sobre madera natural o algunos tratamientos superficiales. Se pueden llegar a sacar puliendo con un abrasivo muy suave y luego encerando o barnizando. Puede utilizarse: virulana en seco o con aguarrás, lijas de carborundum al agua (usar en seco) muy finas, del 320 en adelante o bien pastas de pulir de joyería.

MANCHAS DE TINTA

Se puede probar con un abrasivo suave y alcohol desnaturalizado, con ácido oxálico (también conocido como "sal de limón") en proporciones variables hasta saturación neutralizando luego con bicarbonato de sodio. Con cloro y posterior teñido de la madera y reposición del tratamiento superficial.

MANCHAS OSCURAS (AGUA BAJO TRATAMIENTO SUPERFICIAL)

Tratamiento similar que para las manchas de tinta. En este caso es casi seguro que se deberá eliminar el tratamiento superficial el que será repuesto luego del procedimiento que se adopte. En estos casos se sugiere quitar el tratamiento superficial y esperar unos días para que seque el agua a ver si persiste la mancha.

MANCHAS DE GRASA

Recuerde que la grasa es un material oleoso de alta densidad, por eso penetra más lentamente, si fuese de baja densidad sería un aceite con buena capacidad de penetración.

Sobre madera natural sin tratamientos superficial: si son manchas antiguas intentar con papel absorbente y calor de plancha, de manera controlada y puntual, colocando siempre un aislante entre la espátula caliente o plancha, el papel secante y la madera. Si son del momento pasar un paño con aguarrás o trementina, secar y repasar con trapo limpio.

Sobre madera con tratamientos superficiales: para manchas antiguas primarán las exigencias del tratamiento o se lo deberá remover y rehacer a posteriori. Para manchas recientes probar con la absorción, primero en seco, luego con algo de calor y por último con ayuda de solvente si es posible, el cual se aplica de manera puntual, en los bordes de la mancha, en pequeños puntos separados entre sí. Luego se coloca el papel absorbente o secante, para que la mancha sea absorbida por este último. En caso contrario se levanta el tratamiento, se limpia la madera y se repone.

MANCHAS DE ACEITE

Accionar de manera similar al método descripto anteriormente, teniendo en cuenta el tipo de mancha presente en cada caso.

ABOLLONES

Se quita el tratamiento superficial correspondiente al área abollada y se hidrata la madera, en forma pareja y controlada, con agua hirviendo por gotas y/o vapor de agua hasta que las fibras de la celulosa se hinchen y recuperen la forma original. También se puede mantener el calor del agua con la punta de un cautín soldador o la punta de una espátula caliente, si se utilizan otros elementos aparte del agua, se recomienda colocar una tela aislante sobre la zona a tratar y sobre ésta suministrar el calor de manera puntual, evitando en todo caso dañar la madera.

Se deja secar en forma lenta y se repone el tratamiento superficial. Si la recuperación de las fibras no alcanza a rellenar la depresión, una vez perfectamente seca se le coloca una gota de goma laca disuelta en poco alcohol, o bien laca o barniz incoloro y se deja secar, a continuación se repite el proceso hasta que la superficie resultante de lo aplicado en el abollón quede nivelada con el resto.

Este último procedimiento se aplicará directamente y como único paliativo, sobre todo en abollones chicos.

RASPONES

Localizados los mismos notaremos respuestas diferentes según sean paralelos o perpendiculares a las fibras de la madera. Los paralelos normalmente resultan de paredes lisas, libres de fibras sueltas y roturas, todo lo contrario de cuando resultan perpendiculares a las fibras.

En cualquier caso se procede a limpiar el surco, eliminando las astillas existentes por corte o lijado, reubicando y pegando en su lugar original los pequeños trozos de madera fracturados y desprendidos, se culmina la preparación con la eliminación total de las rebabas.

Completada esa parte de la operación, se rellenará el surco hasta nivelarlo con goma laca disuelta en alcohol, laca o barniz incoloro, cera teñida e incluso ceritas escolares derretidas en caliente y mezcladas para obtener el tono o color. Eventualmente se puede usar aserrín de esa madera (muy fino) empastado con cola, según las dimensiones del mismo.

También se puede recurrir al llamado mastic o mástico, mezcla de cera de abejas y resina que se utiliza disuelta en caliente para rellenar los huecos; estando disuelta puede teñirse o bien pintarse una vez colocado y frío.

AGUJEROS Y RAYONES

La técnica de reparación se establecerá conforme la dimensión del deterioro: para los de pequeño tamaño se opera igual que para con los raspones. Para los de gran tamaño se procede de igual modo que con las grietas.

GRIETAS

Antes de reparar una grieta en la madera hay que estar seguro que la misma no tendrá nuevos movimientos, sea por variación de humedad, temperatura u otras causas. Si la grieta cambia de tamaño o abertura frecuentemente no conviene rellenarla hasta tanto se eviten sus desplazamientos.

Verificada la falta de movimientos, se procede a rellenar la misma con aserrín y una cola suficientemente líquida para generar una masa bien elástica, desde el nivel de la superficie interior - no visible - hasta un par de milímetros antes de la superficie exterior, hecho lo cual se dejará secar perfectamente.

Tomando aserrín de la misma madera a reparar - del lado interior, no visible - o similar lo empastamos con goma laca disuelta en alcohol o bien con un adhesivo incoloro y se procede a rellenar el espacio faltante hasta dejarlo perfectamente nivelado.

En caso de que no pueda realizarse el tratamiento correspondiente, se recomienda en primera instancia sujetar el objeto a modo de no generar presiones y tensiones que contribuyan a la separación de las partes, esta se hace atando una tela de algodón limpia o colocando bandas elásticas en todo el contorno del objeto. Como medida preventiva se sellarán los cantos de la grieta con un hilo de PVA, para evitar la acumulación de polvo entre las caras de la abertura.

Dado que la grieta continuará su trayectoria por el propio movimiento de la madera, si no se estabiliza la humedad del ambiente, se recomienda realizar con un punzón un orificio del menor tamaño posible, en la zona donde convergen ambos cantos, esto sería en el vértice del ángulo formado por la grieta. De esta manera se disipan las tensiones existentes y permitirá que la grieta no siga avanzando sobre el objeto.

QUEMADURAS SUPERFICIALES

Se procede a quitar todo lo carbonizado porque eso no es recuperable. Utilizaremos para ello raspadores metálicos, lijas de diferentes granulometrías e incluso esponja de acero muy fina. Eliminamos material hasta llegar a ver un tono similar al de la madera en cuestión. Si la depresión es muy leve, simplemente se suavizan los bordes de la misma para disimular su existencia y se aplicará el tratamiento superficial que tenía o similar.

Dependiendo de la profundidad y superficie a nivelar, se recomienda obturar la zona con cera virgen de abejas, la cual puede ser tonalizada a modo de imitar el acabado de la pieza. Otra alternativa posible es rellenar el faltante con capas sucesivas de goma laca-alcohol, laca o barniz hasta nivelar con el resto.

Ya más profundo, habrá que rellenar con aserrín muy fino de la misma madera mezclado con un adhesivo apropiado y luego reproducir el tratamiento superficial.

ENDEREZADO DE MADERAS ALABEADAS O TORCIDAS

La humedad en el ambiente y las diferencias en la dureza o consistencia de la madera hacen que, con el tiempo y en el proceso de secado (en especial si no se hace correctamente), las tablas sufran una flexión que puede variar en dirección y deformación, incluso inutilizándola. Lo mejor para evitarlo es usar maderas estufadas de especies comerciales y aunque el alabeo suele darse al preparar las tablas, también se da en trabajos terminados, pero se reduce el riesgo si la madera está completamente seca y se protege adecuadamente. La edad del árbol también cuenta mucho (entre más viejo, mejor) y la forma en que se corta el mismo.

La manera correcta de proceder ante esta alteración es humectando perfectamente las fibras contraídas que produjeron el alabeo, con agua caliente y/o vapor de agua, y prensando la pieza sobre un elemento resistente hasta llevarlo a la forma original. Se deja secar lentamente en esa posición y completado el mismo se la libera de la presión aplicada.

TEÑIDO DE MADERAS

Es práctica común acondicionar el color de las maderas, o bien restituirlo en caso de alteración. Para lograr un teñido apropiado de la madera, esta no puede haber estado sometida con anterioridad a procedimientos que hubieran sellado sus poros, los tintes deben ser absorbidos por el material a fin de penetrar su superficie y adherirse apropiadamente. Una madera barnizada o ya teñida con tintes comerciales como los de base de poliuretanos debe lijarse hasta eliminar la capa sellada y luego volverse a teñir.

Tenga en cuenta que:

1. Los tintes deben ser esparcidos muy bien por la superficie para que el color quede parejo, por eso lo mejor es preparar una pequeña muñeca de tela de algodón que se toma entre los dedos. Esta se pone en contacto ligeramente con el tinte y se frota por la superficie a teñir, preferentemente formando círculos. Una vez agotado el tinte absorbido se recarga la muñeca con tinte nuevo hasta cubrir toda el área sin repasar parte alguna de manera que se forme una capa continua.

2. Para lograr el tono deseado pueden utilizarse más de una capa de tinte, siempre que sea absorbido por el material. En todos los casos debe dejarse secar completamente una capa antes de poner la próxima.

3. No todas las partes de una misma madera se tiñen a igual intensidad. Cuando las fibras son paralelas a la superficie como en las caras y bordes de una tabla, el color del tinte se adquiere en algunos casos más, y en otros menos, que en los bordes de corte transversal donde las fibras son perpendiculares a la superficie de trabajo. Esto hace que algunas partes deban recibir más capas de tinte que otras.

4. La madera absorbe muy rápidamente el tinte, por lo que si ha empezado a teñir una superficie debe continuar hasta el final. Si interrumpe el trabajo aunque sea por unos minutos, el borde de unión de ambos procesos de teñido quedará marcado en la madera al solaparse.

5. Un teñido muy profundo puede desvanecer las vetas de la madera que en muchos casos son deseables a la vista.

6. Las lacas y barnices no son perfectamente transparentes y en general oscurecen un tanto la madera terminada (generalmente a color ámbar) por lo que el teñido previo debe dejar una reserva de color al acabado final.

7. Si ha usado un tinte a base de agua debe esperar un completo secado del tinte antes de proceder a barnizar o laquear con productos hidrófugos o afectados por la humedad, poliuretanos, barnices al aceite, goma laca.

Habitualmente se utilizan anilinas y según el vehículo que usen, alcohol o agua, sean grasas o acuosas, la madera debe estar libre de cualquier tratamiento superficial previo, es decir, debe exhibir, como se dijo anteriormente, la superficie natural.

Para grandes áreas se usa el sopleteado, el pintado y aún la inmersión.

Previamente se debe ensayar si la absorción y el color resultante son parejos, caso contrario se deberá cambiar de sistema, de vehículo y anilina o realizar un tratamiento previo a la madera.

RETOQUES MINIMOS DE TEÑIDO

Para acciones muy puntuales se puede utilizar un pincel fino o un hisopo.

Para áreas un poco más grandes se frota un cepillo semi duro (puede ser un cepillo de dientes) embebido parcialmente en la anilina sobre una tela metálica fina ubicada de 2 a 5 cm por encima de la zona a retocar, ello produce una lluvia de gotas de concentración decreciente a partir del centro hacia los bordes.

Las gotas nunca se deben frotar o hacer correr de lado, sólo se las plancha, taponando con una muñeca o esponja o bien pasando un rodillo de esponja.

TRATAMIENTO DE MADERAS SUMERGIDAS

(Se recomienda sea realizado por un especialista).

Cuando las maderas han estado mucho tiempo bajo el agua, caso típico de un naufragio, aparte de estar saturadas por el líquido están totalmente alteradas y han perdido gran parte de su resistencia original por el lavado de sustancias químicas hecho por el agua, además han incorporado a su masa diversos elementos llevados por esa misma agua.

Al recuperarla, como primera medida se la debe mantener cubierta o empapada por el mismo tipo de agua que la envolvía. Así se la transporta hasta un recipiente capaz de contenerla donde se hará circular en forma permanente el agua que la cubría para que la vaya lavando de suciedades sólidas. Periódicamente se modificará el tipo de agua en circulación incorporando un 10% de agua pura en cada modificación hasta que sólo circule agua pura, se logra así limpiar la madera de sustancias ajenas (sales marinas, arenas, lodos, residuos).

Llegado a este punto comenzará el proceso de desecación. Se repetirá la variación periódica del liquido circulante, sólo que en esta oportunidad se incorporará 10% de alcohol en cada modificación del agua hasta hacer circular solamente alcohol puro.

De esta forma, primero se quitará de la madera la suciedad y el agua de la inmersión, en la segunda etapa se eliminará el agua potable y en la tercera se incorporará un líquido de gran rapidez para evaporarse (y secar), líquido en que además se pueden vehiculizar tóxicos y ahuyentadores bióticos como así también consolidantes (caseína, ceras, acrílicos) que impregnarán la madera en su totalidad.

Existen variantes a este método como ser el agregar una etapa más, que consiste en el reemplazo del alcohol por éter, que es de secado mucho más rápido, aún cuando no se recomienda por el riesgo de explosión. Otra es el secado por vacío.

Este tratamiento es lento, puede durar meses o años, pero es muy seguro.

REPOSICION DE FALTANTES

(Se recomienda sea realizado por un especialista)

Para reponer faltantes se presentan tres caminos:

- simplemente rellenar el volumen faltante con cera virgen de abejas, o bien con aserrín y cola, mezcla que una vez endurecida se retocará con ajuste a la superficie original.
- recortar la zona dañada (con sierra, serrucho, formón, escoplo, gubia) para dejar un vacio que pueda ser ocupado por un trozo adecuado de madera maciza, el que se adherirá con cola y se retocará una vez fijo en el lugar para ajustarlo al diseño y las superficies adyacentes.
- contemplar la necesidad de cambiar una pieza completa del objeto para lo cual se deberán desarmar los encastres necesarios para liberarla y reemplazarla por una réplica, lo más similar que sea posible con la original, pero con identificación explícita de ser reemplazo.

Detalles a tener en cuenta en cada caso. En el primero, el aserrín puede ser tomado de la misma madera o de otra; si es de otra, es preferible utilizar el aserrín de madera blanca procesado que tenemos en reserva teñido previamente.

Según los casos la cola puede ser reemplazada por otro adhesivo que resulte más práctico, p.ej. goma laca. Al seleccionarlo se debe tener en cuenta que brinde buena adherencia al tratamiento superficial a superponer.

Las vetas visibles pueden ser pintadas sobre la superficie antes del tratamiento superficial definitivo, para ello se puede usar acuarela, témpera, óleo o anilinas.

Cuando las superficies a reponer son talladas, implica la toma de moldes con látex, siliconas, o caucho auto vulcanizable reforzado con tela, tul o malla de zonas idénticas pero sanas y completas. Esos moldes se rellenan luego con aserrín amasado con adhesivo y se dejan secar, se extraen las piezas moldeadas, retocan, ajustan y pegan en su posición definitiva. Son trabajos para personal idóneo/especializado.

Cuando la reposición se haga con madera maciza se debe tener particular cuidado en utilizar madera de la misma especie y calidad del original y el mismo sentido de las fibras para evitar deformaciones posteriores. También aquí resulta válido imitar las vetas.

Cuando se deban desarmar encastres, primero se debe identificar su tipo y ver en un gráfico su armado o montaje (p.ej. diccionario de Tellechea). Reconocido el ensamble, se debe revisar muy cuidadosamente las zonas involucradas en el mismo en busca de clavos y tornillos metálicos en superficie o rehundidos con sus orificios resultantes obturados o destapados; de haberlos hay que retirarlos antes que nada. Lo mismo si se detectan espigas de maderas usadas como pasadores de refuerzo o traba. Deben tenerse en cuenta las mismas consideraciones que antes para la madera a utilizar en el reemplazo.

CONSOLIDACION DE SUPERFICIES PINTADAS, POLICROMADAS O ESTOFADAS

Se realiza por la aplicación superficial de un consolidante, con el pincel más fino que se logre, actuando sobre las grietas o craqueladuras que presente la capa pictórica.

Si los bordes de las roturas están arqueados hacia arriba se prueba si son elásticos, en ese caso aplicado el adhesivo se cubren con un acetato o plástico y se la presiona muy suavemente con el dedo para plancharla, si se logra, se coloca un peso encima y se deja secar.

Si no son flexibles, o es tarea para un experto o se dejan arqueadas pero consolidadas con material reversible en aplicación. Si no hay planchado, los excedentes se limpian apenas aparecidos con hisopos o esponjas secas o apenas húmedas; si hay planchado, luego de seco con hisopo húmedo.

Los adhesivos a usar serán sin brillo y de muy buena adherencia, se puede utilizar Paraloid B72 o Acriloid B72 ambos solubles en xilol o toluol, caseína + fungicida + insecticida, acetato de polivinilo (30%) + metilcelulosa (70%), ceras + parafinas en caliente.

Tanto el Paraloid como el Acriloid sirven para rellenar huecos faltantes no demasiado grandes.

LIMPIEZA DE TRATAMIENTOS SUPERFICIALES

Mucho cuidado. Verificar en bibliografía y ensayar en obra.

DORADOS Y PLATEADOS

En general el tratamiento de dorados y plateados superficiales queda reservado a los expertos. Eventualmente se puede realizar una limpieza puntual utilizando hisopos en seco o apenas humectados con un producto equivalente que tiene el pH equilibrado.

Para reparar pequeños faltantes podemos recurrir al uso de un barniz fácilmente reversible, variando desde un alto brillo metálico hasta totalmente mate mezclado con purpurina del color apropiado.

Se debe recordar que los trabajos en pan de oro (o plata) sobre madera tienen una base de preparación de yeso o tiza y cola perfectamente alisada, una capa de mixtión (adhesivo con color rojo o verde) y la lamina de metal, la cual, presionada con una brocha de pelo corto y duro presenta una superficie rugosa semimate pero alisada con piedra de ágata revela una superficie perfectamente lisa y de alto brillo metálico.

ENCHAPADOS

REEMPLAZO

- masivos: si el deterioro es muy grande y ocupa amplia superficie, se puede reemplazar toda la lámina por una similar que será pegada con adhesivo de contacto o con cola fría, previo extraer la chapa vieja, limpiar, alisar o nivelar y lijar perfectamente la superficie a cubrir.
- superficies pequeñas: se puede reemplazar sólo esa zona colocando un parche. Caso típico de golpe o quemadura de cigarrillo.

    Para ello se selecciona la lámina parche por tipo de madera, espesor y color.

La plancha de parche debe ser de mayor espesor que la original, para poder luego lijar, pulir y nivelar. Las planchas se pueden oscurecer tostándolas sobre un calentador eléctrico, con una plancha común o en una caja de arena sobre el fuego. En caso contrario el parche se puede teñir y pintar las vetas con anilinas, tintas y hasta con acuarelas, según el tratamiento a recibir posteriormente.

Obtenida la plancha a utilizar se la acomoda sobre la zona a reemplazar de forma tal que las fibras de ambas queden paralelas. Se fija en esa posición aplicando cinta de enmascarar en sus bordes y se cortan simultáneamente, con un bisturí o trincheta bien fina ambas planchas en forma de rombo conforme la dirección de las vetas, cumplido esto se retira, se limpia, se extrae la chapa vieja, se limpia y nivela su asiento, se coloca cemento de contacto en el sitio y se pega el parche. Se cubre con un plástico o celuloide para evitar adherencias no deseadas, se prensa y se deja secar.

CAPITULO IX

PAPEL

INTRODUCCION

El papel resulta de la unión íntima y solidaria de fibras, colas y cargas. Los papeles pueden ser fabricados a mano o a máquina.

PAPELES A MANO: reconocibles en algunos casos por su irregularidad superficial, por los rastros que dejan en una de sus caras los hilos metálicos que forman la base del marco observables al trasluz y siempre porque su espesor disminuye a medida que se acerca al borde donde termina no muy regularmente y con las fibras abiertas o al aire.

Los papeles a mano jamás se deben guillotinar, ni aún encuadernados como libro, siempre tienen que conservar y exhibir sus bordes irregulares y desfibrados como garantía de origen. Resulta indistinguible el sentido de las fibras constitutivas.

PAPELES A MAQUINA: espesor uniforme en toda la plana en el orden de la centésima de milímetro, uniformidad de textura y grano. Perfectamente distinguible el sentido de las fibras constitutivas.

CLASIFICACION

Está condicionada por el uso a darle y sólo dos podrían ser generales: según el contenido de celulosa medido por el índice de alfa celulosa y según el peso de la hoja por metro cuadrado (un sistema anterior, daba el peso por unidad convencional de volumen lo que indicaba, por referencia, el espesor de la hoja).

Otras clasificaciones indican su porosidad, la capacidad de absorción, la resistencia a la tracción o al impacto, su acidez o alcalinidad, la capacidad de degradación en agua.

La variedad de tipos diferentes de papeles, cartulinas y cartones es muy grande, todos ellos tienen en principio una génesis similar y difieren en sus espesores finales y en sus cualidades particulares. Para la producción de menor calidad se recurre al reciclado de esos mismos materiales ya usados, distinguibles en cierta medida por la aspereza superficial, la coloración y las impurezas de la masa, ubicados bajo el microscopio se observa la falta de homogeneidad en los constituyentes.

No todos son opacos, los hay semi transparentes como el papel vegetal o de dibujo, papel opaco al que se lo impregna con Bálsamo del Canadá o similar y que lo torna así translúcido o bien el papel celofán, en realidad Celophane que era la marca registrada de su fabricante, pero se tornó tan popular que se volvió nombre genérico de ese tipo de papel transparente.

ALGUNOS TIPOS DE PRESENTACION

MARCA DE AGUA: (mal llamada filigrana) acomodamiento que sufren las fibras constitutivas del papel en la primera etapa de su fabricación, motivada por la existencia de un diseño ejecutado con un mínimo resalto en el fondo del marco en el caso del papel hecho a mano, o por la presión unida a la vibración que se le aplica por medio de un cilindro donde aparece el diseño con un muy pequeño relieve en la fabricación continua o a máquina. El acomodamiento en forma paralela de una gran parte de las fibras presionadas a lo largo de los resaltos del diseño, hace que se forme una banda (simple o doble) de mayor densidad y ópticamente más opaca. Por el contrario la zona adyacente disminuida en la cantidad promedio será más translúcida, conformando así la Imagen que se puede apreciar al mirarla al trasluz, es decir por transparencia.

Las marcas de agua originales soportan sin deterioro el ser hervidas en agua por media hora o más, las imitadas por compresión del papel luego de hecho se borran al retomar las fibras su posición anterior. Otra forma de falsificarlas es abriendo el papel al medio y pintando con una sustancia grasa o resinosa (aclara - vuelve translúcida) y/o con témpera blanca (oscurece - opaca), éstas tampoco pasan la prueba del agua hirviente.

GOFRADO: deformaciones permanentes que se hacen en la lámina de papel por presión entre dos moldes, uno positivo y otro negativo (macho y hembra) donde sin variar el espesor del papel se aplica un diseño que aparece de un lado en relieve y coincidentemente en hueco del otro lado, ej.: servilletas de papel, papeles y cartulinas para embalaje amortiguador.

TEXTURADO: deformación permanente que se hace sobre las caras de la lámina de papel en las etapas húmedas por presión entre dos moldes que alteran el espesor de la hoja, dejando diseños sobre una o las dos caras.

TEÑIDO: cualquiera sea el sistema y la técnica de fabricación la pasta original es de color claro y según las necesidades se blanquea o se tiñe para uniformar el color de salida o identificar tradicionalmente a un tipo de papel, p.ej. papel madera, papel kraft. El teñido se reconoce porque afecta a la masa en conjunto (visible en todo el espesor con ayuda de una lupa).

TRATAMIENTOS SUPERFICIALES

ENDUIDOS VARIOS: aplicación en fábrica de una película superficial sobre una o ambas caras, en general a base de almidón, gelatina, resinas o colas, para dotarlo de características especiales bien definidas: sellado total de poros, aplastamiento de fibras levantadas, brillo, satinado superficial, eliminación de reflejos. A veces se pueden reconocer a simple vista o por la sencilla humectación de una pequeña zona (hinchazón superficial y pérdida de brillo, con parcial recuperación de las características anteriores al secar).

PLASTIFICADO: aplicación adherente de una película de plástico para dotarlo de mayor brillo, impermeabilidad o darle más resistencia a la fricción o la tracción. Se verifica desprendiendo por mojado o quemado parcial.

ALUMINIZADO: ídem anterior pero con una lámina de aluminio. En algunos casos se está haciendo por vaporización de aluminio fundido.

QUIMICOS SENSIBILIZANTES: aplicación superficial de sustancias químicas sensibles a elementos exteriores p.ej. papeles para fotografía (reaccionan ante la luz), papeles para copias heliográficas (reaccionan ante la radiación ultravioleta), cinta medidora de pH. En estos casos los papeles deben estar sometidos a condiciones especiales de conservación, normalmente indicadas por sus fabricantes.

OBRA GRAFICA: es la conjunción de tres elementos:

- un soporte: papel, cartulina, cartón o cualquier otro material
- una técnica de trazado o de impresión: puede ser una o varias de ellas juntas
- los colores, tintas o pinturas utilizados

La integración de esos tres elementos da por resultado un diseño, un texto o una mezcla de ambos.

Es importante recordar que en un escrito lo prioritario es el texto, las palabras y su significado, mientras que en una expresión plástica lo prioritario es la imagen original, sus formas, sus colores, sus texturas y sus brillos.

Las impresiones en color usualmente requieren de un mínimo de cuatro placas distintas, una para cada uno de los colores primarios: azul, amarillo, rojo y el negro, con el que se definen los contornos y las sombras.

Existen tres grandes tipos de grabados:
- el diseño queda en relieve: xilografía, tipografía.
- el diseño queda en hueco: grabado a buril, aguafuerte y
- el diseño queda sobre la misma y única superficie: litografía.

Las impresiones del tipo artesanal suelen llevar al pie, junto al título de la obra y al nombre o la firma del autor y/o grabador, dos cifras separadas por una barra, la menor indica el número de orden de esa copia mientras que la mayor indica el total de la tirada.

IMPRESIONES MECANICAS

EN RELIEVE

XILOGRAFÍA -a la fibra-: acabado en madera. Una de las más antiguas técnicas de imprenta, presenta dos variantes: A) "a la fibra" (fin s. XIV) y B) "a contra fibra" (mitad s. XVIII).

En el primer caso se usa un taco de madera blanda cortada en el sentido de la fibra como una tabla y se excava en una de sus caras con herramientas cortantes (gubias, cuchillas) para dejar en relieve sólo el diseño deseado, formado por la superficie original remanente. Entintada dicha superficie, se estampa por presión el grabado en relieve. Este sistema puede producir cientos y aún miles de copias.

En épocas modernas se suele reemplazar la madera por el linóleum, que es más fácil de trabajar pero mucho menos resistente para estampar y últimamente, el reemplazo es por la baldosa plástica.

XILOGRAFÍA -a contra fibra-: en este caso la superficie a utilizar es la que presenta las fibras de punta, es decir por corte perpendicular al eje del tronco y en general se utiliza madera de boj.

La extracción de la madera para formar el diseño se hace por medio de un buril, lo que produce surcos de gran delgadez y precisión. Completado el diseño se entinta todo, se limpia con un trapo la superficie plana para que sólo quede tinta en los surcos y se estampa por presión. Hay que tener muy presente que éste es un grabado en hueco.

Se los reconoce: primero, por las marcas o desniveles que dejan en el soporte los bordes periféricos del taco y de los relieves entintados, segundo, por los colores planos, sin variación de tono o matiz. En estos sistemas, cada color significa un taco o una plancha diferente y su correspondiente estampa.

TIPOGRAFÍA: impresión por medio de elementos prismáticos de formas y medidas normalizadas llamados tipos, que presentan en su cara superior y en relieve, una letra, número o un motivo y acomodados en renglones y columnas sirven para imprimir textos. Es la base de la imprenta de tipos móviles.

Reconocible por la uniformidad de las letras y el diseño, las tintas sin relieve y las eventuales marcas rehundidas en el papel por la presión de los tipos.

LINOTIPIA: una máquina con teclado tipo máquina de escribir entrega los renglones del texto ya compuestos en una sola pieza de aleación de estaño, antimonio y plomo llamada "metal de linotipo" lograda a partir de matrices individuales unidas y fundición propia. Ella reemplazó la composición a mano con tipos individuales.

Igual forma de reconocimiento que para la tipografía.

CLISÉ: muy utilizado para reproducción de fotografías en periódicos. Da una imagen similar a la mezzatinta y/o al aguatinta, con proceso mecánico/químico. Es una placa cubierta por una lámina metálica con una red uniforme de puntos de mayor o menor diámetro con los que se logra reproducir toda la gama del blanco al negro. Dicha lámina (por lo general de zinc) es recubierta con una emulsión fotográfica impresionada a través de un reticulado o trama y grabada al aguafuerte.

Por este método se pueden reproducir con absoluta fidelidad textos e imágenes monocromas. Para las policromas se necesita una plancha para cada color, aprovechando las características de los mismos, se resuelve el problema con 4 placas o fotos tomadas: una en color azul, otra en amarillo, una tercera en rojo y la última en blanco y negro para los detalles de contorno y sombras. Cada color es una nueva impresión superpuesta a las anteriores y con la debida exactitud, dicha superposición integra toda la gama cromática existente en el original. Se reconoce por la simple observación visual, con ayuda de una buena lupa, de los pequeños puntos o bastoncitos en cada uno de esos cuatro tonos aplicados sobre el soporte en distintas proporciones según corresponda a los colores originales a reproducir.

EN HUECO

GRABADO A BURIL: en cobre -desde 1446- y luego en acero. El grabado a buril va dejando un surco delgado y nítido sobre la superficie metálica por la extracción de material en forma de viruta continua. Completado el diseño se entinta totalmente la placa, se frota luego con una muselina o similar para limpiarla y dejar tinta solamente dentro de los surcos. Se coloca encima una hoja de papel humedecido y se prensa para lograr que tome la tinta depositada en las hendiduras.

Se los reconoce observando los mismos detalles ya indicados anteriormente, sobre los desniveles en los bordes de la obra y la perfección y limpieza que presentan las líneas y los bordes de las zonas entintadas. En el caso del acero son de destacar la nitidez y sutileza de las líneas delgadas.

PUNTA SECA: se dibuja directamente sobre una plancha de cobre con una punta de acero, diamante, carborundum o rubí que deja un surco por desplazamiento de material y no por extracción. El material desplazado forma una o dos crestas o rebabas al costado del surco. Entintada y limpiada como en los casos anteriores, la plancha conserva algo de tinta en los bordes de la o las rebabas y al estampar deja una línea central franqueado por paralelas mucho más delgadas e irregulares. Las rebabas que le dan la característica distintiva no suelen durar más allá de las cincuenta copias como máximo. Iguales puntos a observar que antes para el reconocimiento.

PUNTILLADO (algunos autores también lo llaman grabado a crayón y grabado en color): se populariza en el s. XVIII. Los primeros lo utilizaron para la reproducción de retratos por el aspecto de trabajo al pastel o la tiza que presenta. Se reemplaza la línea llena por una sucesión continua de puntos hechos en la placa por una aguja acerada o por una herramienta en forma de espuela llamada Roulette. También se utiliza una pequeña porra o martillo cuya cabeza está dotada de un conjunto de nódulos afilados llamado Mattoir. Con ayuda de estas herramientas, se le da a la placa de cobre un aspecto granuloso que produce una impresión por acumulación de puntos que puede combinarse con grabado a buril y hasta con aguafuerte. La densidad de los puntos va definiendo el diseño a partir de la variación de la escala blanco al negro. Es un grabado en hueco que presenta un aspecto similar a los clisé.

AGUAFUERTE: (desde 1513) en este caso la placa se recubre previamente con una sustancia impermeable al ácido y a continuación se traza sobre su superficie el diseño, descubriendo o destapando los lugares que se desean grabar para imprimir.

A continuación se sumerge la placa en el ácido que excava al metal descubierto. En caso de desearse profundidades diversas se repetirá el proceso cubriendo los diseños a medida que se les da la profundidad deseada. Completado el grabado, se extrae la plancha, se la lava, neutraliza, limpia y seca. Se procede como en todo grabado en hueco.

Su impresión se reconocerá por los bordes ligeramente irregulares de sus líneas y los desniveles que se producirán en el papel en los límites del diseño, aparte de los producidos por el contorno de la plancha.

MEZZATINTA: (aparece en los finales del s. XVII y principios del XVIII). Se traza en la placa una especie de fina red de puntos obtenidos por el paso cruzado (a 90° o similar) de un buril dentado llamado Rocker. En este estado produciría una impresión totalmente negra, para obtener tonos más suaves, se rebajan o eliminan puntos de la plancha por raspado o pulido.

Da una imagen similar a la entregada por un clisé moderno con una perfecta reproducción de la gama del blanco al negro.

GRABADO AL BARNIZ BLANDO: variante del Aguafuerte donde el barniz o la sustancia aislante se mezclan con sebo y con eso se recubre la plancha, luego se le coloca encima una hoja de papel muy delgado sobre la que se dibuja con un lápiz común el motivo deseado. Parte de la capa protectora se adhiere al papel y es retirada junto con éste al ser quitado lo que confiere al aguafuerte final un aspecto graneado.

AGUATINTA: como la mezzatinta, esta técnica se caracteriza por la exactitud con la que hace posible la reproducción de los tonos más sutiles y se ha adaptado también para la obtención de efectos de perfecta transparencia. Ofrece resultados parecidos a los proporcionados por las acuarelas. Es una variante del aguafuerte donde la capa protectora original es porosa y el ácido penetra dejando una red de líneas finísimas, logrado esto, se extrae, se impermeabilizan los sectores del diseño que quedarán blancos y se repite la inmersión grabando un poco más y generando las zonas muy pálidas. Se saca, impermeabiliza y vuelta al ácido, así hasta lograr toda la gama deseada que constituye el diseño completo.

HUECOGRABADO y ROTOGRABADO: nombres que definen sistemas de impresión por medios mecánicos a través de planas o rotativas, pero de igual técnica que las ya vistas. Una lámina de zinc o de aluminio, con los diseños grabados a mano, por medio mecánico o químico pero siempre en hueco, donde se deposita la tinta que se transfiere al papel por presión directa.

EN EL MISMO PLANO

LITOGRAFÍA: (desde 1798) se basa en el rechazo del agua sobre las superficies grasas. Se dibuja con un lápiz graso sobre una roca sedimentaria de grano fino, excelente pulido y superficie bien lisa conocida como piedra litográfica, hoy reemplazada por lámina de zinc o aluminio. Luego se moja con agua y se aplica la tinta con un rodillo, ésta no se fija en las partes mojadas o húmedas, pero sí en las partes grasas libres de agua, se cubre con el papel y se prensa para que este tome la tinta de la superficie pétrea engrasada. Se reconoce por los colores planos o sin matices. Cada piedra admite un solo color.

OFFSET: hasta aquí se había visto que todas las estampas se realizaban bajo presión directa del papel sobre la matriz, hecho que las deformaba rápidamente obligando a su reemplazo muy seguido.

En este proceso se soluciona el problema intercalando un rodillo de goma que, por su elasticidad, se adapta perfectamente a la matriz a muy baja presión, toma la tinta del diseño de ella y sin deformar sus perfiles la transfiere al papel. En este caso jamás se advierten marcas de presión en los bordes de los diseños.

CALCOGRAFIA: método de alta tecnología y precisión, en general reservado para casos particulares donde es imperioso evitar falsificaciones, ej.: billetes de banco, títulos y valores. El papel es ligeramente deformado por presión al pasar entre dos rodillos que presentan grabado el mismo motivo, uno en relieve y el otro en hueco, al tiempo que la parte saliente es impreso por un sistema offset. Ejemplo típico son los billetes argentinos actuales. Se reconoce por su impresión en relieve, comprobable al tacto.

SERIGRAFIA: impresión por la pasta de color que atraviesa las partes dejadas permeables de una tela de seda tensada en un bastidor que se aplica sobre la superficie a imprimir. Se presiona la tinta sobre ella deslizando una espátula para que la pasta de color la atraviese y se deposite en el soporte. La seda se impermeabiliza con cera y solo se aplica un color por vez. En todos los casos la pasta conserva un cierto espesor.

Este sistema se utiliza para confeccionar las Calcos que se usan en la decoración horneable de losas y porcelanas.

MIMEOGRAFO: Similar al anterior pero en este caso la seda es reemplazada por un papel encerado, que se torna permeable a la tinta al romperse la capa de cera por la presión ejercida por los tipos de una máquina de escribir o método similar. Se lo reconoce por los bordes difusos de sus trazos o líneas, sus imperfecciones o irregularidades y el uso de un papel ligeramente absorbente.

FOTOCOPIA: Vaporización controlada y ordenada del carbono sobre el papel y fijada por un laqueado en los primeros modelos o por calentamiento final en los últimos. Se lo reconoce, bajo la lupa de 5X o 10X, como una masa esponjosa o porosa que se disgrega en forma pulverulenta bajo presión y que se puede desprender del papel con cierta facilidad.

HELIOGRAFIA: papeles sensibilizados químicamente que registran imágenes opacas por transparencia bajo la acción de la radiación ultravioleta. Ejemplo típico lo constituyen las antiguas copias de planos. No admiten matices y según el tipo de papel es el color que desarrollan, rojo oscuro, azul, verde. Se revelan en atmósfera amoniacal y se conservan en ambientes frescos, no ácidos, secos y oscuros.

FOTOGRAFIA: papel sensibilizado químicamente que registra imágenes por acción de la luz visible extendida a la radiación infrarroja y a parte de la ultravioleta. Las hay en blanco y negro y color (ver cap. X).

IMPRESIONES MANUALES: por medio de tintas sólidas o líquidas.

MANUSCRITO: escritura de un texto a mano utilizando un elemento de guía para el trazo y una sustancia de color para materializarlo. Un libro o un documento pueden tener un soporte de madera, corteza, seda, papiro, pergamino, papel, metal, marfil, y para su realización se utilizaron juncos desflecados, pinceles, plumas de ave, preferentemente de gansos o grajos debidamente cortadas. Ya en el siglo I a.C. se utilizaron plumas de metal. En Pompeya (79 d.C.) se encontró una pluma de bronce con punta dividida. La pluma metálica común se generaliza en el siglo XIX.

LAPIZ: barrita de diversos materiales compactados sólidamente y usualmente encerrados en un cilindro o prisma de madera usado para escribir, dibujar y colorear. Los hay de diversos tipos; uno de los más conocidos es el lápiz de grafito compuesto por una sustancia carbonosa de grano fino que se mezcla con arcilla, se moldea y cocina. Su dureza depende de la proporción de arcilla contenida en la mezcla y la identifican con las letras H y B.

LAPIZ DE TINTA: lápiz de grafito que lleva incorporado en la mina sustancias que en contacto con el agua se convierten en tintes indelebles. Lápiz de plomo: mineral blando llamado mina de plomo. Bistre: tierra calcinada y arcilla. Blanco: barrita de tiza. Conté: negro mate de arcilla y plombagina. Aurora: negro brillante de oxido de plomo. De colores: arcillas coloreadas por pigmentos especiales con amplia gama de colores y tonos.

LAPIZ GRASO: barrita poco resistente formada por una mezcla de jabón, cera, sebo y negro de humo u otro elemento de pigmentación. Se los denomina lápices litográficos.

TIZA: arcilla terrosa blanca con aglutinante suave, similares características y consideraciones que para el pastel, de inferior calidad que aquel, usada para operar sobre superficies duras y ásperas.

PASTEL: barras cilíndricas sin cubierta exterior formada por una base de tierra de pipa y goma arábiga. Se los fabrica en tres durezas: duro, semiduro y blando, con amplia variedad de colores y tonos, en general claros y muy suaves o de muy baja saturación y absolutamente mates. Se aplican sobre superficies ásperas o rugosas, p.ej.: cartulinas frotadas con piedra pómez para lograr buena adherencia. Su trazo pulverulento puede ser fijado con un espray de goma laca y alcohol, de ser posible, aplicado de ambos lados de la obra pero sin empastarla.

CARBON o CARBONILLA: palitos de madera de romero, brezo, espino, avellano, sauce, carbonizados totalmente por combustión incompleta que sirven para trazar bocetos, croquis y aún dibujos completos. Similares consideraciones que para el pastel.

SANGUINA: Barra sin cubierta exterior de arcilla color ocre y óxido rojo o pardo de hierro (hematites).

ACUARELA: pigmentos solubles en agua mezclados con un mínimo de adhesivo.

De excelente transparencia, en la acuarela el color blanco no existe pues lo suministra el papel soporte. Se aplica a pincel y no requiere preparación de base. Es absolutamente mate.

AGUADA, GUACHE, GOUACHE: pigmentos diluidos en poca agua a los que se agrega un aglutinante adhesivo que muchas veces es miel. Se utilizan para pintar sobre papeles con la ayuda de pinceles. Técnica muy usada en la iluminación de libros. Los colores son densos y carecen de transparencia, tienen buen poder cobertor y existe entre ellos el color blanco. Una vez secos son mates. Similares a la témpera que es su reemplazante en tiempos modernos.

LAVADO: procedimiento que consiste en extender colores a la acuarela o tinta china diluida en agua sobre dibujos previamente realizados, muchas veces de arquitectura o construcción, con una distribución absolutamente regular y perfectamente plana. Sin ninguna gradación de color o tono. Son transparentes y absolutamente mates.

TEMPERA: constituida por un pigmento y una emulsión según el aglutinante que se utilice será el solvente requerido, siendo agua el más común y la esencia de trementina en menores ocasiones. La densidad de aplicación de la témpera es similar a la del óleo pero no conviene empastar grueso o demasiado, para evitar resquebrajamientos. Es totalmente mate.

TEMPLE: pigmentos mezclados con caseína (sólido proteínico que se encuentra principalmente en la leche), con clara o con yema de huevo. Tiene como solvente al agua y es de secado rápido. Es lavable una vez seco. Se utilizó mucho para la decoración de paredes y techos como "falsos frescos". Otras variantes utilizan los pigmentos cocidos en agua de cola o agua de goma con albayalde (carbonato de plomo).

ENCAUSTICA: Pigmentos mezclados con ceras fundidas al calor que se aplican mientras están calientes y fluidas, a veces se agrega un poco de aceite de almendra para hacer maleable la mezcla y volver más lento su secado. El soporte, al igual que la paleta y los pinceles, deben ser entibiados/calentados para aplicar y recibir con buenas condiciones de adherencia futura al material de color. También se usó para la decoración de muros y techos.

OLEO: pigmentos mezclados íntimamente con un aceite secante de linaza, nuez, adormidera, espliego, claveles. Sus solventes pueden ser la esencia de trementina o aguarrás vegetal o alcoholes minerales de lenta evaporación. Los pigmentos suelen mezclarse también con aceite y albayalde, litargirio (óxido de plomo) o carbonato de calcio - sustancia inerte - para tomar más cuerpo y facilitar el secado superficial.

En este caso resulta mate contrastando con la brillantez que exhibe en la forma antes indicada. El óleo se aplica con pincel o espátula y, según el empaste dado, son claramente visibles sus huellas o trazas. Admite cualquier soporte de base pero ésta debe ser previamente imprimada para evitar la absorción de fracciones componentes de la pintura.

ACRILICO: descubiertos a fines del siglo XIX se incorporan a la pintura en tiempos recientes. Pigmentos en polvo, molidos con un aglutinante se mezclan luego con una emulsión acuosa de acrilato con parafina sintética obtenida por la polimerización del etileno.

Se aplica diluyendo con un solvente especial del que hay dos versiones: para acabados mates o brillantes. Es de secado rápido y para retrasarlo se le agregan unas gotas de glicerina. Para dotarla de más cuerpo admite el agregado de polvos inertes.

TINTAS: líquido de color bien visible generalmente negro o casi negro, en solución o suspensión, integrado por un vehículo, un aglutinante/adhesivo y un pigmento. Su uso se remonta a 2500/3000 a C.

Las primeras tintas se basaron en el hollín o negro de humo, luego vinieron las de jugo de Jibia (molusco), extracto de agallas, sales de cobre o hierro (caparrosa verde). En la época romana el emperador usaba la roja, proveniente del múrice (molusco) y la dorada (de minio y cinabrio), luego siguieron las de extracto de Alepo, las de galato de hierro, las de palo campeche y ya en el siglo XX las de anilinas. Los aglutinantes/adhesivos usados fueron muchos y variados, miel, azúcar, goma laca, goma arábiga, resinas.

TINTA CHINA: única verdaderamente indeleble por su contenido de carbono y aceptada para uso museológico. Está hecha a base de negro de humo pulverizado con un aglutinante (gelatina, cola de pescado, goma arábiga) y puede llevar un poco de alcanfor o almizcle; para casos de baja calidad se usa negro de alcornoque. La tinta china se moldea en barras y, protegida de la humedad, se la deja madurar por años, en los que mejora su color y brillo final. Para ser utilizada se la disuelve en agua o en agua y alcohol.

TINTA DE AGALLAS: la mezcla de agallas de diverso origen, tanino y sales de hierro da la llamada "tinta madre" y con ésta, se preparan las tintas comerciales azules y negras. Pueden tener el agregado de anilinas ácidas y una pequeña dosis de cloro o fenol como conservante. Estas tintas sirven para escribir y copiar.

TINTAS DE PALO DE CAMPECHE: el extracto pulverizado del palo de campeche se mezcla con sales simples del ácido crómico, en general bicromatos y agua. Conservan un color negro invariable. Muchas de sus presentaciones, en el largo plazo, no tienen buena resistencia a la luz y al aire, desvaneciéndose paulatinamente.

TINTA DE ANILINAS: aparecen en el 1900. Vehiculizadas en agua o agua y alcohol, como la mayoría de las ya vistas aglutinadas/adheridas por goma arábiga o goma laca. Las producidas a partir de pigmentos orgánicos se desvanecen por el simple paso del tiempo y son irrecuperables.

TINTA DE SELLOS (oficiales): anilinas o pigmentos de diverso origen y calidad, mezclados con glicerina y un aceite secante.

TINTA DE IMPRENTA: desde siempre producidas a base de negro de humo las de ese color y pigmentos inorgánicos el resto. Empastados todos con una sustancia aglutinante (cera, sebo, grasa) y mezclados con un aceite secante, usualmente de lino cocido. Desde mitad del siglo XX son producidas por pigmentos mezclados con sustancias plásticas (polietileno, polipropileno). Las de color negro siempre fueron y en general siguen siendo indelebles. Las de otros colores pueden perderse parcial o totalmente por acción de la luz y el aire.

BOLIGRAFOS: típico del siglo XX, la estampa de su tinta densa y penetrante (de origen sintético y colorantes bastante resistentes al tiempo y la luz) se produce bajo una presión y giro de una bolilla de acero que deforma al soporte dejando un surco muy marcado y sus paredes impregnadas con su tinta. El poco espesor de la película hace que su secado sea casi instantáneo.

FIBRAS: anilinas y pigmentos (orgánicos e inorgánicos) vehiculizados con agua, alcohol y/o éter solos o mezclados de a dos. De gran penetración son de baja resistencia a la iluminación y al tiempo.

AEROGRAFO: pistola de pintar en miniatura que sirve para proyectar por medio del aire comprimido una nube de líquido pulverizado perfectamente controlada (tanto en la cantidad y tamaño de las gotas como en su velocidad de impacto). Se lo utiliza para pintar obras gráficas y pequeñas superficies.

GENERALIDADES

El papel es un material constituido por tres elementos:

Fibras: son las que conforman su trama resistente. Siempre son fibras orgánicas, de celulosa, provenientes del algodón (la mejor), trapo, madera, paja de lino, cáñamo, yute. En épocas recientes y para algunos rendimientos específicos en usos muy puntuales (papel para billetes de banco, para sobres postales de seguridad) se incorporan fibras sintéticas especiales en un porcentaje minoritario, del 15 al 50%.

Colas: sirven para retener las fibras en su posición y evitar que se levanten en las superficies. Pueden ser de orígenes animales, vegetales o sintéticos. A igualdad de fibras su cantidad determina la calidad del papel, a medida que aumenta su cantidad en la masa, baja la calidad de la misma.

Cargas: son polvos inertes que sirven para proporcionar cuerpo y peso al papel, al tiempo que le dan mayor opacidad y tapan los poros de la lámina rellenando los vanos entre fibras, en general son sustancias de color blanco, de molienda impalpable, ej.: tiza, carbonato de calcio.

Variando la dosificación de estos tres componentes se logran los múltiples tipos de papel que hay en el mercado, desde el papel de seda hasta el kraft, pasando por el obra, el de diario, el de calcar, el manteca, el madera.

Comercialmente se ha estipulado que tanto papeles, cartulinas y cartones tipificarán su espesor en función al peso de 1 metro cuadrado de material y que la cifra de 220 gramos por metro cuadrado marca el límite entre papeles y cartones.

Los papeles pueden tener tratamientos superficiales (enduído, estucado, abrillantado) o tratamientos profundos (impregnación, como el conocido papel vegetal, gofrados como algunos de embalar) e inclusive tener tratamientos especiales de fabricación como es el caso del celofán, fabricado a partir de nitrato de celulosa; el celofán libera acido nítrico durante toda su vida.

HIGROSCOPIA: salvo tratamientos en contrario, todos los papeles son en mayor o menor medida higroscópicos, es decir absorben agua del medio ambiente, lo que produce variaciones en sus características físicas y químicas.

FABRICACION: originalmente los papeles se fabricaron a mano con el auxilio de un marco de madera el que se colocaba sobre otro mayor que tenía fijada una malla bien cerrada de crin de caballo primero y alambres de bronce muy delgados después, que servían de filtro para retener las fibras encima permitiendo pasar al agua en que venían. La hoja de papel así realizada tiene los bordes adelgazados en su espesor y con fibras que terminan al aire, como desfibrado o desflecado.

Estos papeles fabricados a mano, no importa la época de su elaboración ni si está plano, plegado o encuadernado como libro, jamás deben guillotinarse sus bordes, pues son los que dan la certeza del método de fabricación.

El aumento de demanda y el avance tecnológico impuso la fabricación a máquina por distintos métodos, según los diferentes tipos de fibras disponibles, ajustándose a las características requeridas por el papel así producido, donde dicho papel es fabricado en una cinta continua que se recoge al final de la maquinaria, en una bobina, para luego darle sus diferentes destinos.

En los papeles elaborados a partir de la madera, aparte de la celulosa, se suele encontrar lignina, hemicelulosa e impurezas de variado tipo, todos elementos de origen pero ciertamente degradantes.

SENTIDO DE LAS FIBRAS: en el papel hecho a mano las fibras constitutivas no guardan un ordenamiento preferencial en la hoja, por lo tanto, la resistencia de la misma es similar en cualquier sentido.

En el papel fabricado a máquina, las fibras siempre tienen un ordenamiento preferencial, aumentando la resistencia en ese sentido en detrimento de los otros, usualmente las alineaciones de máxima y mínima resistencia son paralelas a los bordes de la hoja que se cortan a 90°.

Determinación del sentido:

a) Se corta un disco de papel y se apoya sobre una superficie de agua tibia a caliente. Si todo el borde se arquea hacia arriba, no hay sentido preferencial de las fibras y el papel es hecho a mano. Si sólo se arquean dos zonas paralelas entre sí, el papel es hecho a máquina y el sentido de las fibras es paralelo a la zona arqueada.

b) Se pliega el papel paralelo a dos de sus bordes que se encuentren a 90° y se presiona el plegado haciéndolo deslizar entre las uñas, uno de los plegados se ondulará mientras que el otro permanecerá recto, en el primero el sentido de la fibra es perpendicular al plegado (más débil al estiramiento), en el segundo caso el sentido es paralelo al plegado (más resistente).

c) Se cortan dos tiras de igual ancho y largo de dos bordes que se cruzan y sostenidas al aire en igual forma una se curva más que la otra. Más curva, menos resistencia, fibras al través de la tira, menos curva, más resistencia, fibras a lo largo de la tira.

Hecho el ensayo con las tiras secas, se puede verificar con las fibras humedecidas en igual grado, deberá dar el mismo resultado pero muy amplificado.

d) Si no se puede cortar partes del papel para hacer el ensayo, simplemente rebata la hoja sobre sí misma por el medio de su extensión en un sentido y vea si tiende a quedar doblada o a enderezarse, repita el ensayo en la otra dimensión (a 90° de la anterior). Compare los resultados teniendo en cuenta las medidas de la hoja.

En el presente capítulo se tratará todo lo relativo al papel como material fundamental y como soporte de escrituras -no como soporte de obras plásticas-

Esa parte junto a lo relativo a las tintas y los colores o pinturas será vista en el capítulo XI, sobre Pintura de Caballete, atento la diversidad de soportes y tipos de pigmentos posibles.

CONDICIONES AMBIENTALES OPTIMAS

Ver en capítulo I para recordar estas exigencias.

Aire: Perfectamente limpio y libre de polución, tomado este término en su más amplia acepción. Además debe estar libre de ozono, un activo oxidante.

Velocidad del aire: de 0,1 a 0,3 metros por segundo (0,36 a 1,08 Km/h).

HRA: mínima 35%, máxima 55%, ideal 45% (promedio valores oficiales varios).

Temperatura: mínima 10°C, máxima 30°C, ideal 20°C, (promedio valores oficiales varios).

Iluminación: Para materiales sensibles como grabados en colores, acuarelas y obras sobre papel de baja calidad, se recomienda 50 lux (el mínimo aceptado en museología). Para materiales menos sensibles como por ejemplo tintas de carbón sobre papeles de buena calidad, se recomienda hasta un máximo de 150 lux. (Durante la menor cantidad de tiempo posible).

UV-A y UV-B: máximo 10 micro watts/lumen y durante la menor cantidad de tiempo posible. (Este valor fue recientemente disminuido por los organismos oficiales específicos, antes era de 75 micro watts / lumen, que es lo emitido por una lámpara incandescente).

IR: nada o el mínimo posible y durante la menor cantidad de tiempo posible.

Microorganismos: se debe evitar su proliferación y el posterior ataque atento que todos ellos degradan al papel tomándolo como alimento y como hábitat.

Insectos: se debe evitar su acceso al museo y su instalación dentro del mismo, pues también ellos degradan al papel tomándolo como alimento y como hábitat.

Animales: se debe evitar su acceso al museo y su instalación dentro del mismo, degradan por sus detritos y por su utilización como hábitat.

Vegetales: deben ser inexistentes en locales bajo techo.

El hombre: todo aquel personal que deba manipular o tratar con este material estará debidamente capacitado y/o entrenado, para con el público que accede al mismo, se deberán desarrollar tareas de información y educación respaldadas por un control eficiente.

RECEPCION

Ver en capítulo I "RECEPCION" y complementar la información con los siguientes datos específicos generales a toda recepción.

Equipamiento especial del ámbito de recepción para operar con papel: un atril de vidrio con una luz en su parte posterior.

Se parte de la base de que en la obra gráfica el papel se encuentra suelto, caso contrario y previo análisis de situación y estimación de resistencias y complejidades, se podrá llegar al desenmarcado, al desmontaje o al retiro del contenedor, si resulta una operación relativamente simple.

En el caso de los papeles con montajes complejos o encuadernados (folletos, libros, álbumes) se procede por analogía con el suelto, sólo en casos muy particulares se desarma la encuadernación, se actúa sobre el material suelto y luego se vuelve a encuadernar.

Examen físico: se observa toda la obra buscando la existencia de colonias o ataques de hongos, de no ser apreciados a simple vista, se revisa con una lámpara de Wood para detectar su aparición temprana.

Completada esa fase se realiza una muy prolija observación visual con una buena lámpara y una lupa, se inspecciona el anverso y el reverso, primero con luz frontal y luego con luz rasante para completar la inspección iluminando desde atrás y observando a trasluz para detectar los problemas existentes.

Hay que reconocer: tipo de soporte, sentido de la fibra, higroscopicidad, resistencia, fragilidad, flexibilidad, tensiones interiores, técnicas gráficas usadas y tipo o naturaleza de las tintas y los colores, afinamientos, peladuras, roturas, borrados, retoques, fibras dobladas, abolladas y/o quebradas, deterioros, reparaciones previas, manchas, incrustaciones y adherencias no originales.

Se tomarán fotografías en blanco y negro y en color, de frente con luz frontal, con luz rasante (para detectar tensiones interiores). De ser posible también se fotografiará la obra por transiluminación, es decir con luz desde atrás.

Se pueden tomar fotos en infrarrojo, con iluminación frontal, para detectar profundidad de manchas y colores originales. La implementación de la Fotografía Digital Infrarroja, como parte de los análisis no destructivos a los que es sometida una obra en proceso de conservación y restauración, hizo necesario contar con una fuente de radiación más eficiente que la usada en la realización de reflectografías con cámara de video análogo. Es por ello que, aprovechando los desarrollos tecnológicos en el ámbito de la vídeo vigilancia, se propone la utilización de iluminadores infrarrojos diseñados para el uso específico en este campo como fuente de radiación infrarroja. Como resultado de su uso, se obtienen imágenes digitales infrarrojas de calidad y alta resolución, con un tiempo de exposición menor y sin problemas de foco.

En todos los casos de tomas fotográficas, junto a la obra gráfica se colocará la cartela identificadora de la pieza, la escala de control de grises y de colores y dos reglas graduadas al medio milímetro o al milímetro (una horizontal y otra vertical).

Examen químico: Formas para determinar el pH:

a) utilizando el "lápiz" que valúa por colorimetría. Lápiz de fibra cargado con tinta "Bromocresol Green" que varía su color azul-verde hasta el naranja.

b) aplicando una gota de líquido reactivo sobre el papel y cotejando el color que toma con la escala testigo que indica directamente su valor.

c) se pone una gota de agua sobre el papel se deja un momento, se repone si es necesario, se moja en ella una cinta de control y se verifica su color remanente con su escala de medición.

d) en algunas oportunidades se puede medir el pH en el agua de lavado o enjuague.

e) con los medidores electrónicos con display indicador (requieren del mojado con agua destilada del área de medición). Estos aparatos ofrecen mediciones muy exactas.

Verificación de la solubilidad y fugacidad de tintas y colores, colas y adhesivos existentes, y eventuales tratamientos superficiales sufridos. Se actúa dentro de la obra, en áreas marginales, de bajo interés o carentes del mismo, con un hisopo humedecido en agua o solvente, o con un pequeño gotero se moja el punto elegido se espera el tiempo estimado necesario y se absorbe con papel secante blanco, allí quedará marcada la pérdida o no de sustancia o color.

Existe una gama mucho más amplia de exámenes físicos y químicos pero quedan para las tareas de restauración mayor, ejercidas por profesionales del tema.

Como resultado de esta etapa debe quedar elaborado el legajo individual de la obra donde aparte de la puntualización de sus características específicas, figurarán los diagnósticos, los ensayos específicos y los tratamientos que se adoptarán, junto a sus respectivos componentes, método de aplicación y solventes.

Al seleccionar el método a usar, se deberá tener en cuenta el volumen de material a tratar; la cantidad puede obligar a dejar de lado los medios artesanales para utilizar los industriales.

Siempre que sea posible, se procurará unir o superponer tratamientos en una sola operatoria para evitar mortificación adicional al material.

ELIMINACION DE AGENTES BIOTICOS

Reconocida la existencia de agentes bióticos sobre el material, una de las primeras obligaciones es tomar muestras de ellos y consultar con un especialista sobre sus características vitales, métodos y tóxicos de posible utilización para eliminarlos junto a sus respectivas contraindicaciones, lo mismo para eventuales ahuyentadores.

En orden de excelencia se puede operar con cámara de vacío, con cámara hermética y en algún caso muy particular con cámara húmeda.

Téngase en cuenta que por "cámara" se puede entender una bolsa de tres capas, una bolsa plástica simple y gruesa o una habitación que se pueda sellar.

Preferentemente se utilizarán gases por su facilidad de penetración y sequedad, también se pueden utilizar vapores y hasta dispersiones en spray.

Cuando se deban realizar otros tratamientos por vía húmeda, se puede integrar al mismo utilizando dicha inmersión.

Para operar sobre libros y folletos, las piezas se colocarán con el lomo vertical mientras que las tapas y las hojas estarán abiertas en forma de abanico, sobre parrillas que permitan el paso de los gases desinfectantes desde abajo.

HONGOS, MOHOS Y LIQUENES: como fungicida práctico está el etanol (alcohol medicinal 96º) al 70% en agua, que mata los hongos por desecación.

Por otra parte existe una amplia variedad de sustancias específicas para cada uno de estos tipos bióticos existentes, entre ellos siempre son más convenientes los gaseosos, luego los vapores.

INSECTOS: se dispone de varios métodos para desinsectar:

POR CONGELAMIENTO: el material a temperatura ambiente será colocado dentro de bolsas de plástico de buen espesor (aprox. 0,8 mm), se cierra, se extrae la mayor cantidad de aire que se pueda y se la sella perfectamente. Se coloca en un freezer industrial para que en el menor tiempo posible la congele a -20° / -25° C (bajo cero) por 72 horas, se la saca y deja sin abrir por 3 a 5 días mientras se verifica a través del plástico que todo este normal. Al cabo de ese tiempo se repite el proceso una vez más. Extraída por segunda vez la bolsa, se deja cerrada y, al igual que antes, en un recinto adecuado para que se descongele, lograda la temperatura ambiente dentro de la bolsa (desaparición de condensaciones) se abre y retiran los materiales que pasarán a una limpieza profunda.

Recuérdese que a más rápido el congelamiento menor tamaño de los cristales de hielo producidos, motivo por el cual se armarán bolsas chicas y se usarán equipos grandes.

POR ATMOSFERA MODIFICADA: básicamente consiste en reemplazar al aire por un gas o mezcla de gases carentes del oxígeno vital para la vida.

Hay sistemas estáticos y dinámicos según el gas permanezca o circule. En el caso de circular, produce un desecamiento en el material a tratar que deba ser compensado con un manejo adecuado de la HRA.

Para los sistemas estáticos se deben utilizar como contenedores, plásticos trilaminados (poliéster-aluminio-polietileno o bien polipropileno-aluminio-polietileno) para evitar la fuga anticipada del gas por permeabilidad.

El sellado de la bolsa contenedora se realiza con calor y resulta conveniente extraer todo el aire que se pueda antes de empezar el proceso.

Los sistemas existentes son:
- dinámico con nitrógeno,
- dinámico con argón,
- dinámico-estático con nitrógeno y ageless gas comercial de origen japonés que elimina el oxigeno en un volumen cerrado,
- estático con ageless.

Las condiciones exigidas en los materiales para el proceso dinámico con nitrógeno son: HRA 55%, concentración de oxígeno menos del 0,1%, tiempo de exposición 10 días que en algún caso se duplica. No obstante, es conveniente bajar la concentración de oxígeno a menos del 0,05%.

POR GAS CARBONICO: se utiliza una bolsa tricapa de las ya mencionadas con una capacidad de 1 m3, se coloca el material lo más abierto posible junto a un recipiente destapado conteniendo 3 kilos de anhídrido carbónico (CO_2) solidificado (hielo seco), se saca la mayor cantidad de aire que se pueda y se sella perfectamente.

La bolsa primero se hinchará por la conversión del CO_2 de sólido a gas. Se dejara 48 hs, se abrirá y se procederá a la limpieza profunda del material.

POR TOXICOS: como desinsectante general se tiene al ortofenilfenol, cristales blanco amarillentos que se disuelven en etanol (alcohol medicinal) 70% y agua destilada 30% llevando 0,05 a 0,1 de esta droga. No tiene acción residual.

PIRETRINAS: de origen sintético y variados tipos (todos sus nombres terminan en -trinas-). Actúan por contacto con el insecto, motivo por el cual se puede elaborar como cebo mezclándolas con harina.

TIMOL: cristales blancos, solos o disueltos en alcohol etílico o etanol (alcohol medicinal), sólido o disuelto se coloca en un recipiente ubicado sobre una lámpara de pocos vatios que se encenderá algunas horas por día para facilitar su evaporación. El tratamiento se realiza en cámara hermética con 120 gr. por m^3 de volumen durante 5 a 10 días.

Paradiclorobenceno (Globol es uno de sus nombres comerciales) y Formaldehido son dos sustancias que se utilizan en forma similar al timol, aún cuando sus tiempos resultan menores en atención a su mayor potencialidad.

Bromuro de metilo, óxido de etileno y pentaclorofenol son tres sustancias muy tóxicas para las plagas pero también bastante peligrosas para el humano si no son manejadas con la debida propiedad.

El único contacto que se permite entre todas las sustancias arriba mencionadas y los papeles es el de sus gases o vapores, nunca deben entrar en contacto directo.

Reiterando lo ya dicho, antes de decidir la utilización de cualquier proceso o método se deberá profundizar el conocimiento sobre el mismo y en relación con el objeto sobre el que será utilizado y con el especialista que lo realizará. Así mismo se tomará debida nota de todos los pros y contra que cada uno de los métodos presenta.

LIMPIEZA POR VIA SECA

Se opera sobre superficie plana, lisa y amplia, en ambiente bien iluminado y ventilado. Si el papel está débil o muy deteriorado se lo maneja colocado sobre un soporte plano adecuado.

Separada la obra de su soporte o contenedor, se la despliega (si esta doblada), desenrolla si está en rollo.

Humectación normal: se deja el material abierto o separado de 5 a 7 días, en contacto directo con el aire de una habitación limpia, fresca y sin corrientes de aire.

DESPLEGADO: trabajando sobre una superficie limpia y lisa se van desdoblando a mano muy suavemente, los pliegues y las arrugas mientras, con una aspiradora, se procede a retirar el eventual polvo. Se puede recurrir a la ayuda de una punta fina de madera biselada.

Si los dobleces están muy secos o rígidos se los humecta tenuemente con un hisopo mojado (sólo la arista del pliegue) para devolverles su flexibilidad.

DESEMPOLVADO Y CEPILLADO: usar pinceles y pinceletas de cerda animal corta, semidura o blanda, en pasadas o barridos cortos, con las cerdas en posición vertical y apenas torcidas en su extremo inferior. La limpieza se deberá realizar siguiendo una cuadrícula específica, se debe trabajar en zonas no mayores a los 5 x 5 cm, siempre de izquierda a derecha y de arriba hacia abajo.

Siempre que se pincele se deberá contar con una boca de aspiración con filtro frontal para absorber el polvo producido y evitar el ingreso de volúmenes mayores.

DESINCRUSTADO: se realizará simultáneamente con el cepillado. La extracción se ejecutará con la ayuda de pinzas de puntas muy aguzadas (bruselas de joyeros) y/o agujas.

Manchas con volumen: las suciedades de volumen muy rígidas p.ej. lacre, se destruirán por compresión puntual con una aguja en forma vertical con el papel bien apoyado en superficie lisa y firme o por compresión lateral con una pinza común. Por el contrario si son más blandas p.ej. ceras, se comenzarán a eliminar por raspado puntual con bisturí, casi sin filo y aun con una punta fina de madera biselada.

La acción se continuará con un borrado y en caso necesario se completarán con una limpieza por vía húmeda puntual o general según resulte.

Borrado con goma blanca: bien blanda. Se opera por secciones pequeñas de 5 cm x 5 cm, la goma se acciona en forma lenta, a baja presión y en un solo sentido, siguiendo la dirección del trazo a eliminar, se puede afilar o usar mascarilla de acero inoxidable, procurando borrar sin levantar las fibras o degradar la superficie.

Nunca debe pasar simultáneamente sobre dos colores diferentes. No es recomendable usar miga de pan porque sus componentes residuales atraen a los elementos bióticos.

No se debe usar nunca goma vegetal o de caucho. Durante toda esta operatoria se deben barrer y aspirar frecuentemente los residuos producidos.

Borrado con polvo de goma: es polvo de goma sintética que se extiende sobre la superficie a limpiar y se frota en todas direcciones reemplazándose a medida que se ensucia.

El frotado se hará con guantes de algodón para no contaminar la goma con las manos. Los residuos y el polvo de goma sucio se eliminan por aspiración y barrido.

El polvo de goma lo puede hacer uno mismo limando o rallando una, en caso contrario, se puede comprar en plaza ya en bolsa dosificadora p.ej. "document cleaning pads".

Eliminación de manchas de aceite y grasa: (muy recientes) se espolvorea sobre la mancha y alrededores una buena cantidad de un agente absorbente en polvo p.ej. sepiolita, óxido de magnesio, talco virgen y se deja que actúe. Pasado un tiempo se retira con ayuda de aspiradora y cepillo.

Cuando la mancha ya tiene algún tiempo se coloca en esa zona manchada entre dos papeles absorbentes o secantes de color blanco y se le suministra calor suave con una plancha, o espátula caliente, si hay respuesta se van reemplazando los secantes sucios por nuevos hasta que queden limpios. Se debe tener mucho cuidado en no suministrar demasiado calor, se procura no pasar de 30/40° C.

Operación sobre libros y folletos: se toma el libro bien cerrado y manteniéndolo así se limpian perfectamente, por cepillado y aspiración, los llamados "cortes" superior, posterior e inferior al igual que las cejas respectivas teniendo la debida precaución cuando los cortes estén dorados, pintados o fuesen de papel hecho a mano. Luego se procede de igual forma con los exteriores de ambas tapas y el lomo, teniendo sumo cuidado cuando presenten decoraciones de algún tipo. En caso de existir una sobrecubierta, se la retira con la debida prudencia y se la limpia como a una hoja suelta.

Completado el exterior se pasa a trabajar en el interior actuando desde la primera contratapa hasta la última, hoja por hoja, operando con ayuda de una cámara (en este caso resulta mejor que una boca) de absorción.

El trabajo es rutinario y tedioso pero muy efectivo: primero se pincela o barre a lo largo de la unión de las hojas, luego se barren ambas páginas desde el centro hacia los laterales, se revisa y anota el número de la página con problema que habrá de recibir tratamiento posterior (p.ej. desincrustado, desplegado, desinfectado, reparación).

En caso que el libro tenga lomo flotante se deberá limpiar con aire comprimido o cepillos cilíndricos el espacio existente entre él y los cuadernillos cosidos.

Completada esta limpieza se procede a atender los otros requerimientos.

LIMPIEZA POR VIA HUMEDA

Los tratamientos por vía líquida pueden ser puntuales (utilizando hisopos o tamponado con esponja), locales (utilizando papeles humectados en contacto) o generales (por cámara húmeda, por sopleteado en spray, por pincelado o por inmersión). Según el tratamiento adoptado y el tiempo de aplicación será la profundidad que alcance el líquido dentro del material.

Por inmersión es el más profundo pero el más riesgoso, todas las humectaciones masivas como el pintado, sopleteado, inmersión, siempre se llevan algo del papel, en general cola de constitución, algo de carga y parte o todo el tratamiento superficial, caso estucado, abrillantado, también se lleva algo de los colores o tintas, además, ablanda al papel y lo dilata, sólo el alcohol y la acetona no lo afectan en ese sentido.

Se recuerda que un tratamiento masivo arregla lo malo pero puede afectar lo bueno y se debe ensayar previamente en forma adecuada.

El tratamiento puntual es muy bueno si no requiere de enjuague, si lo hace hay que pensarlo dos veces dado que el mismo moja mucho y puede muy bien no lavar las sustancias anteriores y/o dejar manchas sobre las zonas no tratadas.

Las inmersiones se deben hacer con la ayuda de una lámina de apoyo para evitar posibles deterioros o roturas en la obra al sacarla (papel ablandado por el baño).

Esta lámina auxiliar puede ser de papel o malla plástica inerte y que no reaccione con el baño o la obra.

Para sumergir una obra adentro del líquido se la introduce por uno de sus bordes y se la desliza como una carta en el buzón. Se opera así para evitar que queden burbujas de aire tanto arriba como abajo del papel.

Para sacar se actúa igual teniendo particular cuidado de manipular la lámina soporte. Si la obra es muy frágil se la maneja entre las dos alas de una hoja de papel fino y fuerte doblado al medio, tanto en el tratamiento líquido como en el secado o planchado.

De ser posible es preferible la humectación por contacto.

El tipo de tratamiento puede ser definido por:

- la fragilidad de la obra
- la solubilidad de las tintas
- la fugacidad de los colores

CAMARA HUMEDA: recipiente con tapa, suficientemente hermética con una parrilla de acero inoxidable o plástico sobre la que se deposita la pieza y sirve para llevar el aire interior a saturación de vapor por evaporación del líquido interior, humectando la pieza sin que haya contacto directo entre ella y la pequeña altura del líquido depositado en el fondo.

PROTECCION DE LAS TINTAS: cuando haya que someter un papel escrito con tinta a la acción del agua o cualquier otro líquido, habrá que ensayar su comportamiento. En caso necesario se puede proteger la escritura impermeabilizando -sólo su trazo- por pintado, tanto desde el frente como del revés, con un pincel muy fino y la ayuda del atril transiluminado. Los impermeabilizantes a usar pueden ser: nylon soluble, metil metacrilato, Regnal 7, Plexisol, PVA.

LAVADO: se conocen dos formas, por escurrimiento continuo de agua sobre la obra colocada en un plano inclinado o por inmersión en una cubeta. Como en todos los casos el agua puede llevar o no aditivos para algún fin, p.ej. jabón o detergente neutro para lavar, amoniaco para desengrasar, tóxico para agentes bióticos.

En cualquier caso se deberá pincelar muy suavemente las superficies para facilitar la remoción de sustancias indeseables. Preferentemente se operará con una lámina soporte auxiliar por debajo de la obra.

OPERACION SOBRE LIBROS Y FOLLETOS: utilizando hojas de papel absorbente blanco, (preferentemente de filtro) para química, embebidas o humedecidas, según los casos, en los líquidos a usar, se las adosan por ambas caras a la hoja a tratar, se agregan por fuera otras dos hojas impermeables p.ej. aluminio o plástico y se cierra el libro para que la hoja afectada se impregne, siguiéndose el tratamiento de igual forma.

ENJUAGUE: es la parte más importante de todo el proceso. Si el lavado fue realizado con agua sola, el enjuague será efectuado por 15 minutos con dos cambios de agua. En caso de haberse utilizado aditivos, el enjuague durará el mismo tiempo que el lavado pero con agua circulante permanente. Si no se puede hacer circular, se duplicará el tiempo de aplicación.

Se recuerda que en el último enjuague se pueden incorporar aditivos que deberán quedar en el papel aún después del secado.

OPERACION SOBRE LIBROS Y FOLLETOS: símil que para el lavado.

Eliminación puntual de manchas: una de las formas es actuar del revés y por goteo sobre la periferia de la mancha, mientras se va reemplazando el material absorbente en contacto apenas se ensucian (secantes, trapos de algodón blanco, papeles absorbentes blancos).

Se procede así para lograr eliminar la mancha desde sus bordes hacia su centro evitando su difusión por el área circundante. Otra forma es por tamponado con esponja o frotado por rotación suave de un hisopo, en ambos casos, húmedos o levemente embebidos, teniendo bajo la mancha un material absorbente. Hisopo y esponja también se reemplazan apenas se ensucian.

PRODUCTOS PARA LIMPIEZA

La nómina de productos de posible utilización es extensa y algunos de los aquí mencionados son agresivos para el material por lo que su utilización será condicionada por las circunstancias, en todo caso la elección del mismo dependerá del ensayo previo, además algunos requieren de neutralización y enjuague.

EJEMPLOS SIMPLEMENTE INDICATIVOS Y NO DETERMINANTES

Aceite, grasa: cloroformo, tetra cloruro de carbono, hexano, tolueno, tricloroetileno.

Herrumbre: ácido oxálico diluído en agua.

Cera, lacre: tetra sulfuro de carbono, alcohol.

Tinta: ácido cítrico, ácido oxálico, oxalato de potasio, dimetilformamida.

Bolígrafo: dimetilformamida, dimetilsulfóxido, alcohol.

Leche: bórax.

Café, te: perborato de potasio, peróxido de hidrógeno (agua oxigenada).

Vino: amoníaco diluído en agua.

Sangre: peróxido de hidrógeno (agua oxigenada).

Manchas de moscas: peróxido de hidrógeno con éter o agua.

Manchas de agua: inmersión en agua, ácido cítrico.

Manchas de envejecimiento: inmersión en formaldehido y clorito sódico (juntos).

Para algunas cintas adhesivas: tetrahidrofurano, bencina, éter.

Operación sobre libros y folletos: similar a la descripta en lavado y precedentemente.

SECADO Y PLANCHADO

Se realiza siempre en frío, entre papeles absorbentes o secantes blancas y limpias, con un centímetro o más de espesor por arriba y otro tanto por abajo.

Se opera sobre superficie firme y plana y se puede colocar una plancha de iguales características con peso suplementario en la parte superior.

Antes de cubrir y prensar hay que desdoblar todos los pliegues, enderezar las arrugas y aplanar perfectamente la obra, de forma tal que el secado conllevará el planchado por la retracción del secado.

Las fibras dobladas (arrugas) se recuperan, las fibras quebradas (pliegues) no, es decir, su marca es indeleble.

Al cabo de 48 horas se destapa, se coloca sobre otro apoyo similar pero seco y se deja una semana al aire ambiente.

Se recuerda que jamás se plancha un papel bajo calor, siempre en frío y previamente humedecido (mínimo, con cámara húmeda, HRA=100%).

PROTECCION

Para conservar los documentos protegidos se recurre al uso de carpetas simples de cartulina que en su interior llevan adherido un sobre de papel neutro totalmente desplegable y apenas un par de milímetros más grande que el documento contenido (se hace ex profeso, atendiendo su forma y ajustando medidas para evitar su deslizamiento interno).

El sobre de papel neutro sólo estará adherido en una línea paralela a su borde superior conforme se almacene la carpeta mayor. Esto se hace para permitir su total limpieza en caso de plagas.

Si los documentos en forma de folletos o similares llevan de origen ganchos metálicos, los mismos deben ser removidos para evitar oxidaciones futuras.

Se los reemplazará por medio de un hilo de coser doble, previamente encerado con cera micro cristalina o cera virgen de abejas que, pasando por los orificios anteriores se ate con un nudo en el exterior del lomo.

Si la hoja u hojas a guardar están muy deterioradas y/o faltas de resistencia se las puede intercalar entre hojas más grandes de papel neutro que permitirán su manejo para ser vistas y leídas en todos sus planos sin que se deban tocar los originales.

Todas las indicaciones del material contenido irán escritas en el exterior de la carpeta contenedora, se colocarán etiquetas o bien se podrán realizar en lápiz, sin ejercer demasiada presión. Se recomienda utilizar lápices con minas de grafito blandas.

OPERACION SOBRE LIBROS Y FOLLETOS: cuando las tapas o cubiertas de libros y folletos presenten algún trabajo especial que puede estropearse o deteriorar a otros ejemplares adyacentes en el estante, p.ej. repujados, estampados, dorados, marcos y cierres metálicos y aun cubiertas originales muy deterioradas o hasta carente de ellas, se le suministrará una sobrecubierta de seguridad elaborada a medida para evitar daños.

DEPOSITO

El material montado en las carpetas vistas se archivará dentro de carpetas colgantes en armarios adecuados, caso contrario se hará en estanterías, cajoneras de muebles o en cajas archivadoras de polietileno o polipropileno.

Los libros lo harán en bibliotecas que, en caso de estar contra los muros deberán dejar libre 10 cm a la pared y 50 cm al suelo, para permitir la circulación de aire y la limpieza del piso.

Si son cerradas, es decir que tienen puertas y fondo, deberán tener orificios con filtros de malla fina abajo y arriba, para facilitar la circulación de aire. Si tienen fondo y no poseen puertas, los estantes terminarán a 5 cm del fondo.

En ciertos casos, p.ej. estanterías abiertas, posibilidad de goteras, puede ser conveniente disponer en ambos frentes de lámina plástica arrollable como cortina vertical que quedará almacenada sobre el techo del mueble.

MANIPULACION

La manipulación inadecuada constituye una de las principales causas de daño en las encuadernaciones. Algunas sugerencias para evitar este tipo de daños:

- Cuando retire libros de las repisas, tómelos firmemente por el centro del lomo, llevándolos hacia afuera con suavidad.

- Evite tirar de la cofia (cuero que cubre la cabeza y el pie de un libro) porque así se daña el lomo.

- Utilice ambas manos en el caso de volúmenes grandes o pesados. Si va a sacar un volumen que se encuentra debajo de otro, retire primero el que está encima.

- Si va a retirar libros para procesarlos o someterlos a un tratamiento de limpieza o conservación, transpórtelos en un carro o en una caja de cartón.

MANTENIMIENTO

Una buena práctica de aseo es esencial para el cuidado de los libros. Se recomienda protegerlos del polvo y limpiarlos, así como inspeccionarlos al menos una vez al año. Trate de inmediato los signos de moho o ataque biológico.

RESTAURACIONES MENORES Y NORMAS

ADHESIVOS:

- engrudo de harina de trigo sin leudante y agua (cocido a punto de hervor por 20 minutos) con agregado de gotas de formol como conservante. Duración de uso 10 días.
- ídem pero con almidón en lugar de harina.
- metil celulosa.
- acetato de polivinilo (PVA, reversible en agua).
- metil celulosa 70% y acetato de polivinilo (PVA) 30%.

MATERIALES DE REFUERZO O PARCHE:

- papel Japón en sus diferentes gramajes o espesores.
- papel de trapo (algodón puro).
- tejido de nylon.
- crepelina.
- pasta de papel (fibras y cola, en diferentes densidades).

MATERIALES PARA ENCAPSULADO Y LAMINADO:

- mylar tereftalato marca registrada de DuPont.
- acetato de polivinilo.
- polietilenos.
- poliester: tereftalato de polietileno (PET), algunos se pegan y disuelven con cloruro de metileno.
- acrilatos, algunos se pegan con cloroformo, otros con toluol o xilol.
- poliamidas.

ROTURAS

CORTE: seccionamiento neto, perpendicular a la superficie. Al haber poca área de contacto usar adhesivo fuerte y eventual refuerzo superpuesto de papel Japón.

DESGARRO: rotura irregular, en general a bisel. Al haber mayor superficie de contacto y muy buena aspereza se usa un adhesivo más débil.

ESTALLIDO: rotura por penetración puntual. Ofrece el aspecto de un cráter de volcán y forma radial. Se opera con el papel apoyado sobre la mesa o atril transiluminado. Se comienza desde el interior de la hoja y se continúa hacia el borde de la misma.

Se opera en longitudes no mayores de 1cm, se aplica el adhesivo con pincel muy fino o espátula de madera (escarba dientes biselado) en ambas superficies, se unen, se presionan y se retira el excedente de cola con un hisopo apenas húmedo.

Verificado el correcto ajuste de la unión se deja secar bien bajo suave presión. Se repite el procedimiento hasta terminar totalmente la reparación.

PERFORACION (pequeña superficie): previo un ligero desfibrado y aplanado del borde de la perforación se repara con pasta de papel compuesta por fibra de celulosa y adhesivo (la fibra se logra macerando en agua papel desmenuzado y licuándolo luego para deshacerlo totalmente, a continuación se cuela con un textil de malla muy fina, p.ej. medias finas de calzado). Las fibras, muy húmedas se mezclan en el momento de usar con un adhesivo muy diluido en agua que puede ser de metílcelulosa y acetato de polivinilo (70%-30%).

Trabajando sobre vidrio, se aplica como masilla en los huecos, se alisa, limpia y deja secar.

LAGUNA (gran superficie): en general la pérdida es ocasionada por insectos, animales o despegados mal realizados por el hombre. Excepcionalmente los bordes muy irregulares pueden recortase o rectificarse.

Procedimiento: se calca el faltante con lápiz muy blando sobre papel vegetal e invirtiendo el calco se lo presiona sobre el papel del parche, preferentemente del mismo tipo a reparar y con igual sentido de fibras.

Se lo recorta a 2 mm por fuera de la línea marcada y se le hace un desfibrado o desflecado de borde (lo mejor) caso contrario se lo bisela con lija o lima muy fina junto al borde de un vidrio. De igual manera se procede sobre la pieza a reparar pero en la cara contraria para servir de asiento al parche, se coloca éste en su lugar, se ajusta para que calce correctamente operando sobre el atril de vidrio y observando por transiluminación, se ponen dos puntos de unión con adhesivo en posiciones extremas.

Unas horas después, una vez secos, se verifica el ajuste y en caso afirmativo se completa el pegado, en etapas, como en un desgarro.

En caso de reparar una laguna, jamás se debe rehacer el texto faltante, salvo que se disponga de un ejemplar gemelo al tratado que atestigüe la autenticidad de las letras ausentes o sea una certificación a todas luces indudable. Salvo en esos casos, lo que se hace es simular o bosquejar letras o textos para disimular el blanco y no afectar la estimación visual.

DOBLADO O ENCHAPADO: aplicación (en general por detrás) de otro papel totalmente pegado a la obra gráfica para reforzarla y darle resistencia.

Casi siempre se convierte en irreversible. La hoja a utilizar debe tener una capacidad de dilatación por humedad e higroscopia similar al papel de la obra gráfica.

Existen dos métodos, uno utiliza papel japón o elementos similares como un textil de trama abierta o bien la crepelina, el otro recurre a los papeles de trapo (algodón). El primero permite la perfecta observación de la plana reforzada aun bajo una muy leve veladura, el segundo oculta totalmente la visión del original.

En el primer caso se coloca el adhesivo en toda la cara a reforzar de la obra y se le deposita encima el refuerzo, adhiriéndolo por presión vertical, libre de arrugas y burbujas.

En el segundo caso, se debe buscar que los sentidos de las fibras a unir sean coincidentes y la hoja refuerzo resulte ser de mayor tamaño que la obra a reforzar.

Se la humedece bien y se la pega con bandas laterales de papel fuerte (kraft) sobre la mesa de plástico, mármol o vidrio, bien tensada y lisa. Se deja hasta que seque totalmente.

Se humedece el revés de la obra con una esponja y se encola o engruda el refuerzo en el área a cubrir por la obra.

La obra estará cubierta por su frente con un papel fuerte y semitransparente para evitar manchas, permitir presionar y desplazar eventuales burbujas.

A veces se procede al revés, fijando la obra, sobretodo, cuando está muy plegada o englobada.

Se presiona desde el primer borde en contacto en forma vertical (jamás escurriendo o frotando) lo mejor es utilizar un rodillo de goma para que la presión sea pareja, en un gran frente y vertical.

Las burbujas de aire que puedan quedar atrapadas entre la obra y su refuerzo, al colocar uno sobre el otro se eliminarán por uno de estos métodos:

- descubierta apenas producida, es decir lindera a la línea de unión entre las dos piezas, se retrocede con la misma, despegando y repitiendo la unión con ayuda del rodillo.
- cerca de un borde lateral, se presiona con el rodillo o en forma vertical procurando desplazarla al borde donde se eliminará.
- en áreas centrales de la obra, se la perfora en su centro con un alfiler y se presiona con un elemento plano, preferentemente transparente para ver el resultado. Los excesos de adhesivos se sacan aun frescos con esponjas húmedas.

Se prensa entre secantes dejándose secar como mínimo 5 días, luego se destapa y se deja otro tanto al aire ambiente interior, por último se recorta el papel base.

Para hacer el doblado más grueso o resistente, se pueden usar varias capas de papel e incluso tela.

El doblado puede ocultar definitivamente las marcas de agua, escritos o diseños del dorso, en algunos casos se dejan ventanas en el refuerzo, en otros se documenta antes fotográficamente.

REENMARGENADO (nuevo margen): siempre debe quedar con la obra una banda periférica completa del margen original para evidenciar que la misma está entera y que no fue segmentada ni fragmentada.

Se elige papel similar al de la obra con igual dilatación e higroscopia y se superponen los sentidos de las fibras. Se recorta la obra dejando el máximo margen original posible. Se trabaja como en una laguna, recortando, desfibrando, biselando, pegando los puntos de ajuste y luego completando el resto.

DESACIDIFICACION DEL PAPEL: se puede operar por inmersión, pulverización spray reiterada o cualquier otro de los sistemas vistos. De la duración de alguno de ellos dependerá la excelencia del resultado. Entre otras sustancias suele usarse carbonato ácido de calcio, carbonato ácido de magnesio, carbonato ácido de sodio, hidróxido de calcio, hidróxido de bario, todos en solución para desacidificar al papel y dotarlo de una reserva alcalina que prevenga la reaparición del problema, incluso algunos utilizan tetrahidroborato de sodio (bórax) al 1,5% en agua, siempre por inmersión sin enjuague. Se sugiere llevarlo a un pH entre 8,2 y 10,2.

BLANQUEO: salvo el retoque puntual que se hace con hisopo, normalmente se opera por inmersión, previo ensayo de dosificación y tiempo.

Existen sustancias blanqueadoras especiales para restauración, p.ej. cloramina, cloro. No obstante es muy frecuente el uso de hipoclorito de sodio, (cloro) para lavar, adquirido puro o concentrado se diluye en agua en porcentuales del 1 % al 20% según ensayo.

Algunos recomiendan un pH resultante del 9,5 a 11,0 en dicha dilución. Si bien esta solución blanquea por decoloración, degrada las fibras. Sumergido el papel se deberá pincelar su superficie para ir retirándole una película de consistencia jabonosa que se genera en ella por acción del cloro.

Blanqueada la hoja se debe enjuagar muy bien, por inmersión con agua circulante por unos 5 minutos, neutralizar con hiposulfito de sodio y completar el enjuague por otros 25 minutos.

También se puede recurrir al hipoclorito de calcio o al perborato de sodio y hasta el agua oxigenada, aun cuando no es muy recomendable.

DESBARNIZADO: ciertas obras en papel fueron protegidas en algún momento por una película de laca o barniz. Ese material suele oxidarse con el aire tornándose amarillo oscuro y dificultando la visión.

Esa película se puede eliminar dando con el disolvente adecuado que, por supuesto, no afecte la obra. Hay una amplia gama de solventes posibles que deberán ser ensayados previamente: acetona, etanol, metanol, toluol, heptano, alcohol con amoníaco, dimetilformamida.

DESPEGADO, DESENCOLADO: cuando el soporte puede ser descartado (destruido o roto) se procurará trabajar en seco, puesta la obra boca abajo sobre un papel resistente el que se fijará provisoriamente a la misma con clips y protectores de cartulina, para que ésta no se frote sobre la mesa al accionar sobre ella.

En esa posición se procura quitar el viejo soporte por arrancamiento con los dedos y las uñas, ayudados con alguna pequeña pinza y un elemento cortante con poco filo p.ej. cortaplumas o bisturí. También se puede apelar a la abrasión del soporte por medio de esmeriles, limas y aun viruta fina de acero. No importa el sistema que se use, se deberá llegar hasta la superficie posterior de la obra pero sin tocarla. Para arrancar partes del soporte nunca tire para arriba, rebata sobre la superficie y arrastre.

Si debe recurrir a líquidos (agua o solvente) para ablandar el adhesivo, primero, ensaye las solubilidades de tintas y colores, segundo, deje que obra y soporte se despeguen solos, no los fuerce porque pueden estar debilitados por el líquido en contacto.

REENCOLADO TOTAL: se actúa por inmersión y se hace para restituir colas perdidas en tratamientos o para devolver una resistencia disminuida por abuso o mal uso. La nueva cola ira incorporada al líquido del baño o a posteriori del último enjuague. Empapada la obra se extrae, alisa, y se deja secar prensada entre dos películas plásticas no adherentes.

Las colas o adhesivos de posible utilización son múltiples, los ya mencionados, gelatinas varias, algunas de caseína, debiendo ser seleccionado según el caso puntual.

REENCOLADO SUPERFICIAL: se actúa por pulverización en spray, tamponado con esponja o pincelado. Sirve para recrear la capa amilácea o superficial del papel, perdida por alguna causa. Iguales consideraciones que en el re encolado total.

TEÑIDO: se opera por cualquiera de los sistemas compatibles ya vistos, pero el mejor resultado, en lo visual, se obtiene por inmersión.

Se suele usar infusión de té o café, cerveza blanca o negra, pero lo mejor resultan las anilinas al alcohol o al agua.

MONTAJE DE OBRAS GRAFICAS

ENCAPSULADO: en este caso el documento está constreñido pero libre de adherencias. Se elabora un sobre transparente, preferentemente de mylar, de forma y dimensiones apenas mayores que el documento a guardar, cerrado por termo fusión o adhesivo especial.

El documento, aun carente de resistencia o muy destruido, debe estar perfectamente desinfectado y de ser posible desacidificado y limpio.

CONSOLIDADO: tratamiento irreversible que se reserva para papeles en estado de desintegración total. Se utilizan agentes de imbibición (desplazamiento de un fluido viscoso por otro fluido inmiscible con este) que se aplican por pincelada o spray p.ej. nylon soluble, metilcelulosa, dispersiones de acetato de polivinilo en agua.

LAMINADOS: el documento queda adherido a las láminas y ellas entre sí.

Los textos pueden ser laminados entre dos hojas de acetato, al pasarlas por dos rodillos, que actuando por calor y presión entre los mismos, ablanda al acetato lo suficiente para que se deforme y se adhiera a su similar enfrentado conformando un todo sólido.

Tratamiento irreversible que se aplica a documentos muy deteriorados y faltos de resistencia. De ser posible el documento deberá estar desinfectado, desacidificado y limpio.

REFUERZO POR REEMPASTADO O REENFIBRADO: se utiliza una máquina especial diseñada para aplicar en forma automática una capa uniforme de pasta de papel, como si fuera una pintura o un enduído según la densidad adoptada.

Diseñada para procesar rápidamente grandes volúmenes de material en forma de hoja suelta. Se puede seleccionar que aplique la capa de refuerzo en una o en las dos caras de la hoja, en ambos casos rellena a la perfección las perforaciones y hasta las lagunas o faltantes. El tratamiento es irreversible.

El documento así procesado presenta una muy ligera veladura sobre la plana que no dificulta en lo más mínimo su lectura. Las superficies de las caras tratadas resultan absolutamente lisas y el espesor de la hoja, su forma y dimensiones finales son uniformes.

Los dos sistemas arriba mencionados están prohibidos para obras plásticas por cuanto alteran textura y color.

ENMARCADO: se monta la obra gráfica sobre papel o cartón y luego se completa su protección con una cubierta de vidrio y un marco perimetral.

Papeles y cartones a usar serán libres de acidez actual o futura (recomendado pH 8,2 a 10,2) se usarán adhesivos estables y neutros o especiales de origen para restauración y las bisagras serán de papel japón.

Los vidrios hasta 60x90 cm pueden ser simples para mayores dimensiones se usarán vidrios dobles. En ambos casos sus caras deben ser perfectamente paralelas para evitar distorsiones de imagen. Modernamente aparecieron los vidrios Float (caras perfectamente paralelas) y los anti réflex, que sí bien evitan los reflejos lumínicos, distorsionan en mínimo grado la imagen cubierta.

Las láminas plásticas p.ej. plexiglass, acrílico, se rayan fácilmente y son muy electrostáticas, por ello nunca se usarán sobre materiales pulverulentos (tiza, carbonilla, pastel), el policarbonato, en tanto, no se raya pero no resulta perfectamente transparente.

Se pueden emplear cartones forrados con papel en ambas caras. El más conveniente es el paspartú, siempre de color neutro y claro, salvo para dar mayor presencia o jerarquía a la obra.

La obra gráfica en consideración no debe estar sujeta a tensiones por culpa del montaje o las bisagras.

FORMAS DE MONTAJE:

Las láminas enfrentadas en un libro encuadernado deben llevar una hoja especial intercalada para evitar sus contactos.

CATASTROFE POR AGUA

De producirse una catástrofe por agua, es decir, la mojadura masiva de un gran volumen de papeles por acción de los bomberos combatiendo un incendio o por una simple inundación o anegamiento por lluvia, la mejor solución es congelar dicha masa en cámara frigorífica, lo más rápidamente que se pueda y conservarla en esa condición para evitar males mayores. Los ejemplares así tratados serán atendidos luego según un orden de prioridades.

De no poder congelar, fumigue contra los hongos antes que nada y solicite inmediatamente información y ayuda a los especialistas.

CAPITULO X

FOTOGRAFIA

INTRODUCCION

En este capítulo trataremos a la fotografía como objeto museológico ya que ésta tiene múltiples aplicaciones tanto en la documentación museológica como en tareas de conservación.

MATERIALES QUE CONFORMAN LAS FOTOGRAFIAS

LOS SOPORTES

En fotografía química se denomina soporte al material de base que sustenta la imagen. Estos materiales pueden ser opacos o transparentes. Los primeros sirven generalmente como soporte de imágenes positivas, y los transparentes como soporte de imágenes negativas o positivas para proyección (diapositivas).

EL METAL

Los primeros soportes que se utilizaron fueron los metálicos, con los que se confeccionaron los llamados Daguerrotipos y Ferrotipos. En los Daguerrotipos, el soporte es una placa de plata o de cobre plateado en una de sus caras. Siempre son las sales de plata las que se sensibilizan y donde se forma la imagen en forma directa, sin contar con otra capa que la contenga. La protección en estos casos viene dada por el estuche que las contiene. En los Ferrotipos, el soporte es una placa de hierro ennegrecida por pintado o pavonado. Sobre ésta se encuentra una capa de colodión donde se forma la imagen. A raíz de su falta de transparencia se los utilizó únicamente como positivos.

EL PAPEL

Es el soporte más difundido e importante hasta este momento. Se utiliza para positivos. En épocas pasadas, bañado en aceite o cera, también se lo utilizó para negativos. De acuerdo al método fotográfico, se lo utiliza con o sin aglutinante.

EL VIDRIO

Se comienza a utilizar a partir de la introducción de los aglutinantes. Se lo utilizó tanto para positivos como para negativos. Tiene la virtud de la buena estabilidad química y dimensional. Los principales problemas derivan de su elevado peso y su fragilidad, dado que son especialmente susceptibles al quiebre del material soporte por los cambios climáticos y las vibraciones o mala manipulación que puedan recibir. Por otra parte, al no ser un soporte poroso, las emulsiones se ven especialmente afectadas a los cambios climáticos del entorno en los cuales se encuentran y por esto es común encontrarlas resecas y resquebrajadas.

EL PLASTICO

A mediados de la década de 1870 se crea el primer plástico teniendo como componente principal el nitrato de celulosa. Entre sus virtudes se cuentan su transparencia, su poco peso, su buena estabilidad dimensional y la posibilidad de ser bobinado. Entre sus defectos se cuentan su inflamabilidad y poca estabilidad química a través de los años. En la actualidad es el poliéster el soporte plástico más utilizado en fotografía y cine.

LOS AGLUTINANTES

Es el material que adhiere al soporte el compuesto que forma la imagen. No todos los procedimientos fotográficos lo utilizan. En el daguerrotipo y el papel salado la imagen se forma directamente sobre el soporte.

EL COLODION

Se utiliza en fotografía desde la década de 1840. Es nitrato de celulosa disuelto en éter y alcohol, sin contenido de plastificantes. En esta solución se añaden los haluros sensibles que formarán la imagen. Junto con la albúmina fueron los aglutinantes mas utilizados durante el siglo XIX.

LA ALBUMINA

Es una proteína natural, soluble en agua, que se halla en la sangre, el huevo y la leche. La que se utiliza en fotografía proviene de la clara de huevo. Como aglutinante sobre placas de vidrio es bastante deficiente, ya que tiende a contraerse y sumado a la rigidez del vidrio, se agrieta. Actúa mucho mejor sobre papel debido a la flexibilidad del mismo.

LA GELATINA

Es una mezcla de proteínas extraídas de pieles o huesos. Su utilización se inicia en la década de 1880 y llega hasta nuestros días, tanto para positivos como para negativos.

LOS CONSTITUYENTES DE LA IMAGEN

En la mayor parte de los procesos fotográficos la formación de la imagen está relacionada con las propiedades fotosensibles de las sales de plata, más precisamente de los haluros.

CUIDADO DEL MATERIAL FOTOGRAFICO

IMAGENES ESTUCHADAS

INTRODUCCION

Se llaman así a tres tipos de fotografías del siglo XIX que habitualmente se guardaban en estuches que tenían una doble función: protegerlas y decorarlas.

Se trata de los daguerrotipos, ambrotipos y ferrotipos. Se los menciona juntos sin que ello implique que tengan propiedades similares.

El daguerrotipo comienza a realizarse en París en la década de 1830. Está constituido por un soporte metálico, de plata o cobre plateado, tratado con yodo para formar yoduro de plata que es sensible a la luz. Luego se lo expone a la luz entre 10 y 30 minutos y se lo somete a vapores de mercurio para formar una amalgama de plata. Por último, un proceso de fijado da una imagen directa (sin aglutinante) sobre la placa metálica.

Los ambrotipos y ferrotipos se originaron en la década de 1850 y son realizados mediante el proceso de colodión húmedo, que es una mezcla de nitrato de celulosa, éter y alcohol. Presentan una estructura de capas bien definidas: una capa de colodión con plata sobre una lámina de hierro (ferrotipo) o de vidrio (ambrotipo). El ferrotipo fue un procedimiento más barato y popular, por lo que es común encontrarlos solamente montados sobre cartón con ventanillas hechas del mismo material.

RECONOCIMIENTO

Por lo general se los encuentra en estuches de cuero, con terciopelo y dorados en su interior.

DAGUERROTIPO: el reflejo ante una superficie oscura o clara, cambiando levemente la inclinación, hace que la imagen se vea en positivo o negativo. Esta propiedad los diferencia de los ambrotipos, con los que algunas veces se los suele confundir.

AMBROTIPO: son imágenes negativas que se encuentran sobre un soporte de vidrio con un respaldo negro de pintura, paño o fieltro. Esto hace que la imagen se vea siempre en positivo. Es una fotografía de bajo contraste.

FERROTIPO: el soporte es de hierro, por lo que es atraído por un imán. Si tienen puntos de óxido podemos afirmar que es un ferrotipo. Al igual que los ambrotipos son imágenes de bajo contraste.

Los tres tipos de fotografías suelen estar coloreados a mano, para crear tonos carne y para destacar las joyas.

El estuche, que es la característica común de estos tres tipos de fotografías, puede estar confeccionado con madera, cartón, cuero, vidrio, metal, plástico, papel grabado. Dentro de este estuche hay un paquete que puede retirarse de una sola pieza y que frecuentemente consta de cuatro partes: una placa que lleva la imagen, una carpeta con ventanilla o un espaciador, una cubierta de vidrio y un marco dorado hecho de latón que sostiene todo el paquete.

La superficie no protegida de un daguerrotipo es sensible al más ligero toque, por lo que debe manipularse con extremo cuidado.

En los vidrios de aquella época suelen aparecer pequeñas gotas, como si fueran de condensación de vapor, pero conformadas por compuestos de potasio y sodio que pueden afectar la foto.

Por ser de plata se pueden sulfurar y oxidar, dando diversas coloraciones según sea la profundidad del ataque. Un fallo en el encapsulado puede provocar esas alteraciones.

CONDICIONES AMBIENTALES OPTIMAS

HRA: entre 30% y 50 %. Que nunca sobrepase el 60%. Los niveles de HRA entre 30% y 35% son óptimos para todas las imágenes fotográficas. Evitar las fluctuaciones diarias.

Temperatura: en almacenamiento no debe superar los 24°C. Lo ideal es que no supere los 21°C y que no fluctúe más de 4°C en un día.

Iluminación: este tipo de material fotográfico a diferencia de otros materiales fotográficos, no sufren alteraciones ante iluminación elevada. Sin embargo aconsejamos que ésta no supere los 150 lux.

El ambiente de almacenamiento debe estar libre de productos químicos nocivos, como peróxidos, sulfuro de hidrógeno, dióxido de azufre y ozono.

El estuche debe ser hermético.

La condensación de vapor en el vidrio del estuche ayuda a la proliferación de hongos.

LIMPIEZA POR VIA SECA

Se los debe limpiar soplando aire con una pera de goma, nunca con la boca porque estaríamos sumando humedad. Otras operaciones de limpieza se limitan únicamente a los componentes del paquete que no llevan imagen, es decir, el estuche, la cubierta de vidrio, el marco dorado, la carpeta con ventanilla.

La manipulación debe hacerse con guantes de nylon o algodón sin pelusas.

Las carpetas con ventanillas hechas de cartón deben limpiarse en seco con un cepillo de cerdas suaves.

LIMPIEZA POR VIA HUMEDA

Se debe realizar solamente sobre el vidrio y el marco del estuche, luego de separarlos del resto del empaquetado, con un hisopo de algodón y una solución jabonosa suave. En un segundo paso se enjuagan y secan con un secador de aire tibio (puede ser un secador de pelo).

RESTAURACIONES MENORES

Si aparecen manchas en los cartones y/o en la orla es aconsejable cambiarlos y repetir el encapsulado con materiales museológicos.

Si el vidrio del estuche presenta exudación o craqueladura (ver capítulo III), debe ser reemplazado.

En los ambrotipos se suele deteriorar en forma total o parcial su respaldo negro. Para reemplazarlo separe del conjunto de la vitrina la placa de vidrio que lleva la imagen, abriendo mediante una suave inclinación el marco dorado y retirando la cubierta de vidrio, seguida por la carpeta con ventanilla. Con mucho cuidado para no rayar la imagen, coloque un trozo de fieltro negro cortado del tamaño exacto, ajustándolo bien contra el anverso de la placa. Reemplace la cubierta de vidrio si la misma estuviera rota.

En los daguerrotipos la restauración química no es aconsejable salvo en los casos donde la imagen ya ha desaparecido completamente.

NEGATIVOS FOTOGRAFICOS EN BLANCO Y NEGRO SOBRE PLACAS DE VIDRIO

INTRODUCCION

Se pueden dividir en dos grupos: los realizados con colodión húmedo y los realizados con emulsión de gelatina, llamados también placas secas.

Aunque puedan parecer semejantes, hay diferencias en sus propiedades que determinan los procedimientos recomendados para una correcta conservación preventiva.

Los primeros existieron entre mediados de la década de 1850 y la década de 1890. El colodión húmedo consiste en una solución de nitrato de celulosa en una mezcla de éter y alcohol. La sensibilización se hace con nitrato de plata.

Las placas de gelatina sobre vidrio comenzaron a reemplazar a las de colodión en la década de 1880. En este procedimiento se utilizan bromuros y/o cloruros de plata en una solución de gelatina que hace las veces de aglutinante. Por lo tanto, una característica común de los dos procesos es que sus soportes son dimensionalmente estables, aunque son frágiles y quebradizos.

RECONOCIMIENTO

En las placas de vidrio al colodión la imagen es de un color crema que puede variar desde un amarillo lechoso al marrón claro.

La capa de colodión es soluble en alcohol y acetona.

En las placas de gelatina, una característica de esta última es que al mojarse se hincha, a diferencia de otros aglutinantes como el colodión y la albúmina. Se coloca una gota de agua destilada en un rincón de la placa y se la deja un minuto aproximadamente. Se seca con algún material absorbente, si observamos hinchazón en ese sector es que estamos en presencia de gelatina.

Las placas de gelatina poseen vivos tonos negros, grises o transparentes.

PROBLEMAS HABITUALES

Emulsiones despegadas del soporte debido a la rigidez del vidrio sumada a la característica de dilatación y contracción de la gelatina.

Vidrios rotos por problemas mecánicos.

Abrasiones ante la fragilidad del material.

Manchas de colores amarillentos como resultado de un mal lavado que ha dejado restos de fijador.

Proliferación de hongos, si no se ha controlado correctamente la humedad. Estos se alimentan de gelatina y la fragilizan hasta un punto que la convierten en soluble al agua fría.

Espejo de plata, como resultado de la acidez y la humedad. Son reflejos metálicos que se los encuentran más en los bordes que en el centro de la imagen.

ALMACENAMIENTO

Deben guardarse en total oscuridad, en envases o cajas de archivo, para protegerlos de la exposición prolongada a la luz.

Ensobrar cada placa en forma individual con materiales específicos de conservación.

Cada uno de estos sobres con su placa debe ser almacenado en cajas verticales, no muy llenas, para que se puedan sacar con facilidad, ni muy vacías para que no se golpeen las placas entre sí cuando son manipuladas, eventualmente pueden colocarse otro tipos de separadores, realizados en goma eva que amortigüe el movimiento.

Dichas cajas deben estar confeccionadas sin elementos metálicos y sin adhesivos ácidos. Las ideales son las confeccionadas con plástico químicamente inerte, como el polietileno no revestido, el triacetato de celulosa y el poliéster. No utilice materiales plásticos con revestimientos aplicados, como antiestáticos o lubricantes. Tampoco deben utilizarse láminas de plástico cloradas o nitradas como las de cloruro de polivinilo (PVC).

CONDICIONES AMBIENTALES OPTIMAS

Al ser este material un negativo su finalidad es realizar copias, por lo tanto pasan la mayor parte de su vida almacenados y no exhibidos.

HRA: Las fluctuaciones de ésta afectan la adherencia de la gelatina a la placa de vidrio, porque se expande y se contrae mientras el soporte de vidrio no se ve afectado. Los niveles ideales se sitúan por debajo del 40% y no debería exceder el 60%.

Temperatura: entre 15ºC y 25ºC. La ideal es inferior a 20ºC.

Iluminación: al ser negativos se exponen a la luz durante algún proceso de copiado, ya sea contacto o ampliación. En estos casos no se han experimentado efectos negativos por causa de la luz.

LIMPIEZA POR VIA SECA

Elimine el polvo y la suciedad superficial acumulados con una pera de aire o secador de pelo en aire frio o tibio, nunca en caliente. Eventualmente podrá utilizarse un cepillo suave, siempre y cuando se verifique la estabilidad del material para evitar arrastrar las partículas de polvo y generar desgaste o abrasión sobre la emulsión.

LIMPIEZA POR VIA HUMEDA

A diferencia de otras clases de fotografías, ninguno de los dos procedimientos sobre placas de vidrio deben tratarse en una solución acuosa para refijar, relavar o remover las manchas químicas de las imágenes.

La capa de colodión es soluble en alcohol y acetona, por lo tanto no deben utilizarse estas sustancias en procesos de limpieza.

COPIAS FOTOGRAFICAS EN BLANCO Y NEGRO

INTRODUCCION

Existen muchos tipos de copias, cada una con diferentes procesos, materiales, brillos texturas. En este punto trataremos solamente aquellas sobre papel común o papel revestido con resina (RC), en las cuales la imagen está conformada por partículas de plata.

Salvo en el antiguo proceso denominado *papel salado*, la plata de la imagen está incorporada en una delgada capa que puede ser de gelatina, colodión o albúmina. Prácticamente en los últimos cien años se ha utilizado casi exclusivamente la gelatina.

Según la naturaleza del material soporte las podemos dividir en tres grupos:

a) COPIAS DE PAPEL SALADO: realizadas a partir de la década de 1840, sobre una base de papel común, no cuentan con aglutinante. Es un procedimiento por ennegrecimiento directo. El nombre está dado por el procedimiento de fabricación, ya que consiste en bañar el papel con cloruro sódico (sal común) diluido en agua. Luego de un secado se lo sumerge en una solución de nitrato de plata, que reacciona con la sal y forma cloruro de plata sensible a la luz.

b) COPIAS CON BASE DE FIBRA: fabricadas desde la década de 1860 hasta la actualidad. Algunas veces se denominan papeles de barita. La capa de la imagen va como revestimiento en una cara del soporte papel. Presentan uno de los mejores niveles de calidad y permanencia.

c) COPIAS CONTEMPORANEAS REVESTIDAS CON RESINAS (PAPEL RC): introducidas a fines de la década de 1960. Son papeles con una capa de sustrato de barita revestidos con una delgada lámina de polietileno. Requieren de un proceso para ser reveladas y poseen propiedades especiales relacionadas con el revestimiento de plástico. Esto permite que se procesen en pocos minutos y se obtengan copias secas y planas.

CONDICIONES AMBIENTALES OPTIMAS

HRA: niveles aceptables entre 30% y 50%. Niveles óptimos entre 30% y 35%. Nunca debe exceder el 60%.

Temperatura: entre 15°C y 25°C. Nunca debe sobrepasar los 30°C. Evitar las fluctuaciones diarias de más de 4°C. El almacenamiento en frío, incluso a menos de 0°C, ayuda a la longevidad de las copias.

Iluminación: para copias de sal, albúminas y papeles RC entre 50 y 100 lux, para copias con base de fibras sin RC hasta 200 lux.

UV: menos de 75 microwatt/lumen.

LIMPIEZA POR VIA SECA

En la mayoría de los casos se puede eliminar la suciedad acumulada en la superficie con una pera de aire o secador de pelo en aire frio o tibio, nunca en caliente. Eventualmente podrá utilizarse un cepillo suave, siempre y cuando se verifique la estabilidad del material para evitar arrastrar las partículas de polvo y generar desgaste o abrasión sobre la emulsión. Si la superficie de la copia se ve intacta, límpiela en seco utilizando una almohadilla especial.

LIMPIEZA POR VIA HUMEDA

No lave las fotografías en agua, a menos que se haya confirmado la estabilidad de la capa de gelatina. No realice tratamientos químicos con soluciones acuosas porque podría sacar los retoques. La base de papel posee propiedades similares a las de una esponja, absorbe los gases y los líquidos, reteniéndolos tenazmente a menos que se laven con prolijidad.

MATERIAL FOTOGRAFICO EN COLORES

INTRODUCCION

Hay varios procedimientos de revelado muy diversos. Uno de los más utilizados es por revelado cromógeno. Al soporte se le superponen tres capas sensibles a los colores primarios. Cada una está formada por sales de plata con un copulante transparente que se une a los cromógenos del revelador para dar cada uno de los colores. Luego se elimina la plata por blanqueo quedando la imagen formada solamente por colorantes de origen orgánico. El problema es que los copulantes que no han sido usados para formar el color quedan en la imagen formada y se comportan como decolorantes de la misma.

La estabilidad de los colorantes que forman las imágenes va a depender del proceso de revelado y las películas que se utilicen. Todos ellos sufren decoloración a lo largo del tiempo, incluso aquel material que fue almacenado en total oscuridad.

CONDICIONES AMBIENTALES OPTIMAS

Los materiales fotográficos en colores son más sensibles a la HRA alta y las temperaturas elevadas que las fotografías en blanco y negro.

HRA: 25 % + - 5 % nunca debe exceder el 60 % y se deben evitar fluctuaciones

Temperatura: se recomiendan temperaturas inferiores a 21 °C para guardar las películas de seguridad en general, pero es mejor almacenar las películas en colores a 2 °C.

Se reconoce que el almacenamiento en un lugar frío constituye la medida de conservación más efectiva para las colecciones de materiales fotográficos en colores.

Iluminación: 50 lux para antiguas copias de color. Papeles posteriores a la década de 1980, a partir de mejoras realizadas por los fabricantes, se pueden exponer a una intensidad de 200 lux, durante períodos máximos de 8 semanas.

• LIMITE EL TIEMPO DE EXHIBICIÓN A 6 U 8 SEMANAS.

LIMPIEZA POR VIA SECA

En la mayoría de los casos se puede eliminar la suciedad acumulada en la superficie con una pera de aire o secador de pelo en aire frio o tibio, nunca en caliente. Eventualmente podrá utilizarse un cepillo suave, siempre y cuando se verifique la estabilidad del material para evitar arrastrar las partículas de polvo y generar desgaste o abrasión sobre la emulsión. Si la superficie de la copia se ve intacta, límpiela en seco utilizando una almohadilla especial.

LIMPIEZA POR VIA HUMEDA

Si la superficie de la copia se ve intacta límpiela utilizando hisopos de algodón humedecidos, moje un pequeño hisopo de algodón con agua destilada y escurra hasta que esté casi seco, aplique el hisopo a la superficie con un movimiento de balanceo, elevando así la suciedad, siempre el hisopo con muy poca agua. Deseche el hisopo tan pronto como se ensucie y continuar con uno nuevo.

No lave las fotografías en agua, a menos que se haya confirmado la estabilidad de la capa de gelatina. No intente realizar tratamientos químicos con soluciones acuosas en las fotografías color.

RESTAURACIONES MENORES

Se estima químicamente imposible restaurar las fotografías en colores ya decoloradas, por lo que resulta esencial impedir el descoloramiento de los tintes. Cabe aclarar que los tintes de las fotografías a colores son los únicos materiales de un medio de arte visual que se desvanecen apreciablemente en la oscuridad.

- Nunca exponga fotografías de ningún tipo, ya sean en blanco y negro o colores, a la luz solar directa.
- No exhiba fotografías en colores valiosas, originales e históricamente significativas, sino copias de ellas.

CAPITULO XI

PINTURA

Esta síntesis es una contribución que sirve para la consulta, en la interpretación de los aspectos más importantes a observar.

Pintura de caballete: bien mueble transportable

Pintura mural: bien inmueble no transportable (fijo)

PINTURA DE CABALLETE

Son aquellas obras creadas sobre sustento de la estructura de un caballete. Pero una segunda definición que es obligatorio acotar, es sobre qué tipo de soporte ha trabajado el artista –esto es: sobre qué tipo de material- por ej.: tela, madera, papel, metal, marfil.

Si intentáramos describir la secuencia de los elementos componentes de una pintura sobre tela, podríamos generalizar la siguiente estratigrafía: bastidor, soporte, encolado o sisado, preparación o estucado, imprimación, capa pictórica o recubrimiento y tegumento protector o barniz.

ANALISIS DEL OBJETO

Los exámenes deben realizarse con luz rasante (para distinguir variaciones en la superficie: craquelados, desprendimientos), con luz transmitida (evidencia grietas, roturas, parches), con luz infrarroja, ultra violeta o radiografías (a través de ellas se pone en evidencia el estado general de la pintura y es posible apreciar cada capa en particular).

Análisis de la superficie pictórica:

- Se debe observar si se presentan desprendimientos de color, hay que saber distinguir entre craquelado, ampollas y levantamientos "no peligrosos" de aquellos que corren riesgo inminente de desprenderse.

El examen debe determinar si la obra puede o no ser trasladada, o si un mal estado imposibilita todo tipo de movimiento antes de ser tratado. En el caso que presente desprendimientos o faltantes de capa pictórica (falta de cohesión entre las capas) se debe proceder previamente con la protección de la misma, colocando un adhesivo y papel suave. Con esto se evitará la pérdida de los fragmentos sueltos que, en ciertos casos, será recomendable una fijación de color parcial o completo.

- Suciedad: los barnices oxidados no presentan problemas de consolidación pero si se debe eliminar en forma periódica el polvo que se acumula, ya que puede provocar concentraciones locales de humedad y favorecer el ataque de microorganismos.

SOPORTES SOBRE TELA

Tensado: si el lienzo no está bien tensado, se generan sobre la superficie ciertas ondulaciones que sumado a las vibraciones, repercuten en la estabilidad de la capa pictórica, llegando a producir desprendimientos y pérdidas del material si no hay una buena adherencia.

Si la fragilidad del lienzo no permite un tensado, será necesario recurrir a algún tratamiento de estabilización del soporte, como la colocación de bandas perimetrales (también conocidas como bandas de tensión), reentelado total o parcial.

Existencia de hongos: es este caso la obra debe estar aislada, llevada a un ambiente aireado y limpiar con aspiradora, sin que la boca de la misma este en contacto con la tela, y posteriormente aplicar un tratamiento fungicida.

Comprobar si hay arenilla, fragmentos de escombros o suciedad entre el lienzo y el bastidor.

BASTIDORES

Si el mismo es demasiado frágil y no es adecuado para el tamaño del cuadro, puede a corto plazo, crear daños que se aceleran con la manipulación de la obra. Por ejemplo: la falta de cuñas impide la tensión del lienzo si las mismas se han aflojado por los cambios de humedad.

SOPORTES DE MADERA

Contaminación biológica: es importante controlar que la obra no sufra un ataque de este tipo, ya que podría extenderse a otros objetos.

Defectos de ensamblaje: si las piezas están desencoladas o desajustadas, el simple movimiento de la obra puede provocar grietas y la separación de los paneles.

Consolidación: es efectiva para devolver la solidez al soporte, en caso de que la madera se encuentre debilitada por el ataque de insectos xilófagos.

MARCOS

Idealmente, toda obra debe disponer de un marco, sobre todo si debe ser manipulada, ya que el mismo ejerce una importante protección del lienzo, evitando las deformaciones en el soporte.

CONDICIONES AMBIENTALES OPTIMAS

Aire - Velocidad del aire: de 0,1 a 0,3 metros por segundos (0,36 a 1,08 Km/h).

El ambiente de almacenamiento debe estar libre de productos químicos nocivos, como peróxidos, sulfuro de hidrógeno, dióxido de azufre y ozono. En zonas de exhibición o depósito no deben almacenarse productos de limpieza, barniz, pintura, solventes.

HRA: Para pinturas sobre tela o madera debe ser constante y situarse entre 40% y 60%. Lo ideal es 50%. Hay que evitar las rápidas fluctuaciones como los niveles extremos (especialmente la sequedad excesiva). Menores a 35 % hace que el encolado, las capas de preparación y las pictóricas se vuelvan quebradizas y es probable que se agrieten para luego levantarse y por último desprenderse. Un nivel superior al 65 % es propicio para la actividad biológica (especialmente moho).

Temperatura: Entre 18º C y 22ºC. Lo ideal es 20º C. Las temperaturas elevadas pueden ablandar la capa pictórica, con lo cual la suciedad se adhiere a la superficie. Las bajas temperaturas pueden hacer que las pinturas se tornen más quebradizas.

Iluminación: Los diferentes materiales utilizados en pintura varían en su sensibilidad y reacción a la luz. Algunos pigmentos son resistentes mientras que otros destiñen incluso con poca luz. Se establecen parámetros generales de acuerdo a esto:

- Pinturas al óleo máximo 150 lux.
- Acuarelas 50 lux.
- Marfil coloreado 50 lux.
- Cuero pintado 50 lux

Recordemos que el efecto de la luz es acumulativo, de manera que incluso con bajos niveles de iluminación los pigmentos más sensibles se destiñen a lo largo de varias décadas.

UV-A y UV-U: máximo 10 micro watts/lumen y durante la menor cantidad de tiempo posible. (Este valor fue recientemente disminuido por los organismos oficiales específicos, antes era de 75 micro watts lumen, que es lo emitido por una lámpara incandescente).

IR: nada o el mínimo posible y durante la menor cantidad de tiempo

Factores biológicos: a partir de 65% de HRA y una temperatura superior a los 22º C se considera que hay peligro de aparición de hongos que también es favorecido por la existencia de materiales orgánicos (colas, engrudos) de los cuales se nutren.

HONGOS

Descomponen la celulosa de los lienzos, con la descomposición el tejido se oscurece, pierde la elasticidad y resistencia, se debilita y llega hasta su destrucción.

Atacan todo tipo de material orgánico, por lo que también se encuentran en peligro de ser atacados los bastidores o tablas de madera.

INSECTOS

No necesitan condiciones extremas de HRA ni temperatura para propagarse, por lo general deterioran las obras cuando depositan sus detritos que generan ácidos.

En el caso de los bastidores y las tablas que conforman el soporte de las pinturas de caballete, son susceptibles de ser atacadas por insectos xilófagos, que debilitarán los soportes generando la pérdida estructural del sistema.

Evite usar, almacenar o dejar alimentos o bebidas en las salas de exhibición o depósito de colecciones.

LIMPIEZA

La limpieza de las pinturas constituye una de las tareas más complejas de la conservación y requiere destrezas adquiridas con una extensa capacitación formal y una experiencia práctica prolongada. Se pueden ocasionar daños permanentes cuando personal no calificado realiza intentos, por cuidadosos que sean, al limpiar una pintura.

La sola remoción del polvo de una pintura conlleva riesgos especiales, incluyendo el de quitar la capa pictórica. Ciertas pinturas desarrollan un problema denominado microdesconchamiento, en el que diminutas escamas de pintura se desprenden parcialmente y pueden ser barridas incluso con el más leve cepillado.

Nunca emplee paños de sacudir, ni secos ni húmedos, cepillos de cerdas rígidas ni plumeros para limpiar una pintura.

PINTURA SOBRE TELA

COMPONENTES

BASTIDOR

En realidad es la estructura más externa de los componentes mencionados, pero muchas veces tiene vital importancia en relación a la conservación de las obras. Debe recordarse que en la pintura colonial latinoamericana es bastante común encontrar el bastidor adherido a la tela.

Por lo general es de madera y tiene la función de sostener y tensionar al soporte. Se compone de dos largueros (laterales) y dos cabezales (superior e inferior), y para dar mayor resistencia y estabilidad a los tamaños mayores suele incorporarse listones que comunican las partes enfrentadas. Estos son llamados travesaños (horizontal o vertical), y que combinados forman la cruceta. Por razones de economía se sigue utilizando la madera para la utilización de bastidores, siempre y cuando sea estacionada (para evitar deformaciones que luego influirán en la obra), de características aromáticas (como el cedro) que naturalmente repelen un poco los insectos, o bien resinosas (pero sin nudos), o bien desinfectadas (para que queden inmunes incluso a los hongos) y lo más livianas posibles.

Cada uno de los listones deberá ser rebajado en chaflán o bisel y con sus bordes longitudinales redondeados, para que no ejerzan contacto con el soporte y así evite producir los desgastes que por roce suelen observarse en los contornos de la pintura sobre tela (o coincidiendo con los travesaños). El ensamble de las cuatro partes del bastidor deben ser regulable –no fijo-, del tipo caja y espiga y con cuñas para fijar los desplazamientos con unión en ángulos de 45°.

SOPORTE DE TELA

Creado mediante el entretejido de hilos (de lino, yute, cáñamo y otras fibras orgánicas), siendo el predominante hoy día el algodón. Cabe destacar que el lino es marcadamente superior al algodón.

Muchas veces el soporte se encuentra adherido a la madera del bastidor, pero normalmente se lo halla sujeto con tachuelas o grapas a lo largo de los cuatro lados, justamente la distribución de estas sujeciones tiene mucha importancia en relación a la distribución de tensiones cuando la tela contrae o dilata en su relación a la HRA del sitio donde se encuentre.

El tejido debe estar retenido lo más parejo posible y con una suave tensión de estiramiento. Todo metal reemplazado deberá ser, en lo posible, suplantado por equivalentes inoxidables. Toda variación dimensional del soporte ha de influir inevitablemente sobre el resto de los elementos adheridos a su superficie (enduídos, capas de pinturas, barnices), determinando en mayor grado la degradación de los materiales sobre los que está influyendo. Por eso es muy importante, en la creación de una obra de arte la calidad de los materiales, más el conocimiento de cómo combinarlos para obtener su mejor rendimiento.

La tela húmeda se contrae, se tensa.

La tela seca se expande, se estira.

Al contrario de una tela sin pintar, un lienzo pintado se afloja al aumentar la HRA y se tensa al disminuir esta. Con el tiempo la tela pierde sus propiedades mecánicas y esta capacidad de reacción se hace irreversible por el peso de la preparación, pintura y capa pictórica.

Todo tipo de suciedad (polvo, polución), mas la influencia de la HRA, crean las condiciones que de distintas maneras debilitan al soporte (y sus elementos relacionados). La acción de los microorganismos e incluso de los insectos depende en gran medida del equilibrio propio del objeto. Por ello se evita la acumulación de polvo y en la parte trasera del marco se fija un cartón grueso, un panel de plástico corrugado o una tela fuerte de algodón, que tiene los siguientes objetivos:

- evitar la entrada de polvo.
- prever golpes o presiones traseras.
- actuar como amortiguador de los cambios bruscos de HRA, que tan nefasta influencia tienen sobre el soporte de tela.

ENCOLADO O SISADO

Consiste en una impregnación, superficial o profunda, de una cola animal muy diluida en agua, llamada también mucílago, que se le aplica a la tela (soporte) para crear un medio adhesivo con los elementos que continuaran aplicándose; y según algunos autores, para crear una capa aislante entre el soporte y las capas subsiguientes, y para otorgarle cierta impermeabilización y mayor rigidez. Las colas utilizadas a este efecto son tradicionalmente la de conejo y la de pescado, las que normalmente no se observan a simple vista en la superficie de los tejidos, salvo los casos en que la tela está muy impregnada o cuando la cola fue preparada en muy alta viscosidad. Muchas veces esta aplicación se transforma en el germen destructivo de la obra, puesto que puede llegar a generar tensiones inusitadas, como atraer y retener HRA y luego servir de caldo de cultivo para una cantidad de microorganismos. Fundamentalmente se deberá tener cuidado con no mojar las telas, ya que el agua es un activador de todos los problemas citados.

PREPARACION O BASE DE PREPARACION

También mencionado como estucado, es una especie de enduído formado con un aglutinante y una carga. El primero es un adhesivo y el segundo un polvo de partículas inertes, destinado a elevar la consistencia de la masa durante su aplicación.

Los aglutinantes —que adherirán las partículas entre sí, produciendo el endurecimiento de la preparación- han sido tradicionalmente los aceites secantes (lino, nuez, adormideras,) y las colas animales (de conejo y de pescado). La mezcla de unas con las otras ha dado lugar a las emulsiones, que también han sido utilizadas a tal fin. Esta capa se aplica sobre el soporte (sobre la eventual sisa de cola), con sistemas que van desde hacer desaparecer la textura de la tela, hasta los que impregnan un mínimo para que se vea el tejido.

Las cargas más comunes son la tiza, el yeso mate, el albayalde, el blanco de zinc.

Durante el periodo colonial, en Latinoamérica se utilizaron preparaciones de color amarillo, rojo y gris, mientras que en Europa se uso el blanco.

Cabe aclarar que muchos autores consideran el término imprimación como sinónimo de preparación, mientras que otros lo interpretan como un paso posterior, en el cual se le da a la superficie de preparación una nueva mano con un color determinado. La diferencia entre ambas, radica en que: la capa de imprimación es la primera que se aplica a la tela o lienzo una vez que esta está clavada en el bastidor. Está compuesta por una cantidad determinada de aglutinante que alisa la superficie y la hace menos porosa. Mientras que la capa de preparación son capas posteriores a la capa de imprimación con contenido de carga, la cual unifica el aspecto de la superficie a pintar y facilita la adhesión de la pintura al soporte. Además reduce los efectos de los movimientos del soporte sobre la capa pictórica.

CAPA PICTORICA

Es el conjunto de recubrimientos con que el artista plasma la obra, a través de la pintura, que contiene partículas colorantes orgánicas (de origen vegetal o animal), inorgánicas (tierras calcinadas) y sintéticas. El aglutinante (que adhiere las partículas entre sí), según su composición, dará el nombre a la técnica pictórica. Por ej.: aceites secantes: óleo; clara o yema de huevo: temple; cera: encáustica; emulsión acrílica: acrílico.

Cabe aclarar que el vehículo es el diluyente de cada técnica en especial, que le permite al artista modificar la consistencia de aplicación.

Se considera entonces que la capa pictórica está constituida por *aglutinantes*, el cual es empleado como vehículo para los pigmentos. Deben ser capaces de formar una película sutil y de adherirse adecuadamente al soporte (propiedad filmógena), tienen que encontrarse en un estado de fluidez que permita incorporar en forma uniforme los pigmentos.

Desde el punto de vista óptico, deben asegurar la máxima transparencia y una ausencia completa de color, que debe ser aportada exclusivamente por los pigmentos. Todo aglutinante debe ser compatible con el resto de los componentes empleados en la pintura y resistir a los agentes atmosféricos contaminantes. Esta capa debe poder formar una película sutil, resistente, no pegajosa, elástica y que tienda a aumentar su cohesión y su adhesión durante el secado.

En cuanto a los pigmentos, están conformados por granos muy finos de sustancia inerte, normalmente insolubles, por lo que requieren un vehículo (el aglutinante) para poder fijarse al soporte.

Estos granos tienen la capacidad de reflejar una sola radiación del espectro lumínico y pueden ser de origen animal, vegetal, mineral, artificial o sintético, como se dijo anteriormente. En estado prácticamente puro, se utilizan sólo el carbono (negro de humo y carbón) y algunos pigmentos metálicos (oro, aluminio). Todos los pigmentos son sensibles a la luz.

DETERIOROS EN LA CAPA PICTORICA

LOS CRAQUELADOS

En una obra, las manifestaciones más evidentes del envejecimiento son los craquelados, que son formaciones complejas de fisuras derivadas de factores internos y externos, pero causadas básicamente por el aglutinante de la capa pictórica que, al envejecer se contrae y se vuelve quebradiza al no poder seguir los movimientos del soporte. Generalmente este craquelado afecta también a la capa de preparación.

Para reconocer el tipo de craquelados se ha de considerar u observar la línea de ruptura, el perfil, la forma y la profundidad de la raja.

Hay dos tipos de craquelados:

CRAQUELADOS PREMATUROS

Muchas veces causados por defecto de técnica, con rajas superficiales y cantos roídos.

Los prematuros, generalmente son la causa de un mal secado que provoca un estrés mecánico interno de la película pictórica, por evaporación de los elementos volátiles o por la formación de elementos gaseosos durante el secado. Puede ser que el estrato superficial esté seco pero en el interior no lo esté y este provoca tensiones hacia un punto donde tiende a acumularse la pintura y se forman craquelados prematuros con formas hexagonales o poligonales. Las rajas de estos craquelados coinciden en una zona con menor cantidad de capa pictórica. Generalmente afecta a las pinturas de tipo acrílico, al ser de secado rápido, y también en pinturas donde se usan un exceso de disolvente.

Otro tipo de craquelados provocados por un secado irregular son los que se observan en pinturas muy gruesas aplicadas en preparaciones poco porosas y que no permiten un secado rápido ni una buena adhesión con la preparación.

Estos craquelados prematuros son más frecuentes a partir del s. XIX al utilizarse los pigmentos industriales y nuevos aglutinantes. Son muy corrientes en las pinturas inglesas de este siglo y en general en pinturas con aglutinantes acuosos.

Dentro de este grupo podemos distinguir diferentes tipos de craquelados:

a) Nido de abeja: provocados por las tensiones mecánicas internas de la capa pictórica en un mal secado.

b) Islas: son puntos de capa pictórica muy separados los unos de los otros. La causa es una cantidad de ligante insuficiente y aplicada a una preparación poco porosa.

CRAQUELADOS OCASIONADOS POR ENVEJECIMIENTO

Generalmente afectan a todas las capas (preparación de la capa pictórica y barniz). Son procesos naturales que han derivado en una pérdida de elasticidad y que son favorecidos por las tensiones físico-químicas del soporte. Forman rajas muy definidas, con tajos limpios y profundos.

Otro factor que pude provocar la formación de estas rajas es el grueso de la capa pictórica. Cuanto más espesor tiene la capa pictórica más peligro hay de que se craquele.

Por otra parte un barniz o una pintura muy gruesa presenta rajas profundas, abiertas y separadas, y en una más fina, son más superficiales, cerradas y unidas. Dentro de este grupo, podemos distinguir diferentes tipos de craquelados. Todos estos tipos son poligonales y comprenden una gran cantidad de formas.

DESPRENDIMIENTOS

Las causas más generales de las degradaciones que se enumeran a continuación son:

- Las mezclas espesas y rígidas, pinturas muy gruesas sobre telas finas.
- Preparaciones demasiado débiles respecto de la tensión de la capa pictórica.
- Cambios termohigrométricos.

CAZOLETAS

Muchos craquelados pueden formar las llamadas cazoletas, que presentan los lados desprendidos del soporte o de la preparación y secas, mientras que la parte interior mantiene la unión con la preparación o el soporte (cóncavas). Pueden ser de muchas medidas y formas.

Estas cazoletas corren el peligro de provocar una pérdida porque se desprenden fácilmente del soporte con un pequeño golpe. Cuando son pequeños se llaman escatas.

BOLSAS O AMPOLLAS

Esta degradación se produce cuando la capa de preparación se desprende del soporte o la capa pictórica se desprende de la de preparación por una zona pero todo su lateral está fijado. Son desprendimientos puntuales y generalmente son causa de un encogimiento o de movimientos de contracción y dilatación del soporte. Suponen un grave riesgo de ruptura y pérdida.

DESPRENDIMIENTO PLANO

La capa pictórica o la preparación se desprenden de su soporte, pero sin que sea evidente visualmente. Las zonas desenganchadas están planas y estables hasta que un golpe o una contracción o dilatación brusca las fuerza y se desprenden.

DEFECTOS DE TECNICA

PULVERULENCIA

Esta degradación puede estar causada por la migración hacia la preparación o la pérdida del aglutinante de la capa pictórica, pero generalmente es causa de una carencia de aglutinante o exceso de disolvente. Se produce una lenta descomposición de la capa de pintura en la que solo quedan en la superficie los pigmentos o los colorantes y da un aspecto de polvo. Los efectos de este hecho son devastadores si no se actúa a tiempo.

ARRUGAS

Se producen cuando la superficie de la capa pictórica es más grande que la superficie del soporte, y por lo tanto, se arruga.

La causa más frecuente es un defecto de técnica pero sobre todo por el exceso de calor.

ACCIDENTES

Dentro de las degradaciones que podríamos considerar como imprevisibles hemos de incluir cualquier tipo de accidente, desde las inundaciones, incendios, golpes, hasta los actos vandálicos (rascadas, roturas). Todos ellos tienen unas consecuencias nefastas para la conservación de la capa pictórica y para el resto de la obra.

RESTAURACIONES ANTERIORES

Se puede dar el caso que una restauración anterior sea la causante de la degradación de nuestra obra. Una limpieza agresiva, la aplicación de adhesivos duros e irreversibles, una reintegración poco respetuosa.

BARNIZ O TEGUMENTO PROTECTOR

Es una delgada capa protectora, por lo general incolora y lo mas translucida posible, que tiene el objetivo de producir una separación entre la capa pictórica y el medio ambiente para evitar el asentamiento de la suciedad y el polvo. Las resinas más comunes para la producción de barnices son la mastic y la dammar, diluidas en un solvente.

CAUSAS DE ALTERACION DE PINTURAS DE CABALLETE

Son todas aquellas asociadas a condiciones climáticas adversas (humedad excesiva, alta o baja, exceso de luz, contaminación atmosférica). Estos factores, pocas veces actúan aisladamente, sino que generan otros factores de deterioros como ser los biológicos.

Factores físicoquímicos: los soportes clásicos de pintura, compuestos de materiales celulósicos (tela de lino, algodón y madera) reaccionan al cambio de humedad por ser higroscópicos. Producen cambios en el soporte, en cuanto a las dimensiones, contracciones y dilataciones, generando daños en la base de preparación y en la capa pictórica debido a la pérdida de flexibilidad que sufren con el tiempo y no son capaces de adaptarse a esos cambios. En consecuencia, aparecen las craqueladuras y desprendimientos.

SOPORTES DE TELA

Las fibras naturales (lino o algodón) están compuestas de celulosa que se descompone con el tiempo por oxidación e hidrólisis. Esta reacción se acelera con la contaminación atmosférica y la elevada humedad.

El clima y la contaminación afecta fuertemente el reverso de la tela, ya que la misma no presenta protección en el mismo, salvo raras excepciones. Mientras que el anverso de la tela, siempre estará protegido por la preparación y la capa pictórica.

Es importante saber que los golpes pueden producir deformaciones o rajaduras si la tela está muy tensada. La presión, fuerzas de tensión y vibraciones, son responsables en la mayoría de los casos de la formación de craqueladuras y desprendimientos.

SOPORTES DE MADERA

La madera es un material que se caracteriza por ser altamente higroscópico, que absorbe y desprende humedad según el tipo de ambiente donde se encuentre. Esta variación de agua genera paralelamente variaciones en cuanto al peso y al volumen de la madera.

Las contracciones, siempre son mayores en sentido tangencial, respecto a los anillos de crecimiento, mientras que es más reducida en dirección radial y ligera en sentido longitudinal.

La capa pictórica, preparación y barniz, actúan como se dijo anteriormente, como barrera ante la humedad, por lo que ésta se reparte asimétricamente en el espesor de la tabla, y en consecuencia, produce contracciones a los lados, generando la curvatura de la misma.

La madera nunca pierde la capacidad de movimiento de dilatación y contracción.

CONTAMINANTES ATMOSFERICOS: El oxígeno produce oxidación el los barnices.

Luz: sus efectos son acumulativos, proporcionales a los tiempos de exposición, puede producir:

- amarillamiento de barnices y aceites (compuestos de resinas y aceites).
- blanqueamiento de barnices (pasmado).
- descomposición de celulosa, y posterior destrucción de fibras textiles.
- decoloración de los pigmentos (en la pintura al óleo, la protección de los pigmentos por el aglutinante, hace que sea mucho más resistente por ejemplo que una acuarela.

INTERVENCIONES EN PINTURAS DE CABALLETE

Se realizan intervenciones sobre diversos tipos de soportes textiles, rígidos, tablas, cartón, placas, mixtos, y diferentes técnicas pictóricas tales como óleo, acrílico, tempera, temple, técnicas mixtas. Se trabaja con materiales específicos, químicamente testeados, acorde a los criterios de reversibilidad principio fundamental de la restauración.

Se ejecutan procedimientos tales como limpieza mecánica y química, desbarnizado, parches, injertos de soporte faltante, reentelados, fijados y consolidación, cambios de bastidor, corrección de deformaciones, tratamientos antimicóticos, reintegración cromática.

LIMPIEZA SUPERFICIAL

Remoción de suciedad (contaminación ambiental: smog, nicotina, cúmulo de grasitud) por medios químicos (limpieza química) o mediante el uso de instrumental específico (limpieza mecánica).

DESBARNIZADO

Remoción total de la capa de protección deteriorada por el proceso de oxidación, manchas, pasmados, absorción no uniforme.

PARCHE-INJERTO

Colocación de suplemento de material compatible en el reverso del soporte de la obra tendiente a reforzar el debilitamiento del mismo o como sostén de unión de corte. Colocación de suplemento compatible para restituir el material faltante del soporte principal de una obra.

REENTELADO

Colocación de refuerzo total de material compatible sobre el reverso del soporte textil para solucionar problemas de debilitamiento general de las fibras, cortes de grandes dimensiones; otra forma conocida de reentelado, es la colocación de bandas perimetrales (reentelado parcial).

FIJADO

Colocación de adhesivo específico para restituir la cohesión y adhesión de una superficie con problemas parciales de pulverulencia, ampollas, cazoletas, escamas.

CONSOLIDACION

Colocación de producto específico tendiente a lograr la cohesión y adhesión de una superficie con problemas totales de pulverulencia, ampollas, cazoletas, agrietamiento.

CORRECCION DE DEFORMACIONES

Procedimiento para devolver al soporte de una obra su forma y dimensión original.

ENTABLILLADO

Corrección de alabeos en soportes de madera mediante la colocación de un sistema embarrotado de refuerzo.

BANDAS PERIMETRALES

Colocación de bandas de refuerzo que recorren todo el perímetro del reverso de un soporte textil, cuyos márgenes originales resultan insuficientes para el tensado o se encuentran deteriorados.

CAMBIO DE BASTIDOR

Reemplazo del soporte auxiliar de un textil debido a que ya no puede cumplir con su función portante.

REFUERZO DE BASTIDOR

Colocación de listones de refuerzo en bastidores que se encuentran en buenas condiciones físicas pero que no cumplen completamente su función portante.

PLASTEADO

Reposición de faltantes de imprimatura o capa de preparación del soporte principal.

REINTEGRACION CROMATICA

Aplicación de color sobre la sector que lo requiera, mediante la utilización de productos específicos de restauro totalmente reversibles. Puede llevarse a cabo teniendo en cuenta el criterio purista o ilusionista.

TRATAMIENTO FUNGICIDA

Tratamiento químico-mecánico aplicable ante el deterioro causado por la presencia de hongos.

ESTABILIZADO

Tratamiento aplicable a soportes textiles alterados por desecamiento, tendiente a restituir a las fibras sus características de flexibilidad y estabilidad originales.

BARNIZADO

Aplicación de tegumento protector. Parcial, como aislamiento de originales para su posterior restauración y total como protección definitiva de toda la obra.

LAGUNAS O MERMA DE LA CAPA PICTORICA

Algunos fragmentos de la capa pictórica, con el paso del tiempo, pueden levantarse y desprenderse del soporte al perder su capacidad de adherencia. Es necesario, entonces, fijar el fragmento a la base de preparación con alguna sustancia adhesiva. Éstas pueden ser colas, ceras, resinas sintéticas. Si el fragmento se hubiese perdido, primero se nivela la zona que lo rodea con un estuco (de cera o yeso y cola) y luego se procede a la reintegración del color. La misma debe ser reversible, fácilmente identificable y además, limitarse solamente a la zona de la pérdida.

MEDIDAS PREVENTIVAS

CONTROLES PERIODICOS: son indispensables para controlar el estado de conservación; debe hacerse tanto en las obras expuestas como almacenadas, sobre todo si han de ser trasladadas. La finalidad es poder frenar a tiempo los posibles deterioros y prevenir mayores daños, así como también evaluar si la obra está en condiciones de resistir el traslado.

Se debe examinar los siguientes aspectos:

- capa de preparación
- capa pictórica
- base de preparación
- estado del soporte
- bastidor
- marco (si lo hay)

Todos estos exámenes deben realizarse con luz rasante (para distinguir variaciones en la superficie, craqueados, desprendimientos) con luz transmitida (evidencia grietas, roturas, parches), con luz infrarroja, ultravioleta o radiografías (a través de las cuales, se pone en evidencia el estado general de la pintura, es posible apreciar cada capa en particular).

PINTURA SOBRE MADERA

La capa pictórica, preparación y barniz, actúan como barrera ante la humedad por lo que esta se reparte asimétricamente en el espesor de la tabla y, en algunos casos, produce contracciones a los lados generando la curvatura de las maderas.

PINTURA SOBRE PAPEL

Tomando como soporte al papel hay diversas técnicas con que los artistas plasman su expresión, el nombre de esas técnicas muchas veces esta dado por el sistema de aplicación acorde a sus componentes (pigmento, aglutinante, vehículo) por ej.: acuarela, gouache, acrílico, oleo.

PINTURA SOBRE METAL

Muy similar a los otros sistemas de trabajo, donde se distingue el soporte, producido con distintos tipos de metal (cobre, latón, zinc), y donde se reiteran los estratos típicos de las otras técnicas: soporte metálico, preparación, capa pictórica y barniz.

PINTURA SOBRE MARFIL

Es una pintura generalmente a la acuarela o al óleo. Ya que el marfil es un material orgánico muy higroscópico, generalmente dispuesto en delgadas láminas, es de tener cuidado respecto a la influencia de la HRA y temperatura. Se pueden producir deformaciones difíciles de revertir y expulsiones de los recubrimientos pictóricos. Lo reducido del tamaño de las placas ha dado a pensar erróneamente que se llama miniaturas por sus medidas, y es que en realidad tomaron ese nombre porque quienes pintaban sobre marfil solían usar unos pigmentos rojizos llamado minio.

PINTURA MURAL

Perfectamente reconocible en sentido de que los artistas usan las paredes o muros como soportes. Fuera de los motivos artísticos tradicionales, es también común observar murales que presentan imitaciones de frisos, bóvedas, columnas y otras representaciones arquitectónicas.

FRESCO Y FALSO FRESCO

Se designan así a pinturas realizadas en los revoques o enduídos de las paredes. Los frescos son conocidos desde los egipcios y usados sucesivamente por todos los pueblos y culturas hasta hoy.

Consiste en recubrir un muro con sucesivas capas de revoque cada vez más delicadas, homogéneas y tersas para culminar aplicando en la última, antes que frague o endurezca, colores al agua sin aglutinante, para que los mismos penetren en el mismo, lo tiñan y se fijen en él.

Su reconocimiento resulta muy fácil, basta buscar una grieta, una cachadura o un deterioro y fijarse si el color penetra en el revoque o sólo constituye una película superficial ajena al mismo.

El falso fresco es la simple aplicación de colores con adhesivos o aglutinantes sobre un revoque ya fraguado para componer una escena. No pasa más allá de ser una pintura sobre pared. Sea cual sea el soporte y el o los elementos pictóricos utilizados se lo reconoce por constituir una simple película o capa pictórica adosada a la superficie de la pared.

MADERA POLICROMADA

Son aquellas maderas que han sido talladas o tratadas con el objeto de asentar sobre ellas una terminación colorida, y que para distinguirlas de la pintura sobre tabla, podría decirse que estas se caracterizarían por su tridimensionalidad como en el caso de la imaginería, columnas, marcos. Los estratos componentes son:

SOPORTE: madera trabajada y pulida en función de la necesidad de las capas subsiguientes.

TAPA POROS O ENCOLADO: impregnación de la superficie con una solución de cola animal en agua, para tapar la porosidad y lograr una impermeabilización.

TELADO: adhesión de una tela para que actúe como intermediario entre la madera y las capas subsiguientes. Evita ciertos movimientos de la madera, inmoviliza las zonas nudosas y retiene grietas que de otro modo transmitirían sus movimientos a la capa pictórica con suma facilidad.

La preparación es la aplicación del estucado compuesto por un aglutinante y una carga (por ej. tiza y cola animal).

BIBLIOGRAFIA

- Abad, Ma. J. y Vs., "Arte: materiales y conservación", Ed. Fund. Argentaria, 1998, España.
- Acton, L. y Mc Auley, P.: "Restauración de loza y porcelanas"- Ed. G. Gili, 1997, Barcelona.
- Autores varios: "Tratamientos y metodologías de conservación de pinturas murales"- Actas del Seminario sobre restauración de pinturas murales. - Aguilar de Campoo (Palencia) – 20-22 de julio de 2005 – Editado por la Fundación Santa María la Real – Centro de Estudios del Románico – 2005.
- Bajac, Quentin: "La invención de la fotografía – La imagen revelada" -Francia – de. Blume – 2011.
- Biblioteca del Congreso de la Nación, Rev. de Conservación del papel, N° 1, 1996 y N°2, 1998, Buenos Aires.
- Browning, Chris: "Cuidado y reparación de metales antiguos", Ed. CEAC, 1992, España.
- Callol, M. V., Carbó, Ma. T. D., Rodrigo, M. V: "Una mirada hacia la conservación preventiva del Patrimonio cultural", Ed. UPV., Valencia, Madrid.
- Calvo Ana, *Conservación y restauración de la A a la Z*, Ed. del Serbal, Barcelona, 1997.
- Carreras, M; Martinelli, R; Tradotti, G: "Recomendaciones para la preservación integral de las colecciones de papel moneda, bonos y vales" - Circulo Numismático de Rosario – Publicación XVI – 2010.
- Csillag Pimsteim Ilonka. Conservación de Fotografía Patrimonial.; Ed. Centro Nacional de Conservación y Restauración, DIBAM; Chile; 2000.
- De Guichen, G.: "La Conservación Preventiva: ¿una moda pasajera o una nueva estrategia?". Revista Museum.
- Dirección Nacional de Patrimonio y Museos. Sec. De Cultura de la Nación. Áreas de conservación y restauración en los museos nacionales. 2008. Buenos Aires.
- Doemer,M: "Los materiales de pintura y su empleo en el arte", Ed. Reverté, 1973, España.
- Ezrati, Jean jacques. Iluminación museográfica. Documentos ICOM. 2006. Buenos Aires.

- Fernández Arenas, J.: "Introducción a la Conservación del Patrimonio y técnicas artísticas", Ed. Ariel, 1996.
- García Garrido, Rogelio: "La pintura de caballete – Materiales y procedimientos"–Buenos Aires - Editorial Jorge Baudino Ediciones - 2006.
- ICCROM, *Conservación preventiva de colecciones en depósito*, Ed. UNESCO, 2008.
- Liurette, C; Escandar, R: "Conservación preventiva de soportes audiovisuales" - Imágenes fijas y en movimiento – Buenos Aires - Ed. Alfagrama, 2008.
- Manual de preservación de bibliotecas y archivos, DCC, Ed. S. Ogden, 2000, Chile.
- Matiz Lopez Paula Jimena, Ovalle Bautista Angela, Conservación preventiva en museos: evaluación de riesgos. editorial universidad externado de Colombia año 2006.
- Notas del ICC, Instituto Canadiense de conservación Ed.: Centro Nacional de Conservación y Restauración (año 1997 al 1999). Chile
- Novelli Luis Maria, Colección Cuadernos de Clase, 1998, Rosario, Argentina.
- Oliver, J.: "Restauración de porcelanas y cerámicas" - Ed. CEAC, 1990, España.
- Ordoñez, L. y Ordoñez, C.: "El mueble, conservación y restauración, Ed. Nerea – Madrid, 2002
- Pimstein, I. C.: "Conservación de fotografía patrimonial", Centro Nac. de Cons. y restauración, 2000, Chile.
- Plenderleith, H. J: "La conservación de antigüedades y obras de arte"- versión española de A. Díaz Martos, Valencia, 1967.
- Proyecto Catastro del Patrimonio Textil Chileno, Manual de Conservación Preventiva de textiles, 2002, Chile.
- Santacana Mestre Joan, *Museografía Didáctica*, ed. Ariel, Barcelona, 2005.
- Scicolone,G. "Restauración de la pintura contemporánea", Ed. Nerea, 2002, España.
- Smith,A.: "Restauración el mueble de madera" - Ed. CEAC, 1990, España.
- Tellechea, D: "Enciclopedia de la conservación y restauración", Ed. Tecnotranfer, 1986.

- Theile Brumhms, J. M: "El ABC de la conservación"- Ed. Arrayán, 1991, Chile.
- UNESCO, La conservación de los Bienes culturales, 1969, Suiza
- Valgañon, V: "Biología aplicada a la conservación y restauración" - Editorial Síntesis – 2008 – Madrid.
- Vergés, J. M. i,: "Identificación y conservación de fotografías", Ed. Trea. 2003, España.

www.ingramcontent.com/pod-product-compliance
Lightning Source LLC
Chambersburg PA
CBHW051800170526
45167CB00005B/1820